살아있는 **세계사**
재미있는 **논술**

근대편(르네상스에서 독일 통일까지) **3**

모난돌역사논술모임 지음

BM (주)도서출판 **성안당**

역사를 향해 "왜?"라고 외쳐 보세요.

"역사란 무엇이라고 생각하나요?"

라는 질문을 던지면 아이들은 "옛날이야기요."라고 대답합니다. 역사란 옛날에 있었던 이야기입니다. 역사라는 이야기보따리를 풀면 신기하게도 지금 우리에게 일어나고 있는 일들이 수백 년, 아니 수천 년 전에도 일어났다는 사실을 알 수 있습니다. 그 이야기 속에서 지금 우리에게 생기는 문제를 풀어 줄 실마리를 얻기도 합니다. 그래서 흔히들 역사는 '오늘을 비추어주는 거울'이라고 말합니다.

조금은 이상하게 들릴지 모르겠지만 역사에도 수학처럼 공식이 있습니다. 물론 3+3=6과 같은 공식은 아닙니다. 잘 살펴보면 사람이 살면서 생기는 문제에는 반드시 원인과 전개되는 과정, 그리고 결과가 있고, 그에 따라서 나라와 개인도 역사가 달라지기도 합니다. 역사를 배울 때 그 일이 일어나게 되는 배경과 원인, 과정과 결과를 이해하고, 좀 더 나아가서 역사에 끼친 영향을 찾아낼 수 있다면 우리에게 있어 역사는 '미래를 비추어 주는 거울'이 될 것입니다.

《살아있는 세계사 재미있는 논술 3권》은 근대 세계에 관한 이야기입니다. 근대로 접어들면서 세계사에는 빛과 어둠, 강자와 약자라는 '힘에 의한 논리'가 두드러지게 나타납니다.

서양 근대는 인간과 자연에 대하여 새롭게 깨닫는 르네상스에서 시작됩니다. 이후 서양은 변화와 개혁, 때로는 피를 부르는 혁명을 통해 시민사회로 접어들고, 민주주의를 향해 한 발을 내딛게 되었습니다. 산업혁명이 일어난 뒤에는 점점 부강한 나라로 발전해 해외로 눈을 돌리는 나라들이 생겨납니다. 이는 곧 아시아와 아프리카, 아메리카와 같이 뒤처진 나라들에 대한 침략이 시작되었음을 알리는 신호이기도 합니다.

아시아에서 근대는 서양이 침략해 오는 충격에 맞서는 과정에서 이루어졌습니다. 그러면서 안으로는 사회를 개혁하려는 사람들과 이전 것을 지키려는 사람들이 서로 갈등을 겪기도 하고, 밖으로는 외국세력에 맞서 싸울 것인가 타협할 것인가를 두고 수많은 혼란을 거듭하기도 하였습니다.

역사를 이해하는 가장 좋은 방법은 그 시대 사람이 되어 생각해보고, 오늘을 사는 우리와 어떻게 다른지 살펴보는 것입니다. 아울러 이전 역사에 비추어 보아서 다음에는 어떤 일이 펼쳐질지를 짐작해 보는 것도 재미있는 일이 될 것입니다. 《살아있는 세계사 재미있는 논술》은 이러한 점에 초점을 맞추어 소박하면서도 힘차게 써내려갔습니다.

아무쪼록 이 책을 대하는 자리가 '왜'라는 질문을 끊임없이 던지고, 때로는 비판하면서 '나라면 어떻게 했을까?'를 생각하는 자리가 되었으면 좋겠습니다.

2009년 3월 8일
모난돌역사논술모임 이영민

갈래별 글쓰기

이 책의 생김새와 쓰임새

단원별 구성

동양과 서양을 아울러 세계 역사에서 중요한 사건을 중심으로 한 단원을 구성하였습니다. 1권부터 4권까지 각 권당 18단원씩 모두 72단원으로 이루어졌습니다. 각 단원별 사건을 살피고 해석과 오늘날 세계 문제를 순서대로 읽어 나가다 보면 세계 역사가 어떻게 흘러 왔는지도 자연스럽게 알게 될 것입니다.

본문 구성

단원 시작

세계 지도를 보면서 역사적 사건을 미리 공부합니다.
▶ 역사 연대기
세계 곳곳에서 일어난 동시대의 중요한 사건을 비교
▶ 학습 목표
배울 내용 미리 알아보기
▶ 심화 학습
연계 학습이 이루어지도록 책이나 영상물 소개

역사 탐구

단원에서 배울 역사를 밝혀진 사실대로 쓴 단계입니다.
소리 내서 읽은 다음, 아래에 있는 질문에
대답을 쓰면 됩니다.

탐구 1 고대 그리스를 꿈꾸었던 르네상스

르네상스는 14세기 이탈리아에서 시작하여 유럽 전체로 퍼진 문예부흥, 인문주의 운동을 말한다. 르네상스는 인간과 자연을 새로운 눈으로 바라보았으며, 유럽에서 근대 문화를 출발시켰다는 점에서 역사적인 의미가 크다. 르네상스는 이탈리아에서 시작되었는데, 이탈리아는 옛날 로마제국이 자리 잡고 있던 곳이어서 그리스·로마 문화를 가장 많이 갖고 있었다. 또한 십자군 전쟁 때 중간보급기지 역할을 했던 북부 여러 도시들은 지중

역사 해석

역사 탐구에서 다룬 역사 사건에 대한 해석을
어떻게 하는가를 밝힌 단계입니다.
해당 역사 사건이나 인물에 대한 이해를 더욱 높일 수 있고,
그 역사 사건이나 인물에 대한 가치를 알 수 있을 것입니다.

해석 유럽 근대화를 앞당긴 중국 3대 발명품

르네상스와 종교개혁을 가져온 종이 중국 한나라 때 채륜이 발명한 종이는 당나라와 이슬람 세력이 싸운 탈라스전쟁을 통해 이슬람 세계에 전해졌다. 그리고 이슬람 상인들을 통해 서양으로 건너갔다. 구텐베르크는 면범부를 대량으로 만들어 팔기 위해 금속 활자를 개발하였다. 그 뒤 종교개혁을 주장하는 사람들이 성서를 영어나 독일어로 번역하면서 금속 활자와 종이는 종교개혁에서 중요

역사 토론

단원에서 다룬 사건에서 논쟁거리가 될 만한 것을 내세워
이 책을 읽는 이는 어떻게 생각하는지 묻는 단계입니다.
여러 가지 토론 내용 가운데 한 가지를 골라 의견을 쓰거나,
분명한 자기 생각을 밝히면 됩니다.

콜럼버스는 신대륙를 발견한 영웅인가, 침략자인가?

토론 내용 콜럼버스는 아메리카 대륙을 발견한 사람이다. 지구가 둥글다는 것을 몰랐을 때 알려지지 않은 곳을 향해 떠난 그는 모험가이며, 탐험가이기도 했다. 그러나 원주민 입장에서 보면 콜럼버스는 침략자로 불린다. 평가가 엇갈리는 콜럼버스는 영웅일까? 침략자일까?

토론 1 콜럼버스는 침략자이다.

역사에 비추어 보는 세계

...글을 읽고, 물음에 대한 생각을 써 보세요.

...를 발견하자 유럽 열강들은 자원을 약탈하였다. 그래서 한 때 세계 최대 은광이었던 페루 포토시 은광은 점령 국가들...로 채굴해 갔으며, 이때 자원을 빼앗긴 나라들은 아직도 가난한 나라로 살고 있다. 세계에서 가장 부자 나라였다가...되면서 가장 가난한 나라가 된 나우루공화국을 통해 자원의 소중함을 생각해 봅시다.

...땅섬 나우루공화국

논술 한 단계

학습 목표 6단 논법으로 쓰기 1
학습 내용 목표를 이루기 위한 알...

아래 글을 읽고 좋은 결과를 얻기 위해서 나쁜 방법을 써도 된다는 생각과 나쁜 방법으로 얻은 결과는 아무리 좋아도 소용없는 일이므로 방법도 좋아야 한다는 생각 가운데 하나를 골라서 6단 논법 개요표에 써넣으세요.

르네상스를 꿈꾸었던 교황, 그러나 종교개혁을 불러일으킨 교황?

주제 : 목표를 이루는 방법

주제문 : 방법이 좋아야 한다.

문제 제기(상황 제시)	1. 성당을 개축하려고 면벌부를 판매했다. 그래서 비판을 받았다.
-내포(본질)와 외연(현상)	2.
	3.

그 무렵 우리나라에서는 박위가 대마도를 정벌하다

옛날부터 대마도는 우리나라와 일본 사이에 있는 해협에 자리 잡고 있어서 우리나라와 ...역할을 했지만, 토지가 좁고 농사짓기가 어려워 식량을 외부에서 가져다 생활해야 했다. ...대가로 쌀을 받아 갔으나, 흉년으로 굶주림이 심해지자 해적으로 변하여 우리나라 해안을 ...왕 2년(1389년)에 박위가 병선 100척을 이끌고 대마도를 공격하여 왜선 300척을 불사르고 ...100여 명을 찾아왔다.

첨삭 지도

01 근대를 향한 움직임

탐구하기 14쪽
이탈리아는 로마 제국이 일어난 곳으로, 고대 문화가 다른 어느 곳보다 풍부하고 잘 보존되고 그 유적과 유물도 많았다. 지중해 무역이 발달하여 부유한 상인과 정치가들이 문학과 예술을 보호하고 지원하였다.

탐구하기 15쪽
칼뱅 교도들은 사람이 구원받는 것은 신에 의해서 미리 정해져 있다는 구원 예정설을 주장하여, 노력에 따라 구원받...

역사에 비추어 보는 세계 19쪽
생각 열기
예시 답안
자원은 한정되어 있는 것이다. 그래서 함부로 써서는 안 된다. 지금 우리가 사용하고 있는 화석연료도 이제 머지않아 고갈된다고 한다. 자원을 소중하게 여겨 아껴서 써야 한다. 또한 자원을 소비만 하지 말고, 새로운 에너지 자원을 개발하는 등 미래에 대한 투자를 해야 한다.

논술 한 단계 21쪽
주제: 목표를 이루는 방법

역사에 비추어 보는 세계

역사 사건에 비추어서 오늘날 세계 문제를 살펴보는 단계입니다. 역사는 과거 사실이지만 지금도 비슷한 모습으로 여전히 일어나고 있는 현재이기도 합니다. 역사에서 얻은 교훈을 바탕으로 오늘날 일어나는 문제들을 슬기롭게 해결해 가는 방법을 배우도록 하였습니다. 정해진 답이 있는 것은 아니므로 자기 생각을 편안하게 쓰면 됩니다.

논술 한 단계

역사가 품고 있는 논리를 배워서 현재 삶을 깨닫는 과정을 글로 써 보는 단계입니다. 단계별로 쓰기 과정을 따라가다 보면 자연스럽게 글을 쓰는 방법도 알 수 있게 됩니다. 먼저 이 책에서는 논술 개념을 익혀 봅시다.

논리 펼치기

개인 삶이나 사회문제를 글로 풀어 나가는 과정입니다. 논술 한 단계에서 다룬 글쓰기 이론이나 과정에 맞추어서 주어진 주제를 글로 풀어 나가면 됩니다. 논술 한 단계와 연습 문제를 단원별로 하나씩 해 나가다 보면 글쓰기 실력이 자연스럽게 만들어질 것입니다.

그 무렵 우리나라에서는

세계사와 우리 역사를 연결해 볼 수 있을 것입니다. 〈그 무렵 우리나라에서는〉은 역사 사건이 일어난 시기에 우리나라에는 어떤 일이 일어났는지 소개합니다. 그리고 〈우리나라에서는〉은 세계사에서 다룬 사건과 비슷한 우리 역사를 소개합니다.

첨삭 지도

'역사 탐구'와 '역사 해석'에서 묻는 질문들에 대한 정답과 '역사 토론'과 '역사에 비추어 보는 세계'에서 묻는 질문들, 그리고 '논술 한 단계'에서 써야 할 글들에 대한 모범 답안을 담고 있습니다. 이 책으로 공부를 하다가 생각이 열리지 않는 부분이 있을 때 펼쳐 보면 문제를 해결하는 데 도움이 될 것입니다.

학습 브로마이드

각권마다 역사 공부에 도움이 될 자료들을 배치하였습니다. 3권에서는 세계사에 영향을 끼친 아시아 – 아프리카 근현대 인물을 담았습니다.

차례

01 근대를 향한 움직임 12

02 분열된 크리스트교 세계 22

03 중국을 세계에 알리고 싶었던 명나라 32

04 세상을 바꾼 과학, 천동설과 지동설 42

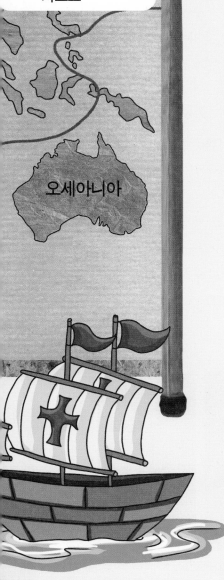

01

근대를 향한 움직임

여러 탐험가들의 항해도
→ 콜럼버스
⬭ 콜럼버스에 의해
  알려진 지역
→ 바스코 다 가마
→ 마젤란
→ 카르티에
→ 카보트

오세아니아

역사 연대기

1368년 | 원나라가 멸망하고, 명나라가 세워짐.
1405년 | 정화가 남해원정을 시작함.
1418년 | 세종대왕이 왕위에 오름.
1450년 | 구텐베르크가 활판인쇄술을 발명함.
1492년 | 콜럼버스가 아메리카 항로를 발견함.

학습 목표

1. 르네상스에 대해 알 수 있다.
2. 종교개혁에 대해 알 수 있다.
3. 신대륙 발견에 대해 알 수 있다.
4. 중국 3대 발명품이 유럽 근대화를 앞당긴 까닭을 알 수 있다.
5. 자원 문제에 대하여 생각할 수 있다.
6. 목표를 이루기 위한 올바른 방법에 대해 논술문을 쓸 수 있다.

심화 학습

도서 읽기 • 르네상스 시대의 삶
    (시어도어 래브 지음/안티쿠스 펴냄)
  • 로마와 르네상스의 나라 이탈리아 이야기
    (권삼윤 지음/아이세움 펴냄)
  • 삐딱하고 재미있는 세계 탐험 이야기
    (진 프리츠 지음/푸른숲)

탐구 1 고대 그리스를 꿈꾸었던 르네상스

르네상스는 14세기 이탈리아에서 시작하여 유럽 전체로 퍼진 문예부흥, 인문주의 운동을 말한다. 르네상스는 인간과 자연을 새로운 눈으로 바라보았으며, 유럽에서 근대 문화를 출발시켰다는 점에서 역사적인 의미가 크다. 르네상스는 이탈리아에서 시작되었는데, 이탈리아는 옛날 로마제국이 자리 잡고 있던 곳이어서 그리스·로마 문화를 가장 많이 갖고 있었다. 또한 십자군 전쟁 때 중간보급기지 역할을 했던 북부 여러 도시들은 지중해 무역이 발달하면서 경제가 발전하였다. 이탈리아를 장악하고 있던

르네상스 재생 또는 부활이라는 뜻의 프랑스어이다.

교황의 영향력이 약해지면서 시민생활도 자유로워졌다. 그러자 부유한 상인과 금융업자, 그리고 정치가들이 문학과 예술을 보호하고 지원하였다.

이 가운데 피렌체에 있던 메디치 가문과 밀라노에 있던 스포르차 가문은 자기들 지위도 높이고 명성을 얻기 위하여 학자와 예술가들을 후원하였다. 레오나르도 다빈치, 미켈란젤로, 라파엘로 등이 그 지원을 받았던 화가들이다. 그러나 이탈리아 정치가 불안해지고 지중해무역이 쇠퇴하면서, 르네상스는 알프스 북쪽으로 옮겨갔다.

북유럽에서 펼쳐진 르네상스는 현실사회와 전통 권위를 비판하는 태도를 가졌다. 교회를 비판하는 책들은 나중에 종교개혁을 하게 되는 바탕이 되었다. 이 때 활약했던 사람들은 ≪우신예찬≫을 쓴 에라스무스, ≪유토피아≫를 쓴 토마스 모어, ≪돈키호테≫를 쓴 세르반테스 등이다. 셰익스피어도 이 때 영국 국민문학을 대표하는 작가였다. 미술 역시 귀족과 종교에서 벗어나 시민과 농민을 그렸는데, 대표적인 화가로 반에이크 형제, 브뢰겔, 벨라스케스 등이 있다.

다빈치 〈모나리자〉

미켈란젤로 〈천지창조〉

라파엘로 〈성모자〉

탐구하기 **이탈리아에서 르네상스가 제일 먼저 일어나게 된 까닭은 무엇인가요?**

탐구 2 종교개혁

도시가 발달하면서 시민계급이 성장하고, 대학에서 공부한 사람들이 늘어나면서 부패한 교회와 성직자들이 비판을 받게 되었다.

1300년대 말, 영국 옥스퍼드 대학에서 신학을 가르치던 위클리프는 "교황이 내세우는 가르침이 가톨릭 교리에 맞지 않으므로 이를 인정할 수 없다" 면서 신앙과 구원은 성서에 있다고 주장하였다. 그는 주장을 뒷받침하기 위하여 라틴어로만 씌어 있던 성서를 영어로 옮겼다. 성직자만이 성서를 읽어야 한다고 생각했던 교회는 위클리프를 '성서를 모독한 자' 라고 비난하였다.

보헤미아에서도 교회를 새롭게 만들자는 주장이 일어났다. 프라하대학 교수였던 후스는 교회 내부에 있는 타락과 로마 교황이 저지르는 부정을 공격하다가 파문당하였다. 후스는 1415년, 콘스탄츠 종교회의에서 이단자로 몰려 화형당했다. 종교회의에 따라 이미 세상을 떠난 위클리프의 시체도 다시 파내어 불태웠다.

백여 년이 흐른 뒤 또다른 종교개혁 움직임이 일어났다. 1517년, 교황 레오 10세가 바티칸 언덕에 있는 성 베드로 성당을 고치기 위해 '면벌부' 를 판매하였다. 마르틴 루터는 "인간이 저지른 죄를 없애 주는 것은 예수 그리스도가 내리는 자비이지, 결코 교황이 아니다" 라며 교황이 '면벌부' 를 판매하는 것은 옳지 않다고 주장했다. 이에 놀란 교황은 보름스 국회를 소집하여 루터를 성직자자리에서 내쫓았다. 뜻을 굽히지 않은 루터는 신약 성서를 독일어로 번역하여 성서를 널리 보급하였다.

로마교황에게 억눌려 있던 독일 제후들은 가톨릭과 인연을 끊고, 루터교 신자가 되었다. 그들은 자신들을 억누르려는 교황과 황제에 맞서 '슈말칼덴 동맹' 을 맺었다. 이때부터 신교도를 '프로테스탄트' 라고 불렀는데, '항거' 라는 뜻인 '프로테스트' 에서 나온 말이었다.

프랑스 사람이었던 장 칼뱅은 스위스에서 종교개혁을 일으켰다. 그는 '사람이 구원받는 것은 신에 의해서 미리 정해져 있다' 는 '구원예정설' 을 주장하였다. 그렇지만 노력에 따라 구원 받을 수 있으므로, 착하게 살고 열심히 일해야 한다고 주장했다. 이러한 생각은 시민과 상인들에게 환영을 받았고, 유럽에 널리 퍼져 자본주의가 자리 잡는 데 큰 힘이 되었다. 칼뱅을 따르는 신도들은 점점 늘어나 영국에서는 청교도파, 프랑스에서는 위그노파, 스코틀랜드에서는 장로교파, 네덜란드에서는 고이젠파가 생겨났다.

탐구하기 **칼뱅을 따르는 신도들이 많았던 까닭은 무엇인가요?**

탐구 3 새로운 땅을 향한 꿈

마르코 폴로가 아시아를 여행한 체험을 기록한 ≪동방견문록≫이 유럽 사람들에게 전해지면서 유럽은 '황금으로 가득 차 있다는 동양'에 관심을 갖기 시작하였다.

오스만 투르크 제국이 강해지면서 육로를 통해 후추, 계피, 생강 등을 가져올 수 없게 되자, 새로운 길을 개척해야 했다. 또 이슬람 세력과 투쟁하여 통일된 나라를 세웠던 포르투갈이나 에스파냐는 동쪽이나 아프리카에 있는 크리스트교 국가와 동맹을 맺어서 이슬람 세력을 치고 싶어했다. 그리하여 포르투갈 왕자인 엔리케가 앞장서서 바닷길을 개척하였다.

포르투갈은 바르톨로뮤 디아스가 인도로 가는 길을 개척하여 1486년에 아프리카 남쪽 끝에 있는 희망봉까지 나아갔으며, 1498년에 바스코 다 가마는 인도로 가는 항로를 발견하였다. 동쪽 항로를 포르투갈이 먼저 차지하게 되자, 에스파냐는 서쪽으로 해서 인도로 가는 길을 찾기로 했다. 1492년, 에스파냐 왕실로부터 후원을 받은 콜럼버스는 33일 동안 항해하여 카리브해에 있는 산살바도르섬에 처음으로 도착하였다. 콜럼버스는 그곳이 인도 일부라고 생각했는데 죽을 때까지도 인도라고 생각했다. 후대 사람들이 그 믿음을 위로해주려고 카리브해 일대를 서인도제도라고 불렀다.

콜럼버스가 아메리카대륙을 발견하자, 포르투갈과 에스파냐 사이에 영토분쟁이 일어났다. 1494년, 교황 알렉산더 2세가 중재하여 자오선을 중심으로 동쪽은 포르투갈이 서쪽은 에스파냐가 차지할 수 있다는 '토르데시야스조약'을 맺었다. 그러자 프랑스와 영국, 네덜란드 등이 강력하게 항의하였다. 신항로 개척은 네덜란드, 영국, 프랑스까지 끼어들어 무역과 식민지를 얻기 위한 경쟁으로 이어졌다. 식민지에서 원료를 공급받고, 상품을 만들어서 다시 판매하자, 시장이 확대되고 상업이 더욱 발달하여 '상업혁명'이 일어났다. 이로써 자본주의가 본격적으로 발달하게 되었다.

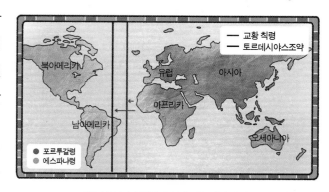

토르데시야스조약에 의해 나누어진 세계

신대륙으로부터 금과 은이 대량으로 들어오게 되자, 유럽에서는 화폐 가치가 떨어지고, 물가가 치솟는 인플레이션이 생겨났다.

> **탐구하기** 신항로 개척이 유럽에 끼친 영향은 무엇인가요?

해석 유럽 근대화를 앞당긴 중국 3대 발명품

르네상스와 종교개혁을 가져온 종이 중국 한나라 때 채륜이 발명한 종이는 당나라와 이슬람 세력이 싸운 탈라스전쟁을 통해 이슬람 세계에 전해졌다. 그리고 이슬람 상인들을 통해 서양으로 건너갔다. 구텐베르크는 면벌부를 대량으로 만들어 팔기 위해 금속 활자를 개발하였다. 그 뒤 종교개혁을 주장하는 사람들이 성서를 영어나 독일어로 번역하면서 금속 활자와 종이는 종교개혁에서 중요한 역할을 하였다. 또한 성직자를 풍자하는 르네상스시대 작품들이 널리 읽힐 수 있었던 것도 종이로 인쇄한 덕분이었다.

항해 기술을 발달시킨 나침반 나침반은 중국 송나라 때 만들어져서 이슬람 상인들에 의해 서양으로 건너갔다. 나침반 덕분에 먼 곳까지 항해할 수 있었고, 새로운 세계를 발견하기 위해 에스파냐, 포르투갈, 영국 등이 서로 경쟁하게 되었다. 식민지를 정복한 유럽은 풍요로운 나라가 되었지만, 많은 자원을 빼앗긴 식민지들은 가난한 나라가 되고 말았다.

신대륙을 점령할 수 있게 해 준 화약 화약은 오래전부터 만들어져왔으나, 무기로 만들어진 것은 원나라 때부터였다. 마르코 폴로에 의해 서양에 알려지면서 화약이 발전하게 되었다. 화약은 기사 계급을 몰락시켰고, 신대륙 점령 때 원주민들을 위협하는 무기로 사용되어 숫자가 적은 군인으로도 원주민을 제압할 수 있었다.

해석하기 종이와 인쇄술이 발달한 것이 어떻게 종교개혁에 도움이 되었나요?

우리나라에서는 **세계에서 가장 오래된 금속 활자본 ≪직지심체요절≫**

우리나라는 고려시대인 1200년대 초에 중앙정부에서 금속 활자를 만들어 사용한 기록이 있고, 14세기 후반에는 지방에 있는 절에서 금속 활자로 책을 찍어낼 만큼 발전된 인쇄 기술을 가지고 있었다. 독일은 구텐베르크가 ≪42행성서≫를 금속 활자로 인쇄한 것이 처음이고, 중국은 1490년 무렵, 명나라에서 금속 활자를 사용했다는 기록이 있다. 일본은 16세기말, 임진왜란 때 조선으로부터 영향을 받아 가장 늦게 활자기술이 발전하였다.

역사토론

콜럼버스는 신대륙을 발견한 영웅인가, 침략자인가?

토론 내용 콜럼버스는 아메리카 대륙을 발견한 사람이다. 지구가 둥글다는 것을 몰랐을 때 알려지지 않은 세계를 향해 떠난 그는 모험가이며, 탐험가이기도 했다. 그러나 원주민 입장에서 보면 콜럼버스는 침략자로 볼 수 있다. 평가가 엇갈리는 콜럼버스는 영웅일까? 침략자일까?

토론 1 콜럼버스는 침략자이다.

콜럼버스가 아메리카 대륙을 발견함으로써 수준 높은 문화를 가지고 살았던 잉카나 아스텍제국 등이 파괴되고 말았다. 황금에 눈이 멀어서 금으로 만들어진 유물을 모두 녹여 유럽으로 가져가 버렸다. 유물과 유적을 파괴시켰기 때문에 침략자로 보아야 한다.

토론 2 아니다. 콜럼버스는 영웅이다.

콜럼버스가 아메리카 대륙을 발견하지 않았다면 오늘날 미국에는 원주민들만 살고 있었을 것이다. 미국이 강대국으로 성장한 것은 유럽 사람들이 개척하고, 개발했기 때문이다. 원주민들이 아무리 수준 높은 문화를 가졌다 하더라도 폐쇄적이고, 교류가 없어서 발전하기 힘들었을 것이다.

토론 3 그래도 침략자일 뿐이다.

콜럼버스는 친절하게 반겨주는 인디언들을 비열하게 대했다. 콜럼버스가 "아라와크족은 자기 것을 누구와도 아낌없이 나누어 가진다."라고 말할 정도로 원주민들은 따뜻하게 대해 주었다. 그러나 콜럼버스는 인디언 부족에게 당시 카리브해 제도에서는 귀했던 금을 정기적으로 상납하도록 강요했으며, 이에 따르지 않는 사람들은 손을 잘라 버렸다.

토론 4 아무리 그래도 영웅이다.

콜럼버스보다 먼저 아메리카에 온 탐험가들도 있었다. 노르웨이 사람인 라이프 에릭슨이 있었고, 아이슬란드에서 그린란드로 가다가 길을 잘못 들어서 아메리카에 왔던 헤리 올프슨도 있었다. 에릭슨도 아메리카에 식민지를 건설하려고 했으나 실패했다. 콜럼버스가 아니었더라도 아메리카 대륙은 다른 누군가가 정복했을 것이다. 콜럼버스로 인해 많은 자원이 유럽으로 건너가, 근대 자본주의 국가 형성에 커다란 도움이 되었으므로 콜럼버스는 영웅이다.

토론하기 **콜럼버스는 영웅일까요, 침략자일까요? 자기 생각을 밝히고 그 까닭을 쓰세요.**

🌀 **다음 글을 읽고, 물음에 대한 생각을 써 보세요.**

➡ 신대륙을 발견하자 유럽 열강들은 자원을 약탈하였다. 그래서 한 때 세계 최대 은광이었던 페루 포토시 은광은 점령 국가들이 마구잡이로 채굴해 갔으며, 이때 자원을 빼앗긴 나라들은 아직도 가난한 나라로 살고 있다. 세계에서 가장 부자 나라였다가 자원이 고갈되면서 가장 가난한 나라가 된 나우루공화국을 통해 자원의 소중함을 생각해 봅시다.

새똥섬 나우루공화국

호주와 하와이 중간쯤에 있는 나우루공화국은 인구가 1만 3천 명 정도로, 세계에서 가장 작은 독립국이다. 나우루는 1968년 호주에서 독립하였다. 작은 섬나라이지만, 수백만 년간 바닷새 배설물이 산호초 위에 쌓여 만들어진 인광석이 섬 전체를 뒤덮고 있어서 주민들은 인산염을 수출해 잘 살 수 있었다. 자가용비행기로 하와이에 쇼핑을 다녔고, 차로 25분 만에 돌 수 있을 정도로 작고, 포장도로도 한 개 뿐이었지만 고급 스포츠카들을 수입했다. 세금도 없고, 병원과 학비도 무료였으며 전기요금도 내지 않았다. 먹고 사는 데 문제가 없었기 때문에 교육도 필요 없었다. 이들이 누리는 풍요는 자연이 준 선물이기 때문에 끝이 없을 줄 알았다. 그러나 외국인 사기꾼들에게 정부가 속아 공연기획에 막대한 돈을 투자하고, 채굴권을 넘겨받은 외국회사들이 무분별하게 인광석을 채굴하여 2003년이 되자 바닥나고 말았다. 이제는 기름이나 음식을 수입할 돈도 없고, 물건을 만들어 낼 공장이나 농사를 지을 땅도 없다. 빚은 쌓여 가는데, 주민들은 일을 하지 않고 당도 높은 통조림 음식만 주로 먹다 보니 세계 최고 비만국가라는 이름까지 얻게 되었다. 자원을 소비만 하고 미래에 대한 투자를 하지 않았기 때문에 벌어진 일이다.

그런데 이제는 사람도 살 수 없게 되었다. 전체가 인광석으로 이루어진 작은 섬을 계속 파내다 보니, 땅 높이가 바다보다 낮아져서 온 나라가 물에 잠기게 되는 위기까지 겪게 되었다.

생각 열기 | **스스로 자원을 지키지 못한 나라는 어떻게 될까요? 자기 생각을 쓰세요.**

🌀 아래 글을 읽고 좋은 결과를 얻기 위해서 나쁜 방법을 써도 된다는 생각과 나쁜 방법으로 얻은 결과는 아무리 좋아도 소용없는 일이므로 방법도 좋아야 한다는 생각 가운데 하나를 골라서 6단 논법 개요표에 써넣으세요.

르네상스를 꿈꾸었던 교황, 그러나 종교개혁을 불러일으킨 교황?

레오 10세는 피렌체에 있는 명문 집안인 메디치가 출신으로, 젊은 시절에 인문학자들로부터 교육을 받아 학문과 예술에 관심이 많았다. 그래서 교황이 되고 난 뒤, 학문과 예술을 보호하고 로마를 르네상스 문화 중심지로 만들었다.

그는 라파엘로에게 자기 초상화를 부탁하였고, 바티칸 궁전에 프레스코화, 그리고 시스티나 성당 벽에 걸 태피스트리 도안을 의뢰하였다. 또한 미켈란젤로에게도 후원을 해주었다. 레오 10세는 미술가뿐만 아니라 음악가에게도 후원을 했는데, 유럽에서 잘 알려진 음악가들만 뽑아서 교황청 성가대를 만들었다.

레오 10세는 많은 건물들을 아름답게 장식하여 만들게 하였으며, 오래된 서적들도 모았다. 레오 10세가 이렇게 적극적으로 펼친 문화부흥 정책 덕분에 로마는 예술 중심지가 되어, 르네상스 문화를 꽃피웠다.

레오 10세는 오랫동안 계속해서 보수공사를 해오던 성 베드로 성당을 좀 더 호화스럽게 만들고 싶었다. 그러나 돈이 많이 들었기 때문에 면벌부를 만들어 팔았다. 면벌부는 이미 십자군 전쟁 때부터 있었던 것이었지만, 인쇄술이 발달하면서 더욱 많은 면벌부를 만들어 팔 수 있게 되었다. 면벌부를 사면 죄를 용서받아 천국에 갈 수 있다는 말에 많은 사람들이 면벌부를 샀다. 교회는 이를 통해 엄청난 수입을 얻었다.

마르틴 루터가 비텐베르크 대학 부속 성당 정문에 95개조 반박문을 걸고 시위하기 전까지는 아무도 면벌부가 잘못된 일인지 생각하지 못했다. 그러나 루터는 '죄를 용서하는 것은 교회가 아니라 신이며, 이것은 돈으로 살 수도 없는 것'이라고 주장했다.

교황은 루터가 교황에게 도전한다고 여겼고 "면벌부 판매 중단을 주장하는 자는 모두 이단"이라고 하였다. 그러자 루터는 성서를 토대로 대답하지 못하는 교황을 비판하며, 면벌부를 반대하는 사람들을 이단으로 몰아서 쫓아내는 것은 성경에 맞지 않는 일이라고 반박했다.

결국 학문과 예술을 사랑하여 르네상스를 꽃피우고 싶었던 레오 10세는 건축비를 대기 위해 면벌부를 판매하다가 '종교개혁 대상'이 되어 버렸다.

주제 : 목표를 이루는 방법

주제문 : 방법이 좋아야 한다.

문제 제기(상황 제시) −내포(본질)와 외연(현상)	1. 성당을 개축하려고 면벌부를 판매했다. 그래서 비판을 받았다. 2. 3.
원인 분석 −사회(외부/거시)적 원인 −개인(내부/미시)적 원인	1. 왜냐하면 면벌부가 실제로 죄를 없앨 수 있는 기능이 있는 것이 아니기 때문이다. 2. 왜냐하면 3. 왜냐하면
대안 제시 −사회(외부/거시)적 대안 −개인(내부/미시)적 대안	1. 그러므로 교황은 자기 신분에 맞는 행동을 해야 한다. 2. 그러므로 3. 그러므로
반대 −대안에 대한 반발이나 부작용	1. 그렇지만 올바른 방법만 따지다가는 아무 일도 못할 수도 있다 2. 그렇지만 3. 그렇지만
극복 −그 반발도 극복하면서 문제를 해소할 방법	1. 그렇다면 교황답게 믿음을 줄 수 있는 다른 방법을 찾으면 된다. 2. 그렇다면 3. 그렇다면
최종 결론 −전체 정리와 마무리	

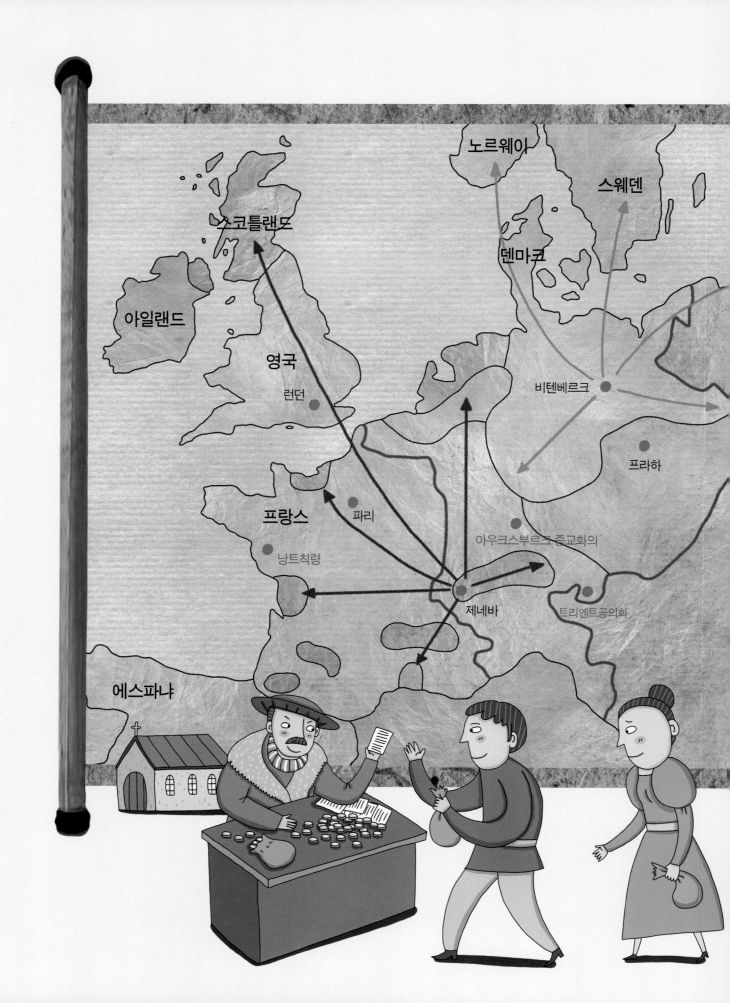

02

분열된 크리스트교 세계

폴란드

리

유럽의 종교 분포도

— 신성 로마 제국
→ 루터파 전파
→ 칼뱅파 전파
■ 루터파 교회
■ 칼뱅파 교회
■ 영국 국교회
■ 구교 우세 지역
■ 구교 지역

역사 연대기

1541년 | 칼뱅이 종교개혁을 주장함.
1555년 | 아우크스부르크 종교화의가 체결됨.
1588년 | 영국함대가 스페인 무적함대를 격파함.
1592년 | 임진왜란, 한산도대첩이 일어남.
1618년 | 독일에서 30년 전쟁이 시작됨.

학습 목표

1. 종교개혁과 반종교개혁에 대해서 알 수 있다.
2. 유럽 각국에서 벌어진 종교전쟁에 대해서 알 수 있다.
3. 영국이 종교개혁을 한 까닭에 대해서 알 수 있다.
4. 마녀사냥이 일어난 까닭에 관한 토론을 할 수 있다.
5. 개혁을 하기 위한 올바른 방법에 대하여 논술문을
   쓸 수 있다.

심화 학습

도서 읽기 • 인류 이야기 2(중세부터 미국의 독립 전
　　　　　쟁까지)(헨드릭 빌렘 반 룬 지음/아이필드)
　　　　• 상식과 교양으로 읽는 유럽의 역사
　　　　　(만프레트 마이 지음/웅진지식하우스)

탐구 1 종교개혁, 그리고 반종교개혁

마르틴 루터

1517년, 루터가 95개조로 된 반박문을 발표하면서 시작된 종교개혁은 단순한 종교개혁에 그치지 않았다. 루터는 '하나님께서 보시기에는 교황이나 밭을 가는 농부나 모두 같다.' 고 주장하였다.

교황에게는 많은 세금을 내고, 영주에게도 엄청난 소작료와 세금을 내느라 갈수록 살기가 어려웠던 독일 농민들은 이를 반겼다

1524년, 농민들은 가톨릭 교회와 봉건 사회를 비판하며 종교 자유를 외쳤다. 종교개혁자인 토마스 뮌처가 이끄는 농민들은 수도원과 성채를 파괴하는 과격한 행동으로 봉건질서까지 위협하게 되었다. 농민들은 루터를 정신적 지도자로 믿었고, 루터가 자기들을 지지해 줄 것으로 믿었다. 그러나 루터는 농민들을 폭도라고 하며, 농민봉기에 반대했다. 농민군들은 황제와 제후들이 이끄는 군대에 의해서 처참하게 진압되었고, 뮌처도 처형되었다.

농민들 뿐만 아니라 가톨릭 교회와 황제에게 강한 불만을 가지고 있던 연방 제후들도 교황으로부터 벗어나려고 했다. 제후들은 가톨릭과 인연을 끊고, 루터교 신자가 되었으며, 자신들을 억누르려는 교황과 황제에게 맞서기 위해 '슈말칼덴 동맹' 을 맺었다. 그리하여 황제와 남부연방을 중심으로 한 구교파 제후와 북부 연방을 중심으로 한 신교파 제후 사이에 슈말칼덴 전쟁이 벌어졌다.

황제는 전쟁을 끝내기 위하여 1555년에 아우크스부르크 종교화의에서 '통치자가 종교를 결정한다' 며 영주와 도시가 종교 자유를 가질 수 있도록 하였다. 이는 처음으로 신교를 인정한 것이었으며, 독일에서 잠시 종교 분쟁이 가라앉았다.

종교 자유를 얻게 된 루터파는 전 유럽으로 빠르게 퍼져나갔다. 츠빙글리와 칼뱅이 종교개혁에 동참하여 여러 가지 신교들이 생겨났다. 그러자 가톨릭 내부에서는 종교개혁에 반대하는 반종교개혁을 꾀하기 시작하였다. 1545년부터 1563년까지 18년 동안 계속된 트리엔트공의회에서 가톨릭 신앙과 교리를 더욱 다지고, 가톨릭 교회가 종교개혁 때문에 일어난 혼란을 극복하고 내부 개혁을 추진할 수 있는 기초를 내놓았다. 그 뒤에 가톨릭 교회는 로욜라가 '예수회' 를 결성하여 아시아와 아프리카에서 활발한 선교활동을 펼쳤다. 이에 신교와 구교는 더욱 대립하였다. 가톨릭은 자신들과 다른 교리를 내세우는 사람들을 종교 재판으로 탄압하고, 이에 신교도들이 반발하면서 16~17세기에 걸쳐 유럽 전역에 종교분쟁이 일어났다.

탐구하기 아우크스부르크 종교화의에서 결정한 내용은 무엇인가요?

탐구 2 종교전쟁으로 얼룩진 크리스트교 세계

프랑스 위그노전쟁

프랑스 남부지역에서 위그노라고 불리는 신교도가 점차 늘어나게 되었다. 1560년에 샤를 9세가 어린나이에 왕위에 오르자, 어머니 카트린 드 메디시스가 섭정을 하게 되었다. 그녀는 가톨릭 귀족 가문과 손잡고 자기 자리를 더 키우려고 하였다. 그런데 프랑스는 많은 귀족들이 신교에 가담하고 있었고, 이에 못지않게 가톨릭 귀

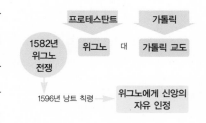

족세력도 강했다. 결국 전쟁으로 이어졌고, 카트린은 평화를 위해 자기 딸을 위그노인 나바르왕 앙리와 결혼시키기로 했다. 결혼식을 위해 신·구교도가 파리에 모였는데, 구교도가 신교도 대표를 살해하는 일이 벌어졌다. 성 바르톨로메오 축일에 구교도가 신교도를 마구잡이로 학살하는 일이 벌어지자, 신교도와 구교도 사이에 갈등이 더욱 커졌다. 그런데 샤를 9세를 이은 앙리 3세 마저 일찍 죽게 되자, 왕위 계승 문제가 생기게 되었다. 결국 나바르왕 앙리가 왕위를 물려받게 되었는데, 옛날부터 가톨릭국가였던 프랑스에서 신교도가 왕이 되는 것이 문제가 되었다. 그러자 앙리는 가톨릭으로 종교를 바꾸어서 왕위를 이어받았다. 1598년, 앙리 4세는 낭트칙령을 선포하여 신교도들도 가톨릭교도와 똑같은 권리를 누리고, 동일한 직책도 맡을 수 있고, 집회와 교육에 대한 자유도 갖게 하였다. 어떤 지역에서는 신·구교 판사들이 같은 수로 구성되어 법정에서 판결을 할 수 있게 하였다. 이 낭트칙령으로 오랫동안 계속되어 왔던 프랑스 종교전쟁은 끝이 났다.

네덜란드 독립전쟁

네덜란드가 에스파냐에게 지배를 받고 있었지만 자치권을 가진 도시는 에스파냐 지배로부터 자유로웠다. 네덜란드는 종교개혁 뒤에 칼뱅파가 빠른 속도로 늘어났다. 그런데 1556년, 에스파냐 왕위에 오른 펠리페 2세는 가톨릭교회를 지켜내는 사람임을 내세우면서 신교도들을 탄압하였다. 도시로부터 많은 세금을 걷고, 상업을 제한하며 자치권을 빼앗았다. 때문에 신교도 뿐만 아니라 가톨릭교를 믿는 사람들도 펠리페 2세에 대한 불만이 커지면서, 에스파냐에 대한 저항운동을 시작했다(1566년).

봉건 귀족 출신인 에그몬트 백작과 호른 백작이 이들을 이끌자, 네덜란드 총독은 '피의 평의회' 라는 심문소를 만들어 에그몬트와 호른 등 8천여 명을 종교재판으로 처형하였다. 총독은 저항운동을 하지 못하도록 공포정치를 펼쳤다. 상류귀족과 부유한 시민들에게서 재산을 몰수하고 무역을 하면 무거운 세금을 물도록 해서 상업 활동을 마비시켰다. 이로 인해 네덜란드는 시장 기능이 마비되고,

실업자가 늘어났으며, 영국이나 독일로 망명하는 사람들이 10만여 명에 달했다. 1572년, 네덜란드 저항운동은 에스파냐로부터 독립하자는 독립전쟁으로 발전하였다. 에스파냐 지배층으로부터 고이젠(거지들)이라 불린 신교도들은 해상에서 에스파냐 배를 습격하였고, 귀족, 상공업자와 농민들까지 힘을 합쳐서 독립운동은 확대되어 갔다. 강압정책에도 불구하고 홀란드 등 북부 일곱개 주는 1579년에 위트레흐트동맹을 맺고 항전을 멈추지 않았다.

1581년에 드디어 독립을 선언하고 네덜란드연방공화국을 세웠다. 무적함대가 영국 함대에게 무너지면서 국제사회에서 지위가 떨어져버린 에스파냐는 1648년, 베스트팔렌조약을 맺어서 네덜란드를 독립국가로 인정하였다.

독일 30년 전쟁

신성 로마 제국은 지역마다 종교가 달랐다. 그런데 신교를 믿고 있던 보헤미아에서 가톨릭을 믿는 오스트리아 왕족, 페르디난트 2세가 왕이 되었다. 그는 자유로운 신앙을 인정한 칙령을 깨버리고, 보헤미안들을 탄압하였다. 보헤미아 의회는 페르디난트 2세를 왕으로 인정하지 않고, 신교파인 프리드리히 5세를 국왕으로 뽑았다. 페르디난트 2세는 이에 굴하지 않고 에스파냐로부터 도움을 받아 프리드리히 군대를 무너뜨렸다. 또 반란에 가담한 신교파 제후군도 제압하였다. 한편, 독일로 진출하려던 덴마크는 독일이 전쟁으로 혼란해지자, 영국과 네덜란드로부터 원조를 받아 북부 독일로 쳐들어갔다. 페르디난트는 발렌슈타인을 황제군총사령관으로 임명하여 덴마크군을 물리쳤다. 뤼베크조약이 체결되면서 전쟁이 잠잠해질 무렵, 스웨덴은 독일이 덴마크를 이긴 것에 위협을 느끼고는 프랑스로부터 지원을 받아서 전쟁에 참여하게 되었다. 전쟁은 유럽 대부분 나라가 참가하며 점점 확대되어 갔다. 스웨덴이 보헤미아까지 공격해 들어오자, 페르디난트는 발렌슈타인을 다시 황제군 총사령관으로 삼았다. 발렌슈타인은 스웨덴 왕을 죽였으나, 전쟁에는 패하고 말았다. 에스파냐로부터 지원을 받아 다시 정비한 황제군은 스웨덴 신교파군을 무너뜨렸다. 1635년에 프라하회의에서 뜻이 모아지면서 전쟁이 끝날 것 같았으나, 신교파를 지원하던 프랑스가 남부독일로 쳐들어왔다. 그러자 스웨덴군도 다시 공격을 시작하였다. 황제군이 점점 위기에 몰리자, 오랜 전쟁으로 지친 독일은 전쟁을 끝내는데 동의하였다. 그래서 에스파냐는 네덜란드를 독립시키고, 신성로마제국 연방국가들에게 완전한 주권을 준다는 조건으로 베스트팔렌조약을 맺었다.

탐구하기 독일 30년 전쟁을 끝낸 베스트팔렌조약이 가진 의의는 무엇인가요?

해석 이혼 때문에 종교개혁을 한 영국

헨리 8세

16세기에 일어난 종교개혁은 가톨릭 교회가 타락한 것에 불만을 품고 일어난 것이다. 그러나 영국에서 벌어진 종교개혁은 다른 나라와 사정이 달랐다.

에스파냐 왕국 공주였던 캐서린은 열일곱 살에 영국 헨리 7세 맏아들인 아서와 결혼하였다. 그러나 5개월 만에 남편인 아서가 죽고 말았다. 시아버지인 헨리 7세는 에스파냐와 사이가 나빠질까 봐 캐서린을 고국으로 돌려보내지 못했다. 아버지 뒤를 이어 왕위에 오른 헨리 8세는 캐서린과 결혼하였다. 헨리는 열여덟 살, 캐서린은 스물네 살이었다. 메리공주를 낳고, 20여 년이 지나도 왕위를 물려줄 아들을 낳지 못하자 헨리왕은 초조해졌다. 그래서 교황 클레멘스 8세에게 이혼을 허락해 달라고 요구하였다. 그러나 가톨릭에서는 이혼을 금지하는 데다가, 에스파냐로부터 많은 지원을 받고 있던 교황은 이혼을 허락하지 않았다.

그러자 헨리 8세는 '가톨릭에서는 형이나 동생 부인이었던 여자를 아내로 삼지 말라는 규율이 있는데, 이를 지키지 않은 것이므로 결혼은 무효' 라고 주장했다. 그래도 교황이 받아주지 않자, 헨리 8세는 영국 캔터베리 대주교에게 이혼을 허락해 줄 것을 요구하고 로마 교황과 대립하여 독립된 영국국교회를 세웠다. 1534년, 영국의회는 헨리 8세를 돕기 위해 '영국 국왕이 영국국교회에서 가장 높은 사람' 이라는 법을 통과시켜 영국국교회를 로마 교황청에서 분리시켰다. 그리하여 영국 왕은 정치에서 수장이기도 하고, 영국국교회 최고 자리도 맡게 되었다.

해석하기 헨리 8세가 '형이나 동생의 부인이었던 여자를 아내로 삼지 말라' 는 가톨릭 규율을 이유로 이혼을 요구한 행동은 정당한 것이었나요?

우리나라에서는 '칠거지악(七去之惡)' 이 있었다

조선시대에는 일곱 가지 이유에 해당될 경우 이혼을 할 수 있었다. ①시부모에게 순종치 않는 여자, ②아들을 못 낳은 여자, ③음란한 여자, ④투기하는 여자, ⑤나쁜 질병이 있는 여자, ⑥말이 많은 여자, ⑦도벽이 있는 여자를 말한다. 그런데 이 가운데 아들을 못 낳은 여자는 어쩔 수 없는 경우가 많았고, 투기하거나 말이 많은 여자라는 것은 객관적인 기준이 없었다. 그렇기 때문에 실제로 조선시대 남편은 부인이 마음에 안 들면 칠거지악을 구실로 언제든지 내쫓을 수 있었다. 반면 부인에게는 남편을 내쫓을 권리는 거의 없었다.

반면 칠거지악에 해당해도 여성을 구제할 수 있는 길도 있었다. 이를 '삼불거(三不去)' 라고 하는데, ①조강지처, ②부모의 3년 상을 같이 치른 아내, ③늙고 의탁할 데 없는 여자 등 세 가지 경우라면 비록 칠거지악에 드는 여자라 해도 이혼할 수 없다는 유교적 윤리 조항이 있었다.

역사토론

왜 종교지도자들은 마녀사냥을 했을까?

토론 내용 중세를 거치면서 많은 여성들이 마녀사냥으로 희생당했다. 이들은 과부나 노처녀들이 대부분이었다. 그런데 종교개혁을 통해 신교와 구교 사이에 갈등이 커지면서 마녀사냥으로 희생당하는 사람들이 더욱 많아졌다. 성직자들이나 지식인들은 왜 약한 여성들을 마녀로 몰아 죽였을까?

토론 **1** 성경에 나온 여성에 대한 편견 때문이었다.

성경에는 남성인 아담에게서 갈비뼈 하나를 뽑아서 여성을 만들었다고 쓰여 있다. 그래서 성직자들은 여성이 구부러진 갈비뼈처럼 비뚤어지고 정직하지 못하다고 편견을 가지고 있었다. 또한 이브가 선악과를 따먹는 바람에 에덴동산에서 쫓겨났기 때문에 여성에 대해 좋지 않은 감정이 있었다.

토론 **2** 자연 재앙이 많았기 때문이다.

중세는 작은 빙하기로 불릴 만큼 기후도 좋지 않았고 자연 재앙이 많이 일어났다. 농업에 의존해서 살아가던 때라 자연 재앙은 신이 내린 벌이며, 종말이 닥칠 신호라고 여겼다. 때문에 마녀가 날씨를 변화시켜서 사람과 가축에게 병이 나게 하고, 농작물에 해를 끼친다고 생각했다.

토론 **3** 정치, 사회, 경제 모두 매우 복잡하였기 때문이다.

중세와 근대 초기로 넘어오면서 여러 가지 사건이 많았다. 종교탄압과 학살, 십자군전쟁과 백년전쟁을 거쳤고 종교개혁, 독일 농민전쟁, 프랑스 위그노전쟁, 30년 전쟁 등 많은 사건들로 세상이 어지러웠다. 지배자들은 사회 위기와 갈등을 피하는 수단으로 마녀사냥을 만들었다.

토론 **4** 사람 수를 조절하기 위한 것이다.

이 시기 유럽은 폭풍우, 뇌우, 번개, 춥고 긴 겨울, 때 아닌 우박이나 서리 등 이상기후가 심하게 나타났다. 이상기후는 흉년을 낳고, 흉년은 농산물 가격을 올려 많은 사람들이 굶주리게 되었고, 굶주림이 전염병을 일으키는 악순환이 계속되었다. 결국 먹는 입을 줄이기 위해 사람 사냥에 나섰던 것이다.

> **토론하기**　마녀사냥이 일어났던 까닭은 무엇일까요? 자기 생각을 밝히고, 그 까닭을 쓰세요.

⚙ **다음 글을 읽고, 물음에 대한 생각을 써 보세요.**

➜ 중세 성직자들에 대한 비판으로 시작된 종교개혁은 유럽을 전쟁터로 만들었으며, 아직도 영국에서는 아일랜드와 종교전쟁이 계속되고 있습니다. 이러한 것에 회의를 느낀 사람들은 무신론자가 오히려 낫다고 생각하기도 합니다. 오늘날에 벌어지고 있는 종교 논쟁에 대해 생각해 봅시다.

유럽, '신은 없다' 버스 광고 종교전쟁으로 확산

영국 인본주의자협회에서 무신론 광고를 냈다. 인본주의자협회는 2008년 12월 말부터 잉글랜드 · 스코틀랜드 · 웨일즈 등 영국 전역을 운행하는 버스 가운데 8백 대에 '아마도 신은 없을 것이다. 걱정 말고 인생을 즐겨라(There's probably no God. Now stop worrying and enjoy your life)'라는 광고를 했다. 영국 〈선데이 헤럴드〉는 2009년 1

월 9일자 온라인 판에서 가톨릭 국가인 에스파냐에서도 무신론자들이 비슷한 버스 광고를 내보냈다고 보도했다. 〈선데이 헤럴드〉는 영국 인본주의자협회가 사용한 문구를 에스파냐어로 번역한 광고는 에스파냐 무신론자연합과 자유사상가협회가 주관하는 것으로, 바르셀로나에서 시작해 수도 마드리드를 비롯해 발렌시아 · 세비야 · 사라고사 · 빌바오 등 에스파냐 주요 도시에서 선보일 예정이라고 했다. 또한 이탈리아에서도 비슷한 광고가 나갔다고 보도했다. 무신론 광고가 확산되는 것에 대해 영국 감리교회는 '신에 대한 이야기가 화제가 되는 것은 좋은 일'이라며 환영한다고 했지만 로마 교황청은 '어리석고, 무의미하며, 터무니없는 짓'이라고 비판했다. 에스파냐에서는 일부 종교인들이 '신은 존재한다. 예수 안에서 인생을 즐겨라(God does exist. Enjoy life in Christ)'라는 광고를 내보냈다고 〈선데이 헤럴드〉는 덧붙였다.

이번 버스 광고를 주관한 인본주의자협회 회원들은 주로 과학, 인문 계통에 종사하는 지식인들이며 의회에도 100명이 넘는 의원들이 무종교인들을 돕고 있다. 영국에서 무신론자들이 내세운 주장에 힘이 커지고 있는 것은 9.11사태가 일어난 뒤에 기독교 근본주의, 이슬람 원리주의 등 종교 근본주의가 강해지면서 이라크전쟁이 일어났고, 그 여파로 2005년에 런던에서 폭탄테러로 52명이 사망하자 종교에 대한 반감이 커졌기 때문이다.

생각 열기   **무신론자들이 점점 늘어나는 까닭은 무엇일까요?**

❂ 아무리 좋은 개혁이라 하더라도 그로인해 피해를 입는 사람이 나올 수도 있고, 반대를 하는 사람이 생길 수 있습니다. 마키아벨리가 주장한 《군주론》을 읽고, 개혁 과정에서 피해자가 없게 하려면 어떻게 해야 할지 6단 논법 개요표에 써넣으세요.

마키아벨리의 《군주론》

16세기 르네상스 때 이탈리아 정치가였던 마키아벨리는 "군주는 잔인하다는 악평쯤은 개의치 말아야 한다. 선행은 될수록 천천히 자신의 이름으로 베풀고, 악행은 가급적 부하의 이름으로 또 재빨리 저지르는 것이 낫다. 군주가 민중을 이끌려면 존경받을 수 있는 대상이 되어라. 존경을 받기 어렵거든 차라리 공포의 대상이 되어라." 라는 주장을 했다.

마키아벨리가 주장한 《군주론》에 의하면 군주는 '권력에 대한 야심과 의지, 용기'가 있어야 하며, '정치하는 데 있어서 인정에 끌리지 않고 냉혹해야 한다'고 했다.

마키아벨리가 이렇게 강한 군주를 내세웠던 당시 이탈리아는 도시국가로 나누어져 있었다. 찬란한 문화를 꽃피웠던 르네상스와는 달리 도시국가 사이에는 끊임없는 싸움이 계속되었다. 또한 프랑스와 에스파냐로부터 침입을 받고, 정치적으로도 간섭을 받고 있었기 때문에 도시국가들을 통일할 수 있는 강력한 군주가 필요했던 것이다.

그래서 마키아벨리가 보았을 때 정당한 정치는 '공화정을 건설하고, 존속하는 것'이며, '시민에게 자유를 지켜주는 것'들이었다. 또한 '군주가 행할 수 있는 테러 조치'는 더 많은 피가 흐르는 것을 막기 위해서 취해야 하는 것이라고 주장했지만, "군주가 잔인하다는 평판을 받아서는 안 되지만, 지나친 자비심을 베풀어 혼란을 초래하고 약탈과 유혈 사태를 빚게 해서는 안 된다. 차라리 잔인함을 보여 주어 무질서를 진압하는 편이 결과적으로 더 자비로운 것이다." 는 이론은 오늘날 각국에서 독재 통치를 하고 있는 독재자들이 저지르는 폭정을 정당화하고 있다. 그래서 비도덕적이고 파렴치하며 잔악한 권모술수를 사용하는 독재자들이 사용하는 테러적 방법을 '미덕'으로 까지 끌어올렸다는 것은 비판을 받고 있다.

주제 : 개혁하는 방법

주제문 : 피해를 줄이면서 개혁을 하자.

문제 제기(상황 제시) –내포(본질)와 외연(현상)	1. 사회를 발전시키기 위하여 제도를 바꾸지만 그로 인해 피해를 입는 사람이 생긴다. 2. 3.
원인 분석 –사회(외부/거시)적 원인 –개인(내부/미시)적 원인	1. 왜냐하면 모든 사람이 만족하기 위한 개혁이나 발전은 있을 수 없다. 2. 왜냐하면 3. 왜냐하면
대안 제시 –사회(외부/거시)적 대안 –개인(내부/미시)적 대안	1. 그러므로 반대하는 사람의 입장이나 의견을 잘 받아들여서 피해가 가지 않도록 해야 한다. 2. 그러므로 3. 그러므로
반대 –대안에 대한 반발이나 부작용	1. 그렇지만 받아들이기 힘든 요구를 할 수도 있다. 2. 그렇지만 3. 그렇지만
극복 –그 반발도 극복하면서 문제를 해소할 방법	1. 그렇다면 그들이 내세우는 요구를 받아들였을 경우 생길 수 있는 문제점에 대해 토론하고, 협상을 하도록 한다. 2. 그렇다면 3. 그렇다면
최종 결론 –전체 정리와 마무리	

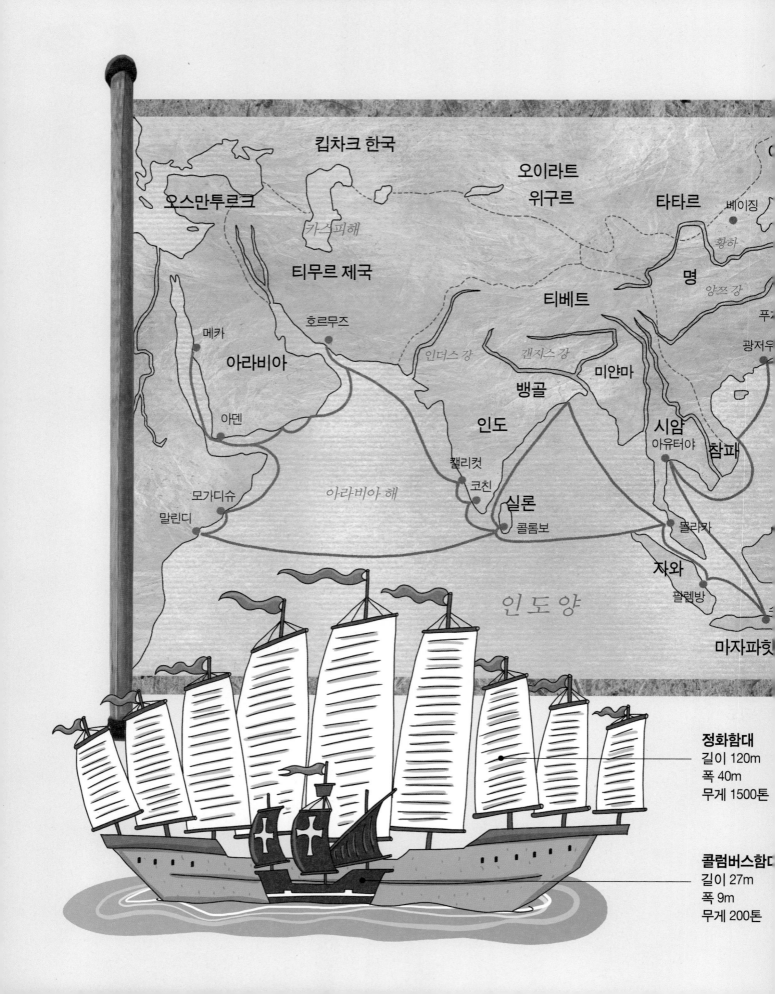

03

중국을 세계에 알리고 싶었던 명나라

학습 목표
1. 명나라에 대해 알 수 있다.
2. 정화의 해외원정에 대해 알 수 있다.
3. 명나라가 멸망하게 된 까닭을 알 수 있다.
4. 화교에 대해 알 수 있다.
5. 글로벌 경제에 대해 논술문을 쓸 수 있다.

심화 학습
도서 읽기 • 삐딱하고 재미있는 세계 탐험 이야기
(진 프리츠 지음/푸른숲)
• 한권으로 정리한 이야기 중국사
(조관희 지음/청아출판사)

원정도

탐구1 한족이 세운 명나라

영락제가 건립한 자금성

원나라는 14세기에 들어오면서 왕위를 둘러싸고 혼란이 끊이지 않았다. 천재지변과 전염병까지 번졌다. 백련교도를 중심으로 '홍건적의 난'이 일어나자, 살기 어려워진 백성들이 너도 나도 홍건적에 가담하여 순식간에 전국으로 퍼져나갔다. 가난한 농부출신인 홍건적 장수 주원장은 난징에 자리잡고 장강 유역을 장악하는 데 성공하였다.

1368년에 명나라를 세운 홍무제 주원장은 건국하자마자 원나라를 만리장성 북쪽으로 몰아내고 통일을 이루었다. 홍무제는 나라를 안정시키는 데 많은 힘을 기울였다. 토지와 인구를 조사하여 이갑제와 병농일치 군제인 위소제를 실시하였다. 건국하는 데 공을 세운 신하들을 몰아내고, 재상들이 나랏일을 의논하는 중서령을 폐지한 다음, 6부를 황제 직속으로 하는 독재체제도 만들었다.

그러나 1398년에 홍무제가 죽자, 왕위를 둘러싸고 다툼이 일어났다. 북방을 수비하고 있던 홍무제 넷째 아들이 반란을 일으켜 건문제에게서 왕위를 빼앗은 뒤 스스로 황위에 올라서 영락제가 되었다. 1402년에 영락제는 수도를 베이징으로 옮긴 다음, 북쪽으로 도망간 몽골족을 소탕하고 만주에 있던 여진족을 복속시켜 위소제에 편입시켰다. 남쪽으로는 베트남까지 정복하였다.

영락제는 동남아시아, 인도양까지 힘을 넓히기 위해 정화가 이끄는 대함대를 파견하였다. 정화 원정대는 아프리카 동해안까지 진출하여 많은 나라로부터 조공을 받았다.

> 이갑제 부역을 부담하는 110가구를 1리로 만들고, 그 가운데 부유한 10집을 이장호로 삼는다. 나머지 100집을 갑수호로 해서 이들을 10집씩 10갑으로 나누고, 가난해서 부역이 면제되는 집들을 여기에 포함시켰다.

그러나 영락제가 죽고 난 뒤, 왕위에 오른 홍희제는 한족을 중심으로 지배질서를 세우기 위하여 원나라식 정책을 모두 버렸다. 몽골 원정이나 동남아시아로 함대를 보내는 활동도 중단시켰다. 농업이 근본이 되는 농업 국가를 건설하기 위해 노력하였고, 백성들이 외국과 교역하는 것을 철저하게 금지하였다. 이러한 정책은 명나라를 안정된 나라로 만들었다.

탐구하기 **홍무제가 왕위에 오른 뒤 취한 정책은 무엇인가요?**

<u>탐구 2</u> 만주족에게 다시 무너져버린 명나라

평화를 이어가던 명나라는 16세기에 들어서면서 남쪽에서는 왜구가 해안 지역으로 쳐들어오고, 북쪽에서는 몽골이 다시 통일하여 빈번하게 침입하였다. 베이징이 포위된 적도 있었다.

1572년, 열 살인 만력제가 왕위에 올랐다. 어린 왕을 대신하여 정권을 쥐고, 국정을 이끈 장거정은 몽골세력을 막아냈다. 행정을 개혁하여 국고낭비를 없애고, 세금을 은으로 내게 하는 일조편법을 실시하였다.

그러나 장거정이 죽고 난 뒤, 만력제는 정치에 관심을 기울이지 않았다. 48년 동안 왕위에 있었지만, 정치를 게을리하여 나라를 어렵게 만들었다. 후금이 쳐들어와서 북쪽국경을 위협하자, 랴오둥에서 군비를 보내줄 것을 요청하였으나 이를 거절하였다. 그리고 조선에서 일어난 임진왜란에는 대규모 군사를 보내 국가재정을 더 어렵게 만들었다.

일조편법으로 많은 은을 거두어들였지만, 황태자 결혼식에 국가예산을 절반이나 써버릴 정도로 낭비했기 때문에 나라에는 늘 은이 모자랐다. 만력제는 이를 해결하기 위해 전국 각지에 환관을 파견하여 은광을 개발하였고, 온갖 세금을 만들어 은을 거두어 들이려 하였다. 그러나 이 과정에서 환관들이 백성들에게 온갖 행패를 부리는 바람에 지방에서는 폭동이 일어나고, 환관이 살해되었다. 전국에서 민란이 일어났고, 지배 계층까지도 황제를 비판하였다.

만력제가 죽은 뒤 천계제와 숭정제가 즉위하였지만, 이미 나라는 기울어지고 있었다. 기근과 반란에다 후금이 잇달아 쳐들어오는 등 혼란에 빠지고 말았다. 이미 약해져버린 조정은 도적 우두머리였던 이자성이 시안을 점거하고 베이징까지 쳐들어오는 것을 막아내지 못했다. 1644년, 이자성군이 베이징을 포위한 가운데 숭정제는 자살하였고, 명나라는 멸망했다.

후금은 나라 이름을 청나라로 바꾼 뒤, 이자성을 물리치고 베이징을 점령하여 중국을 지배하게 되었다. 중국 남부에서는 명나라 황족과 관료들이 남명정권을 세우고 청나라에 저항했으나, 결국 청나라에 무너지고 말았다.

<u>탐구하기</u> **명나라가 멸망하게 된 까닭은 무엇인가요?**

탐구 3 정화가 이끈 해외원정

정화는 1405년부터 1433년까지 일곱 차례에 걸쳐 대함대를 이끌고 해외원정을 나섰다. 1405년 겨울, 제1차 원정을 떠날 때 정화함대는 함정 62척에 승무원 2만7천8백 명으로 출발했으며, 이후 원정에도 1차 때와 비슷한 규모로 갔다. 이는 역사에서 가장 큰 규모로 이루어진 해상선단이었다.

복원된 정화 함대

정화 함대는 주로 동남아시아 나라들로 갔지만, 점점 더 멀리 나가서 인도양과 페르시아만 둘레에 있는 나라들과 아프리카 동쪽 나라들까지로 진출하였다.

정화는 '중국의 콜럼버스', '바다 실크로드의 개척자'로 불리며, 중국이 해양 무역 국가로 나아가는 길을 열었다. 그는 29년 동안 남해 항로를 개척하여 인도양을 건너 페르시아 만과 동북 아프리카까지 나갈 수 있도록 하였다.

당시 명나라 황제였던 영락제는 '정난의 변'을 일으켜 건문제를 제거한 뒤, 스스로 황제에 등극했다. 이때 많은 도움을 주었던 정화를 환관으로 삼아 가까이 두었다. 그런데 영락제는 난징을 공격할 때 건문제를 사로잡지 못했던 것 때문에, 건문제가 언젠가는 흩어진 세력을 회복하여 다시 쳐들어올 것을 늘 염려하였다. 그래서 사방으로 사람을 보내 건문제를 찾아 다녔다. 정화는 건문제를 찾기 위해 영락제가 파견한 신하였다.

정화가 이끌고 간 대규모 해외원정은 본래 목적과 관계없이 조정과 황실에 엄청난 이익을 안겨주었다. 영락제는 자신이 왕위를 찬탈한 왕이라는 나쁜 인상에서 벗어나기 위해 잇달아 선단을 파견하였다. 그리고 명나라가 막강한 힘을 가진 나라라는 사실을 온 세계에 널리 알리고 다른 나라들을 자기 발밑에 무릎 꿇게 하고 싶었다. 결국 정화가 남해원정을 함으로써 당시 명나라를 알릴 수 있었으며, 중국인들이 해외로 나가는 계기가 되었다.

> **탐구하기** **영락제가 정화를 해외로 파견한 까닭은 무엇인가요?**

해석 환관 때문에 멸망한 명나라

명나라 시대에 와서 황제 권력은 더욱 커졌다. 황제와 가장 가까이 있는 환관은 황제 가장 가까운 곳에서 이야기도 나누고, 나랏일을 상의하기도 했다. 또 황제가 내리는 비밀 명령을 수행하기도 했다. 그들은 오직 황제를 위해 목숨을 바치고 황제에게 충성을 바치는 존재였다.

명나라 태조인 주원장은 환관이 정치에 참여하는 것을 막으려고 하였으나, 조정 문무대신을 감시하는 역할을 측근인 환관에게 맡겼다. 영락제는 이슬람 출신인 정화에게 대규모 선단을 꾸려서 해외원정을 나가도록 했다. 명나라를 세계에 알릴 수 있는 위대한 업적을 낳았기 때문에 환관을 제대로 활용한 셈이다.

하지만 환관은 황제와 가장 가까운 위치 때문에 인사권에도 많은 영향을 발휘할 수 있었다. 따라서 환관에게 뇌물을 바쳐서 벼슬을 얻으려는 무리들 때문에 많은 재물을 모을 수 있었다. 그러나 가장 커다란 문제는 그들이 황제를 감싸고 돌며 눈과 귀를 막았다는 것이었다. 신하, 백성들과 소통하는 것을 가로막아서 황제가 적절한 판단을 할 수 없게 하였다. 결국 백성들은 생활이 더욱 어려워졌다. 환관들은 반대하는 사람들을 탄압하여, 신하들도 환관들에게 아첨하게 되면서 바른 말을 하는 사람들이 없어지고 말았다.

영종 때에는 어렸을 때부터 영종을 보좌했던 왕진이 영종이 즉위하자, 실권을 장악했다. 나랏일을 모르는 영종은 왕진에게 의지하게 되었고, 명나라는 왕진 뜻대로 움직여갔다. 오이라트가 침입해오자, 모든 장군들이 말리는 데도 전쟁에 나갈 것을 주장하여 영종은 전쟁에서 패하고 포로가 되었다.

만력제 때 환관인 위충현은 황제가 사치와 방탕에 빠지도록 하였다. 왕에게 바른 말을 하는 학자들은 모두 죽였다. 위충현은 황제가 만수무강하기를 기원하는 말로 '만세(萬歲)'를 외쳤는데, 자신에게는 '구천세(九千歲)'를 외치게 함으로써 황제에 버금가는 권세를 누렸다. 그러나 결국 탄핵을 받고 자결하였다.

해석하기 환관이 정치에 관여하면 어떤 문제가 생길까요?

우리나라에서는 김처선이라는 환관이 있었다.

김처선은 조선 전기에 살았던 환관이다. 문종부터 연산군에 이르기까지 일곱 왕을 모셨다. 관직을 빼앗기고 유배되기도 하였으나 곧 복직되었다. 연산군 때 연산군에게 직언을 하여 많은 미움을 받았는데, 1505년, 연산군이 만든 처용희에 대해 충언을 하다가 죽임을 당했다.

역사토론

홍희제가 정화에게 해외원정을 멈추게 한 까닭은 무엇일까?

토론 내용 황제는 정화 함대에 "세상 동서남북의 끝을 찾아서 확인하라. 항해할 때 기준이 되는 별의 정확한 위치도 알아내라." 는 명령을 내렸다고 한다. 이런 항해가 계속되었더라면 중국은 유럽 대륙보다 먼저 아메리카 대륙을 발견하여 더욱 강한 나라가 될 수도 있었을 텐데, 왜 항해를 멈추었을까?

토론 1 환관을 미워하는 학자들 때문이었다.

환관과 라이벌 관계였던 한림학사들은 환관들이 주도하는 항해 정책을 싫어했다. 그들은 무능한 황제들을 부추겨 항해를 중단하게 만들고, 난징에 있던 선박 만드는 관청을 폐쇄시키기도 했다. 어떤 한림학사는 문서보관소에서 정화 함대가 만든 지도와 기록 등을 압수한 뒤 불태웠다.

토론 2 원정에 막대한 돈이 들기 때문이었다.

명나라는 나라를 세울 때부터 몽골과 싸우고 있었다. 영락제도 몽골족과 싸우러 가다가 죽었다. 그러므로 신하들은 "정화가 해외원정을 하느라 엄청난 돈과 곡식을 낭비했다. 또한 수많은 백성이 목숨을 잃었다." 면서 해외원정 중단을 요구하였다.

토론 3 중국에 이익이 없었기 때문이었다.

중국은 땅이 넓은데다 필요한 물건들이 많이 있었다. 그래서 신하들은 "아무리 멋지고 비싼 물품을 가져온들 조정에 무슨 이익이 되겠습니까?" 라며 반대했다.

토론 4 명나라 정세가 불안했기 때문이었다.

6차 항해를 마치고 돌아오자, 천도한 지 얼마 안 된 황궁 일부가 벼락을 맞아 불타는 사건이 발생하였다. 이는 중화 제국 전통을 무시하고 서양에 함대를 파견한 데 원인이 있다며 함대 파견을 중지하라는 상소가 올라왔다. 그래서 영락제는 이를 받아들여 남해국에 대한 항해와 북방 민족과 해오던 교역을 중지시켰다.

 정화의 해외원정대가 멈출 수밖에 없었던 까닭은 무엇일까요? 자기 생각을 밝히고 그 까닭을 쓰세요.

💮 **다음 글을 읽고, 물음에 대한 생각을 써 보세요.**

➡ 정화가 해외원정을 하면서 많은 중국인들이 동남아시아로 진출하여 '화교'라고 불리며 세계적인 성장을 했습니다. 중국에 많은 지원을 아끼지 않는 이들에 대해 생각해봅시다.

중국의 힘, 화교

2008년 중국은 베이징 올림픽을 성공적으로 끝낼 수 있었다. 이러한 성공 뒤에는 화교들이 보내준 아낌없는 지원이 있었다. 박태환 선수가 금메달을 딴 베이징 올림픽 국립 수상경기센터는 백여 개 국가에 있는 화교와 홍콩, 마카오, 대만에 있는 동포들이 자발적인 모금을 벌여 건립한 것이다. 올림픽 자원봉사자를 모집하자, 세계 각국에 퍼진 2만7천여 화교들이 인터넷 신청을 했다. 경쟁을 뚫고 선발된 3백여 화교들이 현장 통역과 안내를 맡아 올림픽이 원만하게 진행될 수 있도록 도왔다. 또한 세계 각지에 있는 화교들은 성화 봉송 과정에서 벌어진 반(反)중국 시위를 온몸으로 막아내며, 인터넷을 통해 민족주의를 확산시키는 동포애를 발휘하기도 했다.

화교는 전 세계 168개국에 살고 있는 8천7백만여 명이 거주하고 있는 중국인을 말한다. 우리나라 인구보다 두 배 가까이 많다. 국가 하나를 이룰 만한 이들은 따로 떨어져서 독립된 삶을 사는 것이 아니라, 지연, 혈연, 직업 등 다양한 연대로 끈끈하게 이어져 있다.

이들은 막강한 경제력을 가지고 있기도 하다. 동남아시아에서 화교 인구는 전체 인구 가운데 6%에 불과하지만, 실질경제 성장 기여도는 70% 이상으로 추정하고 있을 정도이다. 2003년 세계은행 자료에 따르면 중화권과 동남아시아권에서 화교가 영향력을 발휘하는 GDP는 2조5천8백억 달러이다. 이는 북미자유무역협정(NAFTA), 유럽연합(EU)에 이어 세계에서 3번째로 큰 규모다.

생각 열기 **외국에 살면서 막강한 경제력으로 본국을 돕고 있는 화교들에 대한 자기 생각을 쓰세요.**

❀ 예문 1 은 해외에서 번 돈을 우리나라에 가지고 들어오는 경우이고, 예문 2 는 우리나라에서 번 돈을 외국으로 가지고 나가는 경우입니다. 번 돈을 다른 나라로 가지고 가는 것에 대하여 찬성이나 반대 가운데 하나를 정해서 자기 생각을 6단 논법 개요표에 써넣으세요.

예문 1

우리나라 스포츠는 많은 성장을 했다. 그러면서 세계에 이름을 널리 떨치는 선수들도 많아졌다. 야구, 축구, 골프, 피겨스케이트 등 다양한 경기에서 활약하고 있다. 이들이 해외에서 활동하면서 벌어들이는 돈도 상당하다. 우리나라 웬만한 기업 못지않은 외화를 벌어들인다. 이것을 국내에서 사용할 경우 우리나라는 외화를 벌어들이는 셈이 된다. 1997년 우리나라는 달러가 부족해 IMF를 겪었다. 이를 계기로 외화를 충분히 확보하지 못하면 살아남을 수 없다는 것을 잘 알게 되었다. 무역거래를 할 때는 달러가 있어야 한다. 우리나라 돈이 많이 있어도 받아주는 곳은 없다. 달러가 있어야 석유도 수입할 수 있고, 농산물과 여러 원자재도 수입할 수 있다. 기업이 활동해서 벌어들이는 것도 우리나라 경제에 많은 도움을 주지만, 스포츠 선수들이 활약하여 벌어들이는 것도 도움을 준다.

예문 2

2008년 한 해 동안 어느 회사 커피전문점에서 4천만 잔이 넘게 팔렸는데, 이는 대한민국 국민이 거의 한 잔씩 마신 셈이다. 이 회사는 다국적 기업으로 우리나라에 들어와서 많은 돈을 벌었다. 하루 평균 이 커피전문점을 찾는 고객만 10만 명이나 된다.

그런데 이 회사 커피는 다른 나라에서 판매되는 가격보다 비싸다. 한국소비자원이 같은 제품을 세계에서 판매되고 있는 금액과 비교해보았더니 우리나라에서 판매되는 금액이 미국, 영국, 독일, 일본에 비해 1.6배나 비쌌다. 그런데도 한국인들이 원하는 서비스에 대해서는 아주 인색하다.

이곳 커피가 많이 팔리면 미국 본사가 가져가는 로열티 수입도 늘어난다. 반면 우리나라에 남기는 기부금은 '쥐꼬리' 수준이라고 한다.

그런데 이 회사를 소유하고 있는 대표가 2009년 이스라엘이 팔레스타인을 공격할 때 이스라엘 군대에 기부를 했다는 사실이 알려지자 중동지역에서 이 제품에 대한 불매운동이 일어나기도 했다.

주제 : 글로벌 경제

주제문 : 달러를 많이 벌어들이자.

문제 제기(상황 제시) －내포(본질)와 외연(현상)	1. 우리나라에 있던 달러가 거의 빠져나가 버렸다. 그래서 우리나라는 IMF 경제위기를 겪었다. 2. 3.
원인 분석 －사회(외부/거시)적 원인 －개인(내부/미시)적 원인	1. 왜냐하면 우리나라가 쓸 수 있는 달러가 없었기 때문이다. 2. 왜냐하면 3. 왜냐하면
대안 제시 －사회(외부/거시)적 대안 －개인(내부/미시)적 대안	1. 그러므로 수출을 통해 많은 달러를 벌어 들여야 한다. 2. 그러므로 3. 그러므로
반대 －대안에 대한 반발이나 부작용	1. 그렇지만 수입을 하거나 해외여행에 나가서 쓰게 되므로 나라 밖으로 나가는 달러도 많다. 2. 그렇지만 3. 그렇지만
극복 －그 반발도 극복하면서 문제를 해소할 방법	1. 그렇다면 수출 경쟁력을 높이거나, 다른 대체 산업도 육성해야 한다. 2. 그렇다면 3. 그렇다면
최종 결론 －전체 정리와 마무리	

04

세상을 바꾼 과학, 천동설과 지동설

역사 연대기

1504년 | 마르틴 베하임이 최초로 지구본을 만듦.
1512년 | 니콜라스 코페르니쿠스가 지동설을 주장함.
1518년 | 런던에 왕립 의과대학이 설립됨.
1633년 | 갈릴레오 갈릴레이가 종교 재판을 받음.
1668년 | 뉴턴이 반사 망원경을 만듦.
1684년 | 뉴턴이 중력 이론을 발표함.

학습 목표

1. 천동설과 지동설에 대하여 알 수 있다.
2. 코페르니쿠스 지동설이 과학세계에 미친 영향에 대하여 알 수 있다.
3. 갈릴레오 갈릴레이가 종교 재판을 받은 역사적 배경을 알 수 있다.
4. 뉴턴이 발견한 만유인력과 세 가지 법칙에 대해서 알 수 있다.
5. 과학 발달이 주는 장·단점에 대해서 논술할 수 있다.

심화 학습

도서 읽기 • 뉴턴 과학의 역사를 새로 쓰다
(손영운 지음/주니어김영사)
• 상식 밖으로 뛰쳐나온 과학자들
(이상현 지음/아테나)

탐구 1 지동설을 주장한 코페르니쿠스

코페르니쿠스

16세기 무렵, 사람들은 더 이상 성서에 있는 내용을 그대로 받아들이지 않고 탐험과 탐구를 통해서 의문을 밝히려고 했다.

코페르니쿠스는 자기가 태어난 폴란드 시골 마을에서 신부로 일하게 되었다. 하지만 그는 신부 일보다는 천문대를 만들어 놓고 밤마다 달이나 별을 관측하는 데 더 관심이 많았다.

당시 사람들은 그리스 천문학자 프톨레마이오스가 주장한 지구중심설, 즉 천동설을 믿고 있었다. 천동설은 지구가 우주 중심에 정지해 있고, 지구 둘레를 달, 수성, 금성, 태양, 화성, 목성, 토성이 차례로 돌고 있다는 설이다. 코페르니쿠스는 이 천동설이 잘못되었다는 것을 알게 되었다. 하지만 지구가 움직이지 않는다고 믿는 사람들에게 태양이 우주 한 가운데 있고 지구와 다른 별들이 태양을 중심으로 돌고 있다는 지동설을 주장한다는 것은 목숨을 걸어야 하는 일이었다. 천동설은 하느님이 세상을 창조하고, 지구를 중심에 놓았다는 가톨릭 교리였기 때문이었다.

코페르니쿠스가 생각한 지동설은 당시 우주관과 가치관을 무너트리는 과감한 도전이었다. 절대 신을 믿고 있는 사람들 생각을 쉽게 바꿀 수는 없었다. 더욱이 작은 마을 성당 신부에 불과한 그로서는 더더욱 쉽지 않은 일이었다. 결국 코페르니쿠스는 교회로부터 보복당할 것이 두려워 그가 살아 있는 동안에는 그 이론을 어디에서도 주장하지 못했다.

코페르니쿠스가 펼친 주장을 담은 논문은, 제자에 의해 ≪천체의 회전에 관하여≫ 라는 책으로 만들어 졌다. 논문에 실린 지동설 내용은 '지구는 우주 중심이 아니며, 우주 중심은 태양 부근에 있다.' 는 것이었다. 또, 지구에서 태양까지 거리는 지구에서 다른 별까지 거리에 비해 아주 짧고, 모든 행성은 태양 주위를 도는 원운동을 하고 있다고 했다. 코페르니쿠스가 주장한 태양 중심설이 발표되자, 종교 개혁가들은 '멍청한 자가 우주 전체를 송두리째 뒤엎는 것이나 다름없고, 태양 중심설은 잠꼬대 같은 소리' 라고 비난했다. 코페르니쿠스 생각을 받아들인다면 성서에서 수백 년 동안 가르친 것이 잘못되었다는 것을 인정하는 꼴이 되기 때문이었다.

사고방식이나 자기 생각이 대담하고 옛날과 달리 크게 변하는 일을 빗대어 이르는 말로 '코페르니쿠스적 전환' 이라고 한다. 그만큼 코페르니쿠스 이론은 당시 사람들에게 큰 충격이었다.

탐구하기 **코페르니쿠스가 주장한 지동설은 무엇인가요?**

<u>탐구 2</u> 망원경으로 하늘을 보다

1609년, 갈릴레오 갈릴레이는 천체 망원경을 만들어 별들을 관찰하는 데 많은 시간을 보냈다. 그러던 어느 날, 지구는 태양을 중심으로 운동한다는 사실을 알게 되었고, 믿어 왔던 '우주 중심이 지구'라는 천동설이 잘못되었다는 사실에 충격을 받았다. 갈릴레오는 천체 망원경으로 태양에 있는 흑점을 보았고, 달에도 산과 골짜기가 있다는 사실을 알아냈다. 그뿐만 아니라 금성이 달처럼 초승달, 반달, 보름달, 그리고 다시 반달, 그믐달 순서로 모양이 변하는 것도 알아냈다.

갈릴레이

이것은 당시로서는 대단한 발견이었다. 천동설로는 금성 모양을 완전하게 설명하지 못했지만, 지동설로는 충분히 설명할 수 있었기 때문이다. 이것을 발견함으로써 갈릴레이는 지동설을 확실하게 믿을 수 있었다. 하지만 지동설을 주장하게 되면 성경이 틀렸다는 것을 인정하는 셈이 되고, 곧 이단으로 몰릴 것이 두려워 주장을 미루었다. 갈릴레이는 재치 있는 방법으로 친구에게 편지를 썼다.

흑점 태양 표면에 보이는 검은 반점

"여보게, 자네는 미의 여신이 셀리나 흉내를 낸다는 사실을 알고 있는가?"

이 편지 속에 미의 여신은 비너스, 즉 금성이고 셀리나는 달을 의미하는 말이다. '금성이 달처럼 주기적으로 모양이 변한다.'는 사실을 담고 있다.

1623년 갈릴레이는 ≪프톨레마이오스-코페르니쿠스 두 개의 주요 우주 체계에 대한 대화≫라는 책을 펴냈다. 하지만 지동설을 편드는 책이라며 재판소에서 심판을 받아야 했다. 70세인 갈릴레이는 늙고 병든 몸으로 재판관 앞에 섰다. 당시 유럽을 지배하던 가장 강력한 힘은 종교여서 성경에 있는 내용을 반박하는 것은 허용되지 않았다. 갈릴레이는 할 수 없이 자기 주장을 굽혀야 했다. 교황은 무기징역을 선고했다가 다시 죽을 때까지 가택연금을 시키는 것으로 형을 낮추었다. 목숨을 구하여 재판정을 나오며 갈릴레이는 아주 작은 목소리로 "그래도 지구는 돈다!"고 말했다고 전해 내려온다. 하지만 실제로 그런 말을 했다는 증거는 없다.

1992년이 되어서야 교황청 의회는 바티칸이 잘못했다고 고백했고, 갈릴레이는 명예를 회복했다. 갈릴레이가 죽은 지 350년이 지난 뒤였다.

탐구하기 갈릴레이가 종교 재판을 받게 된 까닭은 무엇인가요?

탐구 3 근대 과학의 아버지, 뉴턴

뉴턴은 만유인력과 움직이는 모든 물체에 적용할 수 있는 세 가지 운동 법칙, 천문학 등을 발견하여 '근대 과학의 아버지'라고 불리게 되었다.

뉴턴

만유인력에서 '만유'란 물체라는 뜻이고 '인력'은 서로 끌어당기는 힘을 뜻한다. 이 세상에 있는 모든 물체는 서로 끌어당기는 힘을 가지고 있다는 법칙이 '만유인력'이다. 뉴턴은 사과나무에서 사과가 떨어지는 것을 보고 생각했다. '사과는 떨어지는데, 하늘에 있는 달은 왜 떨어지지 않을까?' 뉴턴은 그 의문에서 사과나 달, 지구에 각각 끌어당기는 힘이 있다는 사실을 깨달았다. 다만 사과가 끌어당기는 힘은 지구와 비교가 안 될 만큼 작기 때문에 지구에 끌려 떨어지는 것이고, 달은 끌어당기는 힘이 크기 때문에 지구로 끌려오지 않는 것이다. 만유인력은 사람과 사람 사이에도 작용하고, 사람과 지구 사이, 또 달과 지구 사이에도 작용하는 힘이다. 이 힘 때문에 달이 지구 주위를 돌고 있으며, 지구가 태양 둘레를 돌고 있는 것이다. 우주에 존재하는 모든 별은 만유인력 법칙에 따라 움직이고 있다고 할 수 있다.

또, 뉴턴이 발견한 세 가지 운동 법칙에는 관성의 법칙, 가속도의 법칙, 작용과 반작용의 법칙이 있다.

첫째, 관성의 법칙은 외부로부터 힘이 작용하지 않으면 물체는 현재 상태를 그대로 유지하여 정지한 채 계속 멈춰 있으려고 하고, 움직이는 물체는 계속 움직이려고 한다는 법칙이다. 예를 들면, 갑자기 버스가 출발 할 때 사람이 뒤로 쏠리는 현상이나, 버스가 갑자기 멈추면 앞으로 나가려는 현상도 관성 때문에 생기는 것이다.

둘째, 가속도 법칙은 물체에 힘이 작용했을 때 생긴다. 움직이는 물체가 점점 속도가 빨라지게 되는 법칙이다. 예를 들면, 자전거를 타고 달릴 때 힘껏 페달을 밟으면 속도가 빨라지는 것이나 물건을 떨어뜨리면 점점 빨리 떨어지게 되는 것이 가속도 법칙 때문에 생기는 현상이다.

셋째, 작용과 반작용 법칙은 한 물체가 다른 물체에 힘을 주면, 다른 물체는 힘을 쓴 물체와 똑같은 만큼 반대로 힘이 작용한다는 법칙이다. 예를 들어, 내가 상대방을 밀었을 때 상대방도 나랑 똑같은 힘으로 나를 밀면 두 사람 다 그대로 있지만 어느 한 쪽에서 힘이 강하면 약한 쪽으로 밀리게 되는 것은 작용과 반작용 법칙 때문이다.

탐구하기 뉴턴은 무엇을 보고 만유인력법칙을 발견하였나요?

해석 동전에도 과학이 숨어 있다

뉴턴은 돈을 만드는 정부 기관인 조폐국에서 일을 하게 되었다.

영국에서 사용되던 모든 동전을 그 조폐국에서 만들었다. 뉴턴이 하는 일은 오래된 동전을 거두어 들이고 새로 만들어 낸 동전으로 바꾸는 것이었다. 당시 유럽에서는 동전을 위조하는 범죄가 생겨 나기 시작했다. 동전은 금과 은으로 만들었기 때문에 실제 가치도 금이나 은과 같았다. 위조 화폐는 단단한 나무나 금속에다가 금이나 은을 얇게 입혀서 위조 화폐를 만들어 사용했다. 위조 화폐 제조 는 사형으로 처벌되는 범죄였지만, 쉽게 화폐를 위조할 수 있어서 범행이 줄어들지 않았다. 위조 화 폐가 나라 경제까지 위협했다.

뉴턴은 이런 문제를 해결하기 위해 고민했다. 그래서 동전 옆면에 톱니 자국을 새겨 넣는 아이디 어를 생각해 냈다. 그 후 톱니 자국이 없는 돈은 화폐로 인정하지 않았고 위조 화폐 또한 사라지게 되었다. 이 발명으로 뉴턴은 조폐국 국장으로 승진했다.

오늘날에는 금이나 은으로 동전을 만들지 않는다. 그래서 동전에 톱니 자국이 필요 없게 되었지 만, 동전에 톱니 자국을 새기는 전통은 여전히 내려오고 있다. 우리나라 동전에도 톱니바퀴가 500원 짜리에는 120개, 100원짜리에는 110개, 50원 짜리 동전에는 109개가 새겨져 있다.

해석하기 뉴턴이 위조 화폐를 만들지 못하도록 생각해 낸 방법은 무엇인가요?

우리나라에서는 홍대용이 지전설을 주장하다

홍대용(1731~1783)은 조선시대에 지구가 하루 한 번씩 낮과 밤이 생긴다는 생각을 처음으로 주장한 사람이 다. 그는 서양 과학을 적극 받아들이고, 지구와 우주 구조에 대해 지전설을 주장하였다. 그는 우주를 무한한 공간으로 보고 우주가 지구 둘레를 돈다는 것은 불가능하다고 주장하며, 지구가 자전한다고 주장하였다. 지 구는 둥글고 빠른 속도로 자전을 하기 때문에 지구 중심으로 쏠리는 힘이 발생하게 되며, 이 힘이 둥근 지구 위에서 사람들이 거꾸로 떨어지지 않고 살아 갈 수 있도록 붙잡아 주는 것이라 생각하였다. 또한 그는 무한 한 우주 속에 지구를 중심으로 한 세계 이외에 다른 세계가 존재할 수 있다고도 주장하였다.

역사토론

갈릴레이가 종교 재판에서 자신이 주장한 학설을 부인한 것은 비겁한 행동일까?

토론 내용 갈릴레이는 성서를 자신 생각에 따라 해석해서 답한 것 때문에 종교 재판에 넘겨졌다. 갈릴레이가 종교 재판에서 자기 주장을 부인하고 살아 남았던 행동이 옳은 것인지 생각해 보자.

토론 1 비겁한 행동이다.

갈릴레이는 고문도구를 보고는 겁이 나서 자기 주장을 거두고 말았다. 그러니 학문을 연구하는 과학자라기보다는 비겁한 겁쟁이다. 지동설을 적극 지지하다 종교 재판을 받고 화형을 당한 수도사도 있었는데 갈릴레이는 종교 권력과 타협해 가며 기회만을 노린 사람이었을 뿐이다.

토론 2 그렇지 않다.

성서에 위배된다는 선고를 받고도 계속해서 사람들에게 자기 생각을 믿게 했다. 종교 재판 후 갈릴레이는 죽을 때까지 9년간 가택연금 상태에서 시력을 잃어가면서도 근대 물리학에 관한 책을 썼고, 뉴턴과 같은 과학자들이 큰 업적을 남길 수 있게 길을 만들어 준 것이다.

토론 3 그래도 비겁한 행동이다.

갈릴레이는 지구를 우주 중심으로 바라보던 시대에 코페르니쿠스가 주장한 지동설을 옹호하는데 앞장섰지만, 1616년에 교회에서 경고를 받고나서는 더 이상 지동설을 말하지 않겠다고 서약했다. 갈릴레이는 자신이 성서에 위법행위를 했다고도 인정했다.

토론 4 아무리 그래도 비겁한 행동은 아니다.

재판관들은 지동설에 대한 주장을 취소할 것을 강력하게 요구했다. 만약 갈릴레이가 요구를 받아들이지 않았다면 브루노처럼 화형을 당했을 것이다. 만약, 화형을 당했다면 자존심은 지켰을 수 있지만 갈릴레이가 연구한 업적은 모두 사라졌을 것이다.

 토론하기 갈릴레이가 종교 재판에서 지동설은 성서에 위배된다고 말하고 위기를 모면한 행동은 옳은 것인지 비겁한 것인지 자기 생각을 밝히고 그 까닭을 쓰세요.

🌀 **다음 글을 읽고, 물음에 대한 생각을 써 보세요.**

➜ 2009년은 갈릴레이가 천체를 관측한 것을 기념하는 '세계 천문의 해'입니다. 오늘날 사람들이 생각하는 천체에 대한 관심에 대해 생각해 봅시다.

우주, 당신을 기다립니다

2009년은 국제연합이 정한 '세계 천문의 해'이다. 갈릴레오 갈릴레이가 처음 망원경으로 천체를 관측한지 400년이 되는 해이고, 1969년, 미국 닐 암스트롱이 달에 첫 발을 디딘지 40년이 되는 해이기도 하다. 갈릴레오 갈릴레이를 위대한 과학자로 만든 것은 천문학이었다. 그는 인류가 그동안 얻은 지식체계를 근본부터 흔들었다. 갈릴레이는 역사상 최초로 망원경을 만들어 천체를 관찰했다.

'우주, 당신을 기다립니다'는 세계 각 나라에서 참여하는 역사상 가장 큰 축제라고 한다. 프랑스 파리에서 개막식이 진행되고 한 해 동안 전 세계인들이 화려한 별들을 볼 수 있다.

우리나라에서도 1월에 해오름 행사로 막을 열었다. 행사 중, '천문학 100시간'에서는 100시간 동안 지구를 일주하면서 전 세계 천문대는 물론 공개 관측행사 활동을 인터넷으로 생중계하는 이벤트다.

지구는 끊임없이 자전과 공전을 이어가기 때문에 한 곳에서 전 우주를 관찰하는 것은 불가능하다. 그렇기 때문에 세계 곳곳에 있는 천문대들은 서로 연결하여 천만 명 지구촌 시민들이 갈릴레이가 보았던 하늘을 보게 하려는 것이다.

한국 천문연구원 조사에 의하면 '세계 천문의 해'라는 사실을 알고 있는 사람은 응답자 중 12%에 불과했다. 사람들은 천문학이 국가 발전에 중요한 역할을 한다는 사실을 알고 있으면서도 이에 대한 관심은 별로 높지 않다. 관계자들은 천문학에 관심을 갖게 하기 위해 관련 시설에 방문할 기회를 확대하고 행사에 참여할 수 있도록 홍보에 힘쓰겠다고 했다.

한국 조직위원회는 "자연과학과 천문학의 중요성을 되새기고 다양한 행사를 통해 천문학을 재밌게 느끼게 하는 것이 목적"이라고 했다. 그리고 이번 축제를 통해 천문학에 대한 관심이 높아질 것이라고 예측했다.

생각 열기 2009년은 국제연합이 정한 '세계 천문의 해'라고 합니다. 세계 여러 나라들이 참여하고 기획한 각종 행사에서 목표로 하는 것은 무엇일까요?

예문 1 과 예문 2 는 과학 발달이 주는 편리함과 문제점입니다. 과학을 발달시키는 올바른 방법에 대한 자기 생각을 6단 논법 개요표에 써넣으세요.

예문 1

학교에서 돌아와 문 앞에 서자, 내 모습을 알아보고 화상전화기가 인사를 하며 문을 연다. 현관을 들어서자 우리 집 강아지, 멍돌이 집에 붙어있는 작은 화면에 '체온이 높아지고 감기증세 보임' 이라는 글자가 보인다. 강아지 건강상태는 즉시 동물 병원으로 전달되고, 의사는 멍돌이 건강 상태를 화상으로 체크하고 오후에 방문한다고 했다. 나는 컴퓨터를 열고, '숙제' 라는 글자를 눌렀다. 숙제 내용이 저절로 입력되면서, 예쁜 음성으로 읽어 주기 시작했다. 내일 학교에 가면 내 책상 컴퓨터에 숙제가 입력되어 있을 것이다. 아이들 모두 개인 컴퓨터가 있어서 책가방이 필요 없다.

엄마가 회사에서 돌아오셨다. 엄마는 주로 백화점에서 반찬거리를 사신다. 필요한 물건을 손목에 찬 소형 컴퓨터로 주문하면, 백화점에서 정확한 시간에 배달해 준다. 물론 물건은 척척이 로봇이 받는다. 척척이는 엄마를 도와주는 가사 로봇인데 세탁도 잘하지만, 음식 솜씨도 좋다.

예문 2

21세기 과학은 점점 발전해 가고 있다. 인공지능 로봇, 초고속 컴퓨터 등이 개발되어 사람이 편하고 여유로운 생활을 할 수도 있다. 또 로봇이 대신 숙제를 해주고 청소도 음식도 모두 해결해 준다면 더 이상 사람이 해야 할 일이 없어질 수도 있다. 하지만 문제점도 분명히 있다. 사람들은 점점 게을러지고 무기력해질 수도 있고, 화상전화와 컴퓨터를 통해 자기 모습이 그대로 상대에게 보여 진다면 개인 생활이 없어질 것이다. 의료기술이 발달하면서 평균 수명이 늘어나고 점점 고령화 사회가 된다. 얼마 전 친구는 유명 연예인과 함께 찍은 사진 한 장을 보여 주며 자랑을 했다. 사실은 포토샵과 프로그램 합성으로 사진을 위조해 만든 것이었다. 이러한 기술이 미래에는 사람을 복제하여 범죄에도 이용할 수 있다.

주제 : 과학 발달이 주는 문제점

주제문 : 미래 과학 발달로 인한 문제점을 해결하자.

문제 제기(상황 제시) -내포(본질)와 외연(현상)	1. 과학기술이 발달하면 사람들이 게을러진다. 그래서 비만에 걸린다. 2. 3.
원인 분석 -사회(외부/거시)적 원인 -개인(내부/미시)적 원인	1. 왜냐하면 로봇이나 컴퓨터가 사람들이 할 일을 명령만 하면 알아서 다 해주기 때문이다. 2. 왜냐하면 3. 왜냐하면
대안 제시 -사회(외부/거시)적 대안 -개인(내부/미시)적 대안	1. 그러므로 비만을 방지하기 위해 건강을 관리하는 로봇을 만들었다. 2. 그러므로 3. 그러므로
반대 -대안에 대한 반발이나 부작용	1. 그렇지만 로봇을 이용하는 사람과 그렇지 못한 사람들 사이에서 빈부 격차를 느끼게 할 수 있다. 2. 그렇지만 3. 그렇지만
극복 -그 반발도 극복하면서 문제를 해소할 방법	1. 그렇다면 건강을 관리해 줄 수 있는 로봇은 대중화시켜서 누구나 쉽게 사용할 수 있도록 한다. 2. 그렇다면 3. 그렇다면
최종 결론 -전체 정리와 마무리	

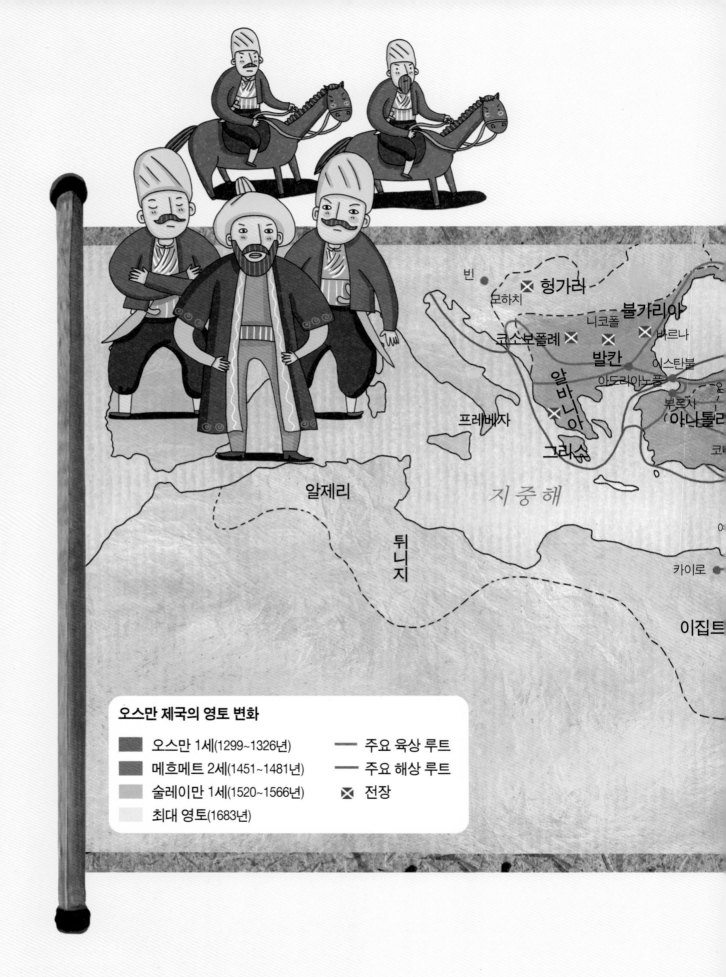

빈

헝가리 ⊠

모하치

불가리아

니코폴

코소보폴례 ⊠ 바르나 ⊠

발칸 이스탄불

알
바
니
아 아드리아노플

프레베자 부르사

그리스 야나톨리

코

알제리 지중해

튀
니
지

카이로

이집트

오스만 제국의 영토 변화

- ■ 오스만 1세(1299~1326년)
- ■ 메흐메트 2세(1451~1481년)
- ■ 술레이만 1세(1520~1566년)
- □ 최대 영토(1683년)
- ── 주요 육상 루트
- ── 주요 해상 루트
- ⊠ 전장

05

오스만 제국

역사 연대기

1299년 | 마르코 폴로가 《동방견문록》을 출간함.
1368년 | 명나라가 건국됨.
1600년 | 영국이 동인도 회사를 설립함.
1830년 | 프랑스에서 7월 혁명이 일어남.
1904년 | 러·일 전쟁이 일어남.

학습 목표

1. 오스만 제국에 대해서 알 수 있다.
2. 오스만 제국의 정치·군사 제도에 대해 알 수 있다.
3. 술레이만 1세에 대해서 알 수 있다.
4. 유럽과 터키에 대해 생각해 볼 수 있다.
5. 돈을 빌려 주는 기준에 대해 논술문을 쓸 수 있다.

심화 학습

도서 읽기 ● 이야기로 풀어 쓴 세계사 3
　　　　　　（김인기 지음/지경사）

탐구 1 오스만 제국

오스만 제국은 셀주크 투르크가 멸망한 뒤, 오스만 1세가 1299년에 아나톨리아 서쪽에 세운 나라이다. 나라를 세운 왕 이름을 따서 '오스만 제국' 이라고 불렀다. 그 후로 발칸 반도로 진출하여 여러 민족을 무찌르고, 15세기 중반에는 불가리아·그리스·알바니아·세르비아 지역까지 차지했다. 정복왕 메흐메트 2세 때는 콘스탄티노플을 공격하여 1453년에 비잔틴 제국을 멸망시켰다. 그는 콘스탄티노플을 이스탄불이라고 이름을 바꾸어서 새로운 수도로 건설했다. 16세기에는 이집트와 메카, 메디나도 정복했다.

술레이만 1세 때, 오스만 제국은 최고 전성기를 맞았다. 헝가리를 정복하고 오스트리아 수도 빈을 공격하여, 유럽 여러 나라를 공포에 떨게 만들었으며, 에스파냐를 비롯한 기독교 연합군을 무찌르고 지중해 해상권을 장악했다. 또 북아프리카에 있는 튀니지와 알제리, 동방에 있는 바그다드와 바스라, 메소포타미아를 정복했다. 지중해와 흑해는 물론이고, 홍해와 페르시아만에 이르는 넓은 바다를 모두 지배하게 되었고, 국제 무역길도 독점했다. 또 안으로는 군사적 봉건제를 완성시키고, 법률, 학문, 건축, 그림 등을 발전시켰다.

그러나 1571년, 레판토 해전에서 에스파냐에게 크게 패하면서 기울기 시작했다. 17세기 이후에는 나라가 어지러워지고, 동서 무역로가 지중해에서 인도양과 대서양으로 옮겨가자 힘이 약해졌다. 그러자 술탄 압둘 마지드는 서유럽에서 여러 제도를 들여와서 '탄지마트' 라는 근대화 정책을 시도했다. 종교나 신분 구별 없이 생명과 재산을 보호하고, 공평한 세금을 거두며, 재판을 공개하고, 군사 제도를 개혁하려 했다. 그러나 성공을 거두지 못했고, 이 과정에서 서유럽 나라들에게 자유로운 무역을 허락하여, 유럽에게 경제를 지배당했다. 발칸 지역 내에서는 여러 나라가 제정 러시아에게 지원을 받아 독립을 하게 되었고, 이집트도 독립했다. 제1차 세계대전이 일어나자 독일 쪽에 가담하여 패전국이 되었고, '주요 항구들과 여러 섬들을 그리스에게 주고, 유럽 쪽 영토를 크게 줍힌다.' 는 세브르 조약을 맺어야 했다. 줍아진 영토는 나라를 위태롭게 하였다. 하지만 술탄 메흐메드 6세는 자기 자리를 지키는 데만 급급하여 연합국들 요구에 따르기만 했다.

터키 국민은 케말 파샤를 따라 오스만 왕정에 반란을 일으키고, 연합국들에 맞서서 반제국주의 운동을 펼쳤다. 결국 술탄제와 칼리프 제도는 폐지되고, 오스만 제국은 멸망하고 말았다(1922년).

탐구하기 **오스만 제국이 멸망한 까닭은 무엇인가요?**

탐구 2 대제국을 가능케 했던 정치, 군사 제도

오스만 제국은 넓은 영토를 잘 다스리기 위한 정치, 군사 제도를 탄탄히 했다. 제국은 직할지, 자치구, 속국으로 구성되어 있었는데, 전제 군주 국가임에도 식민지를 억압하지 않았다.

예니체리 부대

식민지 국가에 군주를 임명하는 권한만 제국 정부가 가지고 있었을 뿐, 다른 것은 모두 자율에 맡겼다. 자치구에 총독을 파견하였으나, 정치는 그곳에 사는 사람에게 맡겼다. 그 대신에 통치를 하고 남는 돈을 바치도록 하였다. 직할지는 대도시인 '주', 중소도시인 '현', 작은 마을인 '군'으로 나누었다. 각 군은 군사와 행정 재판관이 통치하였으며, 현과 주에는 각각 현지사, 주지사를 두어 도시를 다스리게 했으며, 군사를 지휘할 권한도 주었다.

중앙은 대재상을 비롯한 재상들이 군주를 도왔다. 국가 정치 중추인 궁정에서는 대재상과 재상들, 군정장관, 재무대신, 시종장, 서기관장 등으로 구성된 최고 회의에서 중요한 정책을 결정했다.

중앙정부 관료기구는 군인 관료와 법관 관료, 서기 관료로 이루어져 있었다. 군인 관료 가운데 능력이 뛰어난 자는 예니체리 군단장이나 현지사 또는 주지사가 될 수 있었고, 예니체리가 되고 나면 중앙정부 재상이나 대재상이 될 수도 있었다. 법관 관료는 군 행정을 맡아 재판을 하고, 종교학교 교수 같은 공직을 맡을 수 있었다. 또한 서기 관료는 다른 관료를 돕는 역할을 했다. 술탄이나 고급 관료는 사원, 다리, 학교, 병원 등을 도시나 무역상들이 많이 다니는 길에 건설하였고, 넓은 땅을 잘 다스리기 위해 일정 거리마다 숙박시설과 말을 바꾸어 탈 수 있는 역전제를 발달시켰다.

군대 조직은 크게 지방에서 군사봉토를 받은 지방 영주와 중앙 상비군으로 나누었다. 중앙 상비군은 주로 제국에 살고 있는 기독교도 자식들로 구성되었다. 그들은 임무에 따라 7개 부대로 나뉘었는데, 최정예 부대인 예니체리는 나중에 거대한 군사집단으로 발전했다.

예니체리는 외모가 빼어나고, 건강한 기독교인 아들들을 무슬림으로 개종시켜서 만든 군대였다. 비잔티움 제국을 멸망시킨 군대도, 합스부르크 수도 빈을 포위하여 공격한 군대도 예니체리였다.

이러한 제도는 제국 초기부터 보완하고 수정하면서 술레이만 1세 때에 와서 완성되었다.

탐구하기 오스만 제국 군인 중 가장 중요하게 여겨진 군인은 누구인가요?

탐구 3 오스만 제국을 완성시킨 술레이만 대제

술레이만 1세

오스만 제국 10대 술탄인 술레이만 1세는 제국을 최고 전성기로 발전시킨 왕이다. 영토를 아시아, 중앙유럽, 북아프리카까지 넓혔고, 제도와 법을 정비해 나라를 안정시켰으며, 문학과 예술을 장려해 문화수준을 높이고, 많은 모스크를 지었다. 오스만 제국에서는 법전을 편찬하여 제도를 정비한 업적으로 '입법자'라고 불렸고, 유럽인에게는 '화려한 황제'로 불렸다. 군사 능력이 뛰어났던 그는 긴 통치기간 동안 세 대륙을 가로지르며, 13차례 원정을 해 오스만 제국 영토를 최대로 늘렸다.

술레이만은 왕위에 오르자마자 동유럽으로 쳐들어가서, 베오그라드를 거쳐 부다페스트를 점령하고 헝가리 땅 대부분을 차지했다. 그리고 에게 해에 있는 로도스 섬에서 성 요한 기사단을 쫓아내고 동지중해 해상권도 차지하였다. 또한 신성 로마 제국과 대립하고 있던 프랑스 왕 프랑수아 1세와 동맹을 맺고, 신성 로마 제국 수도인 빈을 한 달 넘게 포위하기도 했다. 오스만 군대가 서유럽 깊숙이 들어가자 유럽 국가들은 큰 충격을 받았다. 1538년에는 스페인을 비롯한 기독교 세계 연합 함대를 크게 쳐부수고 지중해 전역을 손아귀에 넣었다.

동쪽으로는 이란 사파비 왕조를 공격하여 바그다드를 차지했고, 남쪽으로는 예멘에 있는 아덴을 정복하였다. 북아프리카에 있는 트리폴리, 튀니지, 알제리도 정벌했다. 이로써 아시아·유럽·북아프리카에 걸치는 대제국을 이루었다.

그는 나라를 다스리는 데에도 뛰어났다. ≪술레이만 법전≫을 편찬해서 토지, 전쟁, 군사 제도, 지방 치안과 형법 등을 정해놓았다. 또 경제가 발전하기 위해서는 사유재산 보호가 중요하다는 것을 깨닫고, 오스만 제국 역사상 최대 법전으로 평가되는 ≪군하총회≫를 편찬했다. 공평한 법률 계약 등을 정해 놓은 이 법전으로 귀족 계층 내부에 있던 혼란이 사라졌고, 봉건 제도도 안정되었다.

술레이만 1세는 이렇게 완벽한 법률 덕택에 복잡하고 다양한 계층과 넓은 제국을 혼란 없이 통치할 수 있었다. 오랜 기간 전쟁을 했어도 백성들은 불만이 없었고, 사회는 질서 있게 유지되었으며, 생활이 안정될 수 있었다. 그는 예술도 중요하게 생각했다. 건축, 타일, 그림, 서예, 문학 등 모두가 그가 통치하던 기간 중에 꽃을 피웠다.

> **탐구하기** 술레이만 1세가 이룬 업적에는 어떤 것들이 있나요?

해석 제국을 멸망으로 내몰다 - 하렘

하렘은 여자들만 사는 곳으로 가족 외에는 남자가 출입할 수 없다. 오스만 제국에는 정복지에서 뽑힌 여자 노예들이 끌려와 하렘에서 살았다. 그녀들은 황후나 황태후 같은 최고 권력에 오를 수도 있었지만, 경쟁자로부터 갖은 모략과 시기를 받아 비참하게 죽는 일도 많았다. 그래서 여인들은 권력을 잡으면 결코 놓지 않았다. 1558~1687년까지를

〈하렘의 풍경〉, 구아르디

'여인 통치 시대'라고 부르는데, 이 시기에 많은 하렘 여인들이 권력을 휘둘러 나라를 좌지우지 했고, 제국은 약해져 갔다.

14세기 이후 술탄들은 하렘 노예들과 결혼하기를 좋아했는데, 이는 세력이 강한 외척들이 정사에 개입하는 것을 꺼렸기 때문이었다. 그 결과 '오달리스크'라고 불리는 노예 첩들이 세력을 쥐었다. 적서 차별이 없었던 이슬람 사회에서 오달리스크 아들들은 아무런 장애 없이 왕위계승 후보자가 되었다. 오달리스크들은 대개 황후로서가 아니라 술탄 어머니로서 권력을 휘둘렀다. 그것은 독특한 왕위계승제도 때문이었다. 오스만 제국 왕가는 술탄 메흐메트 2세 때부터, 한 왕자가 술탄에 오를 경우 왕위 쟁탈을 막기 위해 자기 형제를 죽여야 했다. 따라서 일단 아들을 낳게 되면, 아들이 죽지 않게 하기 위해서라도 권력을 잡으려고 수단과 방법을 가리지 않았다.

여인통치시대 첫 인물은 '록셀란'이었는데, 그녀는 온갖 방법을 써서 자기 아들을 술탄 자리에 올려놓았다. 또, 쾨젬이란 여자 노예는 황태후에 올라 선왕을 제거한 뒤, 두 아들과 손자를 잇달아 술탄에 등극시켰다. 술탄들은 점차 어머니와 환관에게 길들여지며, 나약한 존재로 전락했다. 그들은 더 이상 유럽, 아프리카, 아시아 3개 대륙을 호령하던 오스만 제국 술탄이 아니었다.

해석하기 하렘 여인들은 제국 몰락에 어떤 영향을 주었나요?

그 무렵 우리나라에서는 박위가 대마도를 정벌하다

옛날부터 대마도는 우리나라와 일본 사이에 있는 해협에 자리 잡고 있어서 우리나라와 일본을 이어주는 역할을 했지만, 토지가 좁고 농사짓기가 어려워 식량을 외부에서 가져다 생활해야 했다. 고려 말부터 조공 대가로 쌀을 받아 갔으나, 흉년으로 굶주림이 심해지자 해적으로 변하여 우리나라 해안을 약탈했다. 이에 창왕 2년(1389년)에 박위가 병선 100척을 이끌고 대마도를 공격하여 왜선 300척을 불사르고 고려 민간인 포로 100여 명을 찾아왔다.

역사토론

오스만 제국이 실시한 개혁은 왜 실패했을까?

토론내용 나라가 점점 약해져 가자 오스만 제국은 서유럽과 같은 국가를 만들어 위기를 극복하고자 했다. 그러나 프랑스 정부 조직을 모방하여 실시한 '탄지마트' 개혁은 실패했다. 개혁이 실패한 까닭은 무엇일까?

토론 1 중앙집권적 개혁에 따라 술탄 권한이 너무 커졌다.

탄지마트가 진행됨에 따라 술탄 권한이 지나치게 커졌으나, 술탄에 반대할 수 없었다. 또 국민 자유와 평등을 보장한다 하였지만 국민주권이라는 개념을 헌법에 명시하지도 못하였고, 입헌 군주국을 추구하였지만, 술탄은 여전히 칼리프로서 막대한 권한을 휘둘렀다.

토론 2 급격한 개혁으로 인해 보수층이 반발했다.

보수층은 개혁으로 인해 자기들이 누리던 혜택이 빠르게 없어지는 것을 보고, 개혁을 강하게 반대했다. 보수 세력들은 반동을 일으켜서 개혁파 우두머리를 쫓아내고 의회기능을 정지시켜 버리며, 모든 개혁적 조치들을 없애버리려 했다.

토론 3 강대국 간섭이 심했다.

영국이나 프랑스 같은 강대국이 식민지 문제 등을 간섭해 제대로 정책을 펼쳐 나갈 수가 없었다. 식민지 여러 곳에서 민족주의 기운이 싹터, 이민족들이 오스만 제국으로부터 벗어나려 했다. 게다가 러시아가 슬라브족 보호를 이유로 계속 남쪽으로 내려와 국력이 그쪽으로 소모될 수밖에 없었다.

토론하기 오스만 제국이 나라를 다시 발전시키려고 실시한 개혁이 실패한 까닭은 무엇일까요? 자기 생각을 밝히고 그 까닭을 쓰세요.

🌀 다음 글을 읽고, 물음에 대한 생각을 써 보세요.

➔ 오스만 제국이 끊임없이 유럽으로 진출하려고 했던 것처럼, 그 후손인 터키도 EU(유럽 연합)에 가입해 유럽으로 진출하고 싶어 합니다. 하지만 EU는 그런 터키를 받아들이려 하지 않습니다. 유럽과 터키 입장에 대해서 생각해 봅시다.

〈EU와 터키의 입장 차이〉

지리	유럽	터키 영토의 97%가 아시아에 속한다. 따라서 터키는 유럽이 아니다.
	터키	터키는 아시아와 유럽 대륙에 걸쳐 있다
종교 · 문화	유럽	터키는 종교 · 문화적으로 유럽과 너무 다르다. 무슬림 국가가 기독교 국가 모임 회원이 되려는 격이다.
	터키	유럽 문화적 다양성이 증대되고 민주주의 및 인권을 개선시키려는 이슬람 국가들에 중요한 메시지를 줄 것이다.
역사	유럽	터키는 유럽과 역사를 공유하지 않았다. 유럽은 2차 대전 폐허로부터 통합을 추진해 왔다.
	터키	오스만 제국 붕괴 후 터키는 서쪽으로 시선을 돌려 유럽 가치를 받아 들였고 나토 회원국으로 유럽 안보를 충실히 보강했다.
경제	유럽	터키는 너무 가난해 유럽 수준을 끌어 내릴 것이다. 다른 회원국에 필요한 EU 기금을 소비할 것이다.
	터키	터키는 활력 있는 시장 경제를 지니고 있다. 유럽에 기회와 잠재적인 높은 성장을 가져다 줄 것이다.
이민	유럽	EU와 터키 국경 제한이 해제되면 터키인 수백만 명이 일자리를 구하려 쏟아져 들어온다.
	터키	EU 가입으로 터키 경제가 도약하면 근로자들이 더 안정될 것이다.
인권 · 민주주의	유럽	터키 교도소에서 고문이 여전히 광범위하게 이뤄진다. 인종 및 종교적 소수민 권리가 여전히 존중되지 않는다. 군부 힘이 너무 세고 특히 시골 지역 여성은 서구식 평등을 누리지 못한다.
	터키	터키는 EU가 요구한 광범위한 사법적 변화를 이뤘다. 고문은 불법화됐고 소수민 권리는 법에 명문화 됐다. 사형 제도도 폐지됐고 군 역할은 축소됐다.

생각 열기 **EU가 터키를 받아들이지 않는 이유가 정당하다고 보나요? 자기 생각을 쓰세요.**

논술 한 단계

예문 1 과 예문 2 는 은행이 돈을 빌려 주는 기준에 대한 글입니다. 가난한 사람에게는 어떤 방법으로 돈을 빌려 주는 것이 좋을지 6단 논법 개요표에 써넣으세요.

예문 1

세계에서 가장 가난한 나라 중 하나인 방글라데시에서는 가난한 사람에게 아무 조건 없이 돈을 빌려 주는 은행이 있다. '유누스' 라는 사람이 시작한 이 은행은 가난한 사람들로부터 환영을 받고 있다.

이 은행은 사람이 사는데 기본적으로 필요한 돈을 빌려 주고, 그 돈을 바탕으로 스스로 살아갈 수 있는 기회를 만들어 주어서 가난을 없애겠다는 계획을 가지고 있다. 처음에 유누스 본인이 자기 돈을 빌려 주는 것으로 시작한 이 제도는 결국 '그라민은행' 설립으로 이어졌다.

그라민은행은 현재 직원 1만 8151명, 지점 2185개를 운영하는 거대 은행으로 성장했다. 지금까지 600만 명이나 되는 사람이 혜택을 받았고, 이 가운데 58%가 이 제도로 가난에서 벗어난 것으로 조사됐다.

예문 2

우리나라 일부 저축은행이 적은 돈을 빌려 주면서도 엄청나게 비싼 이자를 받고 있다. 원래 저축은행을 만든 이유는 서민들이 보다 쉽게 금융서비스를 이용할 수 있게 하려는 것이었다.

그런데 이런 목적을 무시하고, 은행 마음대로 하고 있는 것이다. 일부 저축은행은 정상적인 이자보다 4배는 더 받고 있는 것으로 드러났다.

서민들은 은행 이자 때문에 큰 고통을 받고 있다. 하지만 서민들은 적은 돈을 빌릴 때 일반은행에서는 까다로운 기준을 적용하기 때문에 그에 비해 돈을 빌리기 쉬운 저축은행을 이용하게 된다고 한다.

저축은행이 서민을 위한 금융회사 노릇을 제대로 하지 못한다는 비판이 나오고 있다.

주제 : 돈을 빌려 주는 기준

주제문 : <u>가난하더라도 다른 사람과 똑같은 기준으로 돈을 빌려 주어야 한다.</u>

문제 제기(상황 제시) -내포(본질)와 외연(현상)	1. 은행이 가난한 사람에게도 비싼 이자로 돈을 빌려 주고 있다. 그래서 서민들이 고통스럽다고 한다. 2. 3.
원인 분석 -사회(외부/거시)적 원인 -개인(내부/미시)적 원인	1. 왜냐하면 돈이 없어 빌리는데, 그 대가로 비싼 이자를 다시 물어야 하기 때문이다. 2. 왜냐하면 3. 왜냐하면
대안 제시 -사회(외부/거시)적 대안 -개인(내부/미시)적 대안	1. 그러므로 은행이 사회적 책임감을 가지고 일정한 소득 이하인 사람에게는 이자를 낮게 받는 제도를 실행해야 한다. 2. 그러므로 3. 그러므로
반대 -대안에 대한 반발이나 부작용	1. 그렇지만 은행은 이익을 내야하는 기관이므로 가난하다고 특별히 혜택을 줄 수는 없다. 2. 그렇지만 3. 그렇지만
극복 -그 반발도 극복하면서 문제를 해소할 방법	1. 그렇다면 정부가 다른 곳에 쓸 세금을 우선 서민 보조금으로 써서 고통을 덜어 주면 된다. 2. 그렇다면 3. 그렇다면
최종 결론 -전체 정리와 마무리	

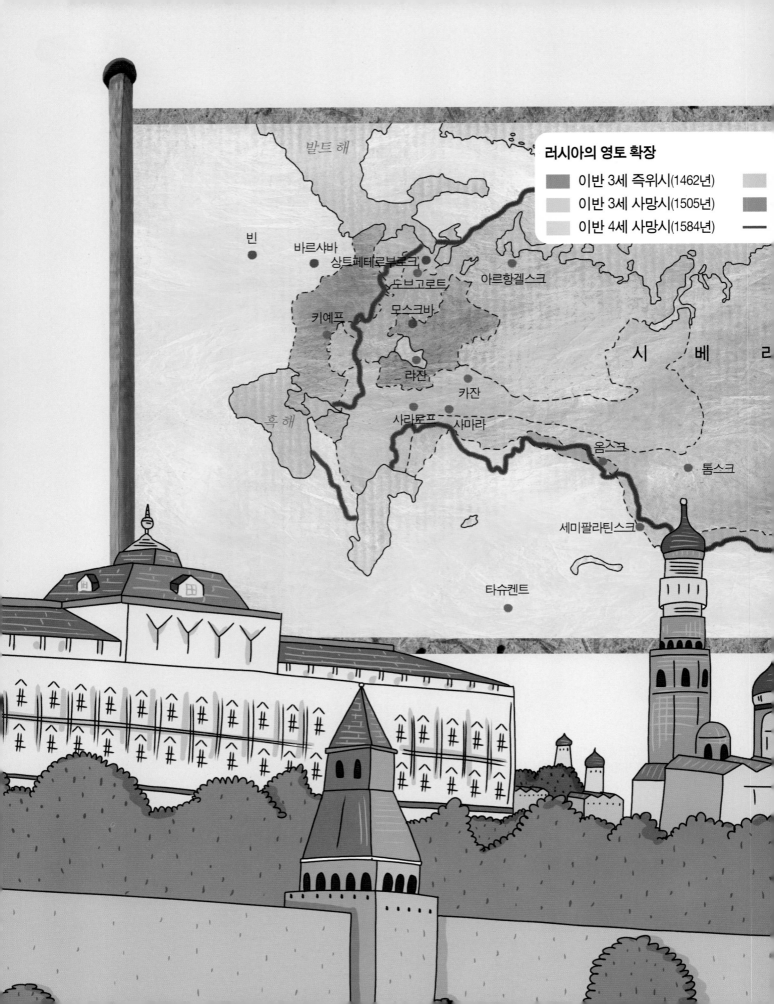

러시아의 영토 확장

- 이반 3세 즉위시(1462년)
- 이반 3세 사망시(1505년)
- 이반 4세 사망시(1584년)

발트 해

빈
바르샤바
상트페테르부르크
노브고로트
아르항겔스크
키예프
모스크바
라잔
카잔
흑 해
사라토프
사마라
옴스크
톰스크
세미팔라틴스크
타슈켄트

시 베 리

06

러시아를 강대국으로 만든
표트르와 예카테리나

학습 목표

1. 러시아가 생긴 과정을 알 수 있다.
2. 표트르가 실시한 개혁을 알 수 있다.
3. 예카테리나가 영토를 넓힌 과정을 알 수 있다.
4. 나라와 국민이 다 같이 잘 사는 방법을 생각할 수 있다.
5. 좋은 지도자에 대한 논술문을 쓸 수 있다.

심화 학습

도서 읽기 ● 한권으로 읽는 러시아사
　　　　　(정제광 지음/지경사)

베드호안스크 ●

올렉민스크 ●

크

란바토르 ●

상시(1725년)
사망시(1796년)
국경선

탐구 1 수많은 민족이 흘러간 땅

유럽 북동쪽과 아시아 북쪽에 자리 잡은 러시아는 추운 지방이었기 때문에 살던 민족들이 국가로 발전하기 어려웠다. 기원전 9세기에 처음으로 세워진 나라가 '우라르투'였다. 우라르투는 기원전 9세기에 건설된 수로가 지금까지도 이용될 정도로 발달된 문화와 강한 군대를 가지고 있었다. 하지만 기원전 6세기 무렵에 노예들이 일으킨 반란으로 세력이 약해지면서 멸망하고 말았다.

그 뒤에도 남부 지역에서 킴메르족이, 아랄해 둘레에서 호레즘족이, 그리고 스키타이족과 사르마티아족이 러시아 땅을 번갈아 지배했다. 그리고 기원후 2백년 무렵에는 고트족이 국가를 세웠으나, 훈족에게 쫓겨 가고 말았다. 6세기에는 아바르족이 훈족을 밀어냈고, 7세기에는 볼가강 둘레에서 하자르족이 등장했다. 하지만 하자르족도 폴로베츠족에게 멸망당하고 말았다.

그러다가 북부 삼림 지대에서 슬라브족이 남쪽으로 이동해 왔다. 그들은 숲을 불태워 농토를 만들고 마을에 문제가 생기면 '베체'라는 회의를 열어서 결정하였다. 8세기가 되면서 12개 부족으로 나누어진 슬라브족은 부족마다 '공후'라는 지도자가 다스리며, 도시를 세우고 모여 살았다.

그 가운데 폴랴네 부족 공후인 키이가 드네프르강가에 도시를 세우고 키예프라고 불렀다. 키예프가 다스리는 곳에 살던 루시족들은 외적이 쳐들어오면 12개 부족들을 하나로 모아 맞서 싸웠다. 나중에는 12개 부족들을 통합하여 키예프루시라는 나라를 만들었다.

10세기말에 블라디미르 1세가 그리스 정교를 받아들여 교회를 짓고, 학교를 세워, 러시아 문화를 더욱 발전시켰다. 다음 왕인 야로슬라프는 '루스카야프라우다(러시아 정의)'라는 법을 만들고 키예프 문화가 황금기를 이루게 하였다. 하지만 야로슬라프가 죽자 다시 러시아는 서로 갈라져서 혼란에 빠졌다. 그러다가 1147년에 블라디미르 스즈달리 공국 대공인 유리돌고루키가 모스크바를 건설하고, 나무로 된 성곽으로 둘러쳤다. 이 성곽을 크레믈리라고 불렀다.

러시아 역시 13세기에 일어난 몽골족에게 점령당하였으나, 1480년에 이반 3세가 물리치면서 해방을 맞이하였다. 이반 3세는 루시 땅 대부분을 통합하여 모스크바 대공국을 중앙집권국가로 만들었다. 이때부터 루시를 러시아로, 왕을 차르라고 부르게 되었다.

러시아를 황제가 다스리게 된 것은 1613년 미하일로마노프부터였다. 하지만 러시아 황제들은 자신이 신과 같은 존재라는 생각에만 빠져서 힘으로만 나라를 다스리려했다. 결국 가혹한 정치를 견디지 못한 반란이 끊이지 않았다.

> **탐구하기** 러시아에 살던 민족들이 국가로 발전하기 어려웠던 까닭은 무엇인가요?

탐구 2 강철 같은 황제, 표트르

러시아를 강대국으로 만든 표트르(표트르 1세)는 알렉세이 황제와 두 번째 부인 사이에서 태어났다. 네 살 때 아버지가 죽자, 첫째부인에게서 난 맏아들인 표도르 3세가 황제에 올랐으나, 곧 죽고 말았다. 이번에는 둘째아들인 이반이 왕이 될 차례였으나, 귀족회의에서는 이반이 능력이 없다고 여겨서 표트르를 새 황제로 뽑았다. 하지만 이반 누나인 소피아가 군대를 이끌고 궁으로 쳐들어와서는 이반을 제 1황제, 표트르를 제 2황제로 정해버렸다. 그리고는 이반을 대신해서 정치를 도맡게 되자, 표트르는 권력에서 밀려났다.

표트르

표트르는 시골로 쫓겨가 군대놀이, 목수, 대장장이, 인쇄일 등을 하면서 어린 시절을 보냈다. 표트르가 어른이 되면 권력을 넘겨 주어야 했지만, 소피아는 도리어 자신이 황제가 되려고 반란을 일으켰다. 이 반란을 진압하면서 표트르는 드디어 권력을 잡았다.

표트르는 러시아를 강대국으로 만들기 위해서는 바다를 차지해야 한다고 생각했다. 그래서 돈강에 강력한 함대를 만들었다. 그리고 1696년에 투르크에게 공물을 바치고 있던 크림 타타르족으로부터 아조프 해를 빼앗았다. 또 투르크를 몰아내고 흑해로 나가는 길을 열기 위해 오스트리아, 폴란드, 베네치아와 맺고 있던 신성동맹을 더욱 굳게 하였다. 그러나 다른 나라들이 모두 투르크와 사이좋게 지내자, 발트 해 쪽으로 방향을 돌렸다. 21년 동안 스웨덴과 벌인 이 전쟁에서 표트르는 직접 조선소에서 일도 하고, 군대도 지휘했다. 또 많은 나라들을 자기편으로 끌어들였다. 이 전쟁에서 승리한 러시아는 드디어 발트 해에 붙은 땅을 차지하였다.

또 표트르는 사절단 250명을 이끌고 서유럽으로 떠나서, 자신이 황제임을 숨기고는 공장과 학교, 박물관, 그리고 의회 회의 장면 등을 살폈다. 직접 전쟁에도 참여했다. 그리고 러시아를 근대화시킬 전문가들을 찾아서 데리고 왔다. 산업을 발전시키기 위하여 수많은 공장을 세우고 광산을 개발하였다. 상업을 발달시키기 위하여 모든 국민들이 자유롭게 상업을 할 수 있도록 제도를 고쳤다. 많은 학교와 도서관, 박물관을 새로 짓고, 학생들을 외국으로 유학 보냈다. 유럽과 같은 문화가 되게 하기 위하여 그동안 써오던 슬라브 숫자 대신 아라비아 숫자를 쓰고, 달력도 율리우스력으로 바꾸었다. 러시아는 점점 산업과 문화가 발달한 강대국으로 발전하였다.

탐구하기 표트르가 사절단 250명을 이끌고 서유럽으로 간 까닭은 무엇인가요?

탐구 3 예카테리나

예카테리나

표트르와 함께 러시아 영토를 크게 넓힌 예카테리나(예카테리나 2세)는 프로이센 귀족에게서 태어나 1745년에 러시아 표트르 3세와 결혼하였다. 하지만 표트르 3세가 통치를 제대로 하지 못하자, 군대를 동원하여 남편을 밀어내고 스스로 왕위에 올랐다. 예카테리나는 자기를 도와준 군인과 귀족들에게 교회와 황실 사람들에게서 빼앗은 땅과 농노들을 나누어 주었다.

또 나라를 안정되게 다스리기 위하여 새로운 법전을 만들려고 하였다. 성직자와 노예를 뺀 모든 계층에서 564명을 뽑아 법을 만드는 입법위원회를 만들었다. 그러자 계몽주의 사상가들은 입법권, 사법권, 행정권을 분리해야 한다고 주장했다. 그러나 예카테리나는 그것이 황제를 약하게 하는 것이므로 받아들이지 않았다. 거창하게 시작된 입법위원회는 빛을 잃고 2년도 채 안 되어 흩어지고 말았다.

나라 안에서 어려움을 겪게 되자, 예카테리나는 나라 밖으로 눈을 돌려 정치를 안정시키려고 하였다. 1768년과 1787년에 투르크로 쳐들어갔다. 이 전쟁으로 크림반도와 흑해까지 차지하였다. 또 오스트리아, 프러시아와 손을 잡고 힘이 약해진 폴란드로 쳐들어가서 땅을 서로 나누어 가졌다. 옛날 리투아니아 땅과 우크라이나를 모두 차지한 것이었다. 그리고 동쪽으로 방향을 돌려 시베리아를 개척하였다. 또 베링해협을 건너 아메리카 대륙으로 진출하여 알래스카까지 영토를 넓혔다.

또 서유럽보다 문화가 뒤쳐진 러시아를 발전시키기 위해서 국민들에게 계몽 사상을 심으려하였다. 그래서 문학, 예술, 과학을 널리 퍼트리려고 수많은 학교를 세웠다.

그러나 비참하게 살던 농민들 불만이 폭발하여 푸카초프를 중심으로 반란을 일으켰다. 반란은 전국으로 퍼져나가, 많은 도시들이 반란군에게 점령당했다. 가까스로 반란은 진압되었으나, 예카테리나는 계몽 사상이 러시아 현실에 맞지 않는다는 것을 깨달았다. 그런데다가 프랑스에서 혁명이 일어나자 충격을 받은 예카테리나는 계몽사상에서 완전히 등을 돌리고는 민중을 강력하게 탄압했다. 또 유럽 여러 왕들에게 프랑스에 군주제를 부활시키도록 도와주자고 호소했다. 1793년 프랑스 루이 16세가 처형되었다는 소문을 전해 듣고는 프랑스와 외교 및 통상관계를 끊어버리기도 했다. 러시아 역사상 가장 많은 영토를 차지했지만, 전제군주제와 농노제도를 바꾸지 않았다.

> **탐구하기** **564명으로 구성된 입법위원회가 성공하지 못한 까닭은 무엇인가요?**

해석 러시아는 왜 선진국으로 발전하지 못했을까?

표트르가 왕위에 올랐을 때 러시아는 둘레에 있는 다른 유럽 나라들보다 뒤떨어진 후진국이었다. 표트르는 경제를 발전시키고, 무역을 활발하게 만들고, 다른 나라와 벌이는 전쟁에서 이기기 위하여 바다로 나가는 길을 열려고 하였다.

또 많은 토지를 가지고 있는 귀족인 보야르와 성직자들이 반발하는 것을 누르고, 반대하는 세력은 엄하게 처벌하면서 25년 동안 행정, 산업, 상업, 기술, 문화 같은 모든 부분에서 개혁을 밀고 나가 나라를 근대화시켰다. 전쟁에서도 잇달아 승리하고, 근대화가 성공하여 후진국인 러시아는 점점 강대국이 되어갔다.

그러나 전쟁과 개혁과정에서 가장 힘든 사람들은 농민들과 가난한 도시노동자들이었다. 아무리 나라 경제가 발전하고 군사강국이 되어도 삶이 나아지지 않는 고통은 결국 반란으로 이어지게 되었다. 표트르는 그 반란들을 무자비하게 진압하였다. 반대하는 세력은 엄하게 벌주는 것이 나라를 다스리는 방식이었다.

결국 표트르가 실시한 많은 개혁과 근대화로도 러시아는 선진국이 되지 못했다. 그 까닭은 국민 대부분인 농민과 노동자들을 잘 살게 하는 정책보다는 황제가 강력한 권력을 쥐고 나라를 다스리는 전제정치와 농노제 같이 시대를 거꾸로 거슬러 올라가는 제도를 강화하기만 했기 때문이었다. 근대화로 가기 위한 개혁은 아주 좋았지만, 대다수 국민인 농민과 노동자들에게 혜택이 돌아가지 못했다. 일부 귀족들만 잘 살게 되는 근대화로는 결코 선진국이 될 수 없었던 것이다.

해석하기 대다수 국민에게 혜택이 돌아가는 방향으로 개혁을 해야 하는 까닭은 무엇일까요?

그 무렵 우리나라에서는 민중 의식이 성장하다

임진왜란과 병자호란을 겪으며 의식이 성장한 백성들은 18세기가 되자, 스스로 농사법을 개발하여 모를 키워서 옮겨 심는 이앙법이나 보리와 벼를 이어서 심는 이모작, 그리고 퇴비법 등을 새로 개발하거나 널리 퍼트렸다. 그러자 생산량이 늘어났고, 백성들 살림살이도 점점 나아졌다. 백성들은 더 이상 양반에게 기대려고 하지 않고 스스로 살아가는 법을 알게 되었다. 이런 태도는 경제뿐만 아니라 문화에도 변화를 몰고 왔다.

그 전에는 양반들만 문학을 즐겼으나, 심청전, 춘향전, 흥부전, 장화홍련전 같은 문학작품도 스스로 써서 읽었다. 그리고 판소리나 탈춤 같은 공연예술도 즐기고, 민화 같은 그림도 그리게 되었다.

표트르가 이끈 개혁은 러시아를 살기 좋은 나라로 만든 것일까?

토론 내용 표트르는 러시아를 근대화시키기 위해 강력한 군대를 만들고, 외국까지 직접 나가서 발전된 나라들을 배우고, 전문가를 데리고 왔다. 그래서 바다로 나가는 길을 열고, 뒤떨어진 러시아를 강한 나라로 만들었다. 그런데 대다수 국민인 농민들은 여전히 가난에서 벗어나지 못하고 고통받기만 하였다. 과연 러시아는 살기 좋은 나라가 된 것일까?

토론 1 좋은 나라로 만든 것이다.

표트르 덕분에 발전한 러시아는 지금까지도 힘센 나라로 남아 있다. 세계 최강국이라는 미국과 맞설 수 있는 나라는 러시아 말고는 중국 정도일 뿐이다. 유럽 동북쪽 구석에 있는 후진국이었던 러시아가 이렇게 강력한 나라가 된 것은 표트르 덕분이다.

토론 2 아니다. 살기 좋은 나라로 만든 것이 아니다.

선진국이란 살기 좋은 나라를 말한다. 군대가 강하고 경제가 발전하였다고 해서 다 좋은 나라가 되는 것은 아니다. 국민들이 모두 잘 먹고 편히 사는 것이 좋은 나라인데, 러시아는 강한 군대도 있고 경제와 문화가 발전하였지만, 대다수 국민인 농민들은 잘 살지 못했다. 그러니 좋은 나라가 아니다.

토론 3 그래도 좋은 나라로 만든 것이다.

아무리 국민들이 편히 산다고 해도 군대가 약해서 외국에서 자꾸만 쳐들어오고, 나라 경제가 어려우면 국민들이 편하게 살 수가 없다. 국민들이 잘 살게 되려면 우선 나라가 발전해야 하니 표트르가 좋은 나라를 만든 것은 분명하다.

토론 4 아무리 그래도 좋은 나라로 만든 것이 아니다.

나라 경제규모가 아무리 크다고 해도 국민들이 살기 힘들면 좋은 나라라고 할 수 없다. 표트르는 살기 힘든 농민들이 반란을 일으켰을 때도 무자비하게 반란을 진압하였다. 나라가 국민을 위하는 방향으로 다스려지지 않는다면 결코 좋은 나라가 아니다.

토론하기 표트르가 한 개혁은 러시아를 좋은 나라로 만든 것일까요? 자기 생각을 밝히고 그 까닭을 쓰세요.

🌀 **다음 글을 읽고, 물음에 대한 생각을 써 보세요.**

➡ 표트르가 개혁을 통해 이룩한 근대화는 러시아를 후진국에서 강대국으로 만들었습니다. 하지만 국민들은 가난하고 힘들게 살아야만 했습니다. 오늘날에도 나라는 잘 살고 강대국이 되었지만, 국민은 못사는 나라가 있습니다. 나라와 국민 모두 부자가 되는 방법에 대해 생각해 봅시다.

나라는 잘 살아도 국민은 가난하다

제2차 세계대전에서 패하면서 일본은 폐허가 되었지만, 엄청난 경제성장을 이루었다. 세계에서 가장 경제가 발전한 미국마저도 앞지를 것이라는 말이 나온 적도 있었다.

이렇게 일본은 경제대국이 되었지만, 일본 국민들은 경제대국이라는 이름에 전혀 어울리지 않는 삶을 살고 있다. 좁은 집에서 살아야 하고, 한 가지 직업으로 먹고 살 수가 없어서 두세 가지씩 일을 해야 한다. 일본 사람들이 자전거를 많이 타고 대중교통을 즐겨 이용하는 것은 환경보호를 위해서가 아니라, 자가용을 타면서 살 수 있는 형편이 못되기 때문이다.

이렇게 된 까닭은 일본이 경제성장만을 위해서 모든 힘을 쏟았기 때문이다. 그래서 일본 사람들을 경제동물이라고 부르기도 한다. 또 한 가지 이유는 제2차 세계대전에서 패전한 뒤에 지금까지 거의 대부분 자민당이 권력을 잡고 있기 때문이다. 이들을 중심으로 관리들과 기업가와 법관들, 학자, 언론인들이 하나로 뭉쳐 사회를 지배하고 있다.

이들은 국민들에게 저축을 많이 하도록 신문이나 방송을 통해서 보도하고, 법과 제도를 산업발전에 도움이 되는 쪽으로 만들었다. 그리고 국민들이 저축한 돈을 산업발전에 쏟아 부었다. 산업이 발전하여 월급이 올랐으나, 물가도 올라갔다. 집값도 회사에서 일한 월급을 아무리 저축해도 도저히 살 수 없을 만큼 치솟고 말았다. 실제로 집 값어치가 높아진 것이 아닌데 값만 비싸지는 것이다.

그러니 일본 사람들은 더 많이 일해야 한다. 돈을 벌기 위해 서로 경쟁만 하게 되면서 집단 따돌림이나 자살하는 사람이 점점 늘어났다. 2008년에는 10만 명 가운데 자살로 죽은 사람이 19명이나 되었다. 또 긴 시간 동안 회사에만 있게 되면서 정서는 메마르고 가정생활을 즐겁게 할 여유마저도 갖지 못하게 되었다.

2006년에 한 조사를 보면 1인당 GDP가 3만 1천500달러나 되는 나라지만, 국민들이 느끼는 행복지수는 178개 나라 가운데 95위를 차지하였다. 하지만 불만을 터트릴 수도 없고, 호소할 곳도 없다. 모두들 자기들만 잘 살려고 할 뿐, 가난한 국민을 편들어주는 신문이나 방송도, 정치가나 기업가도 없기 때문이다.

생각 열기 **나라도 발전하고 국민들도 잘 살기 위해서는 어떻게 해야 할까요? 자기 생각을 쓰세요.**

논술 한 단계

올바른 통치자는 힘도 있어야 하고, 국민을 위한 마음도 있어야 합니다. 아래 예문 1 과 예문 2 는 통치자로서 어떤 태도를 가져야 하는지를 보여주는 이야기입니다. 좋은 통치자는 어떤 태도를 가져야 하는지 6단 논법 개요표에 써넣으세요.

예문 1

옛날에 개구리들이 살고 있는 연못에 왕이 없었다.

개구리들은 자기들에게 왕을 내려 달라고 하늘에 빌었다. 그러던 어느 날 하늘에서 왕을 내려준다는 소리가 들리고 커다란 뱀 한마리가 내려왔다. 개구리들은 왕에게 절하고 받들었다. 하지만 뱀은 개구리들을 다스려주기는커녕 보는 족족 잡아먹어 버렸다. 왕을 모시려다가 도리어 개구리들이 모두 목숨을 잃게 됐다.

개구리들은 무섭지 않은 왕을 내려달라고 또 하늘에 기도했다. 그러던 어느 날 하늘에서 왕을 내려준다는 소리가 들리고 널빤지 하나가 떨어졌다. 개구리들은 또 잡아먹힐까 봐 숨었다. 하지만 널빤지가 아무 움직임이 없자 슬금슬금 왕에게 다가갔다. 툭 건드려보기도 하였다. 왕이 그래도 가만히 있자 발로 슬쩍 차보기도 하였다. 그래도 왕은 가만히 있었다. 그러자 개구리들은 널빤지 위에 올라가기도 하고 매달려서 놀았다. 왕으로 떠받들기는커녕 장난감처럼 가지고 놀게 되었다.

예문 2

표트르는 러시아를 발전시키기 위해 서유럽에서 문화를 받아들이기 위한 정책들을 펼쳐나갔다.

1712년에 상트페테르부르크로 수도를 옮기고, 신문을 발행하고, 학교를 지었다.

새로운 문화를 받아들이려면 서유럽 사람들처럼 해야 한다며 귀족들에게 옷소매를 짧게 자르고 긴 수염을 깎으라고 하였다. 귀족들은 거세게 반발하였다. 슬라브인이 가지고 있는 긴 수염은 하느님이 준 것이므로 깎을 수 없다는 것이었다. 그러나 표트르는 물러서지 않고 귀족 몇 명과 왕자들을 처벌하였다. 하지만 귀족들은 절대로 수염만은 깎을 수 없다고 거세게 저항하였다.

그러자 표트르는 한 발자국 물러서서 수염을 기르는 대신에 세금을 내라고 하였다. 수염을 기르고 싶은 사람은 기르되, 그 대신에 세금을 내야 한다는 것이었다. 하지만 러시아 사람들은 세금 내는 것을 아주 싫어하였다. 세금을 낼 바에야 깎아버리고 말겠다면서 너도 나도 긴 수염을 깎아버렸다.

주제 : 좋은 통치자

주제문 : 국민을 위하는 통치자가 되어야 한다.

문제 제기(상황 제시) －내포(본질)와 외연(현상)	1. 힘이 없는 사람이 통치자가 되면 국민들이 무시한다. 그래서 나라를 다스릴 수가 없다. 2. 3.
원인 분석 －사회(외부/거시)적 원인 －개인(내부/미시)적 원인	1. 왜냐하면 좋은 제도를 만들어도 국민들이 무시하면서 지키지 않으면 아무 소용없기 때문이다. 2. 왜냐하면 3. 왜냐하면
대안 제시 －사회(외부/거시)적 대안 －개인(내부/미시)적 대안	1. 그러므로 국민들에게 무시당하지 않을 정도 만큼은 힘이 있는 사람이 통치자가 되어야 한다. 2. 그러므로 3. 그러므로
반대 －대안에 대한 반발이나 부작용	1. 그렇지만 국민들이 무시한다고 힘으로만 다스리면 국민들이 무서워하기는 해도 마음으로 따르지는 않을 것이다. 2. 그렇지만 3. 그렇지만
극복 －그 반발도 극복하면서 문제를 해소할 방법	1. 그렇다면 제도를 잘 만들고 정확하게 적용하면서 다스리면 국민들이 통치자를 존경하고 따르게 하면 된다. 2. 그렇다면 3. 그렇다면
최종 결론 －전체 정리와 마무리	

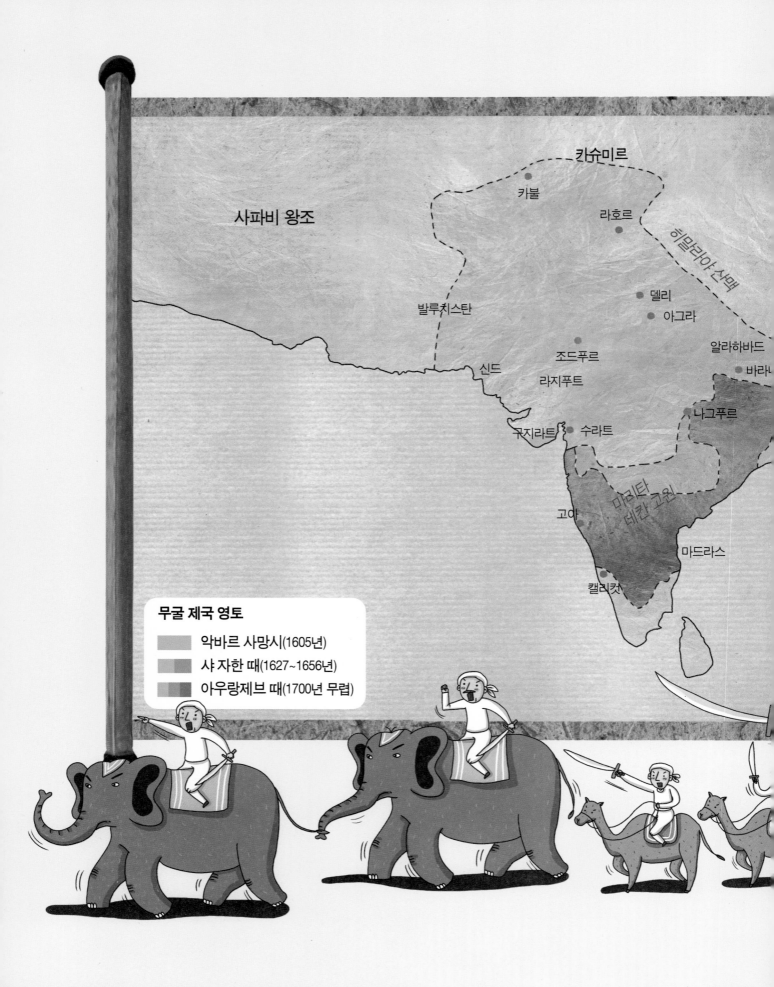

07

인도에 세워진
이슬람 왕국, 무굴 제국

|베트

만

역사 연대기

1299년 | 마르코 폴로가 ≪동방견문록≫을 발간함.
1492년 | 콜럼버스가 신대륙을 발견함.
1630년 무렵 | 샤 자한 황제가 타지마할을 짓기 시작함.
1632년 | 갈릴레이가 지동설을 주장함.
1861년 | 미국에서 남북전쟁이 일어남.

학습 목표

1. 무굴 제국이 세워진 과정을 알 수 있다.
2. 무굴 제국이 강력한 나라로 발전한 과정을 알 수 있다.
3. 무굴 제국이 몰락한 것과 영국이 인도를 침략한 것
   에 대해 알 수 있다.
4. 영국에 저항하여 일어난 세포이 항쟁에 대해 알 수
   있다.
5. 차별받는 것을 극복하는 방법에 대해 논술문을 쓸
   수 있다.

심화 학습

도서 읽기 • 한눈으로 읽는 인도사
　　　　　　　　(김진섭 지음/지경사)

탐구1 무굴 제국 건설과 발전

굽타 제국이 망한 뒤, 인도는 다시 여러 나라로 나뉘었다. 10세기부터 서아시아 이슬람 세력이 인도 서북쪽 지역으로 끊임없이 침략하였다. 인도 델리를 차지한 이슬람 세력은 1206년 나라를 세웠는데, 여러 나라로 바뀌면서 350년 넘게 이곳을 다스렸다. 이슬람 왕국들은 처음에는 힌두교를 탄압하면서 힌두교 사원을 무너뜨리고 이슬람 사원인 모스크를 세웠다. 그러나 인도 사람들이 계속 힌두교를 믿으며 따르지 않자, 나중에는 이슬람교를 강요하지 않고 인도 전통과 관습을 인정하였다.

악바르 왕

문화가 함께 섞이면서 이슬람과 인도 양식이 합쳐진 건축물이 세워지기도 하고, 새로운 문화가 만들어지기도 하였다. 상인출신 나나크가 이슬람교와 힌두교에서 좋은 점을 따와 시크교를 새로 만들자 종교를 바꾸는 사람들이 많아졌다. 시크교가 카스트제도를 부정하고 인간 평등을 강조하였는데, 이러한 사상이 신분이 낮은 사람들에게 희망을 주었기 때문이었다.

1526년, 바부르가 델리 이슬람 왕국을 정복하고 아그라를 수도로 하여 무굴 제국을 세웠다. 그는 티무르 제국을 세운 몽골족 후손이었다. 무굴은 페르시아어로 몽골이라는 뜻인데, 바부르는 몽골과 티무르 제국을 잇는다고 생각하였다.

무굴 제국은 3대 왕 악바르 때 가장 번영하였다. 악바르는 인도 북부와 아프가니스탄까지 영토를 넓혔으며 남부 데칸 지역을 정복하였다. 그는 모든 종교를 인정하여 강제로 이슬람교를 믿게 하지 않았다. 또 힌두교 부족과 결혼 동맹을 맺고, 힌두교도들을 관리로도 등용하였다. 이슬람교를 믿지 않았던 사람들에게 내게 했던 세금도 없애 주었다. 이런 정책은 힌두교를 믿는 백성들로부터 많은 지지를 얻었다. 나라도 서서히 안정되었다. 악바르는 도로를 정비하고 농업과 상업을 발전시켜 백성들 삶을 돌보았다. 남편이 죽으면 아내도 뒤따라 죽는 것을 금지하고, 과부가 재혼을 할 수 있도록 사회 제도도 개혁하였다.

1605년에 악바르가 죽은 뒤, 나라를 다스린 왕들은 문화와 예술을 크게 발전시켰다. 그러나 왕들이 궁궐에서 사치스럽고 화려하게 사는 것에 비해 백성들 생활은 갈수록 어려워졌다. 1658년, 아우랑제브가 아버지 샤 자한과 형제를 감옥에 가두고 왕위에 오르면서 제국은 흔들리기 시작했다.

탐구하기　**악바르가 무굴 제국을 안정시킬 수 있었던 까닭은 무엇일까요?**

탐구 2 무굴 제국 몰락과 영국 침략

아우랑제브는 여러 곳으로 나누어져 있던 인도 남부를 정복해 제국 영토를 가장 크게 넓혔다. 그러나 절대 권력을 행사하면서 종교 관용정책을 버리고 다시 다른 종교를 차별하기 시작했다. 힌두교 사원을 짓지 못하게 하고 사원과 성지를 파괴하였으며, 이슬람을 믿지 않는 이교도들에게 세금을 다시 걷었다. 시크교 지도자를 처형하기도 했다. 이에 힌두교도와 시크교도들이 반란을 일으켰다.

1674년, 시바이지는 힌두교도들을 모아 마라타 동맹을 맺어 무굴 제국에 대항하였다. 아우랑제브는 이들이 세운 마라타 동맹을 정복하려 하였으나 실패하였다.

아우랑제브가 죽은 뒤에는 아들들이 왕 자리를 두고 다투면서 나라가 혼란에 빠졌고, 이때를 틈타 북부 펀자브 지역에는 시크교도들이 왕국을 세우는 등 여러 지역에서 작은 나라들이 생겨났다. 또 서남아시아 지역 나라들에게 잇달아 침략을 당하면서 무굴 제국은 약해져갔다. 제국이 약해지자 인도 전체가 종교끼리 뭉치고 종족끼리 싸우며 갈라졌다.

유럽 국가들도 더 많은 이익을 얻기 위해 인도 지역에서 서로 다투기 시작했다. 15세기에 포르투갈 함대가 처음 다녀간 뒤, 1600년, 영국 동인도 회사에 이어 네덜란드와 프랑스도 동인도 회사를 세웠다. 이 동인도 회사들은 인도에서 나는 후추, 커피, 면직물 같은 물건들을 독차지하여 다른 나라에 팔기 위해 서로 다투었지만, 결국 영국 동인도 회사가 네덜란드와 프랑스 동인도 회사와 싸워 이기면서 인도 무역을 독차지하였다.

> 동인도 회사 17세기에 유럽 나라들이 인도 및 동남아시아와 무역을 하기 위하여 세운 무역 회사

1757년 영국은 플라시 전투에서 프랑스가 도와주고 있던 벵골지방 통치자를 물리치고 이 지역을 차지하였다. 이 전투로 프랑스는 인도 지역에서 완전히 손을 떼게 되었고, 영국은 군대로 힌두교 나라들을 무너뜨리기 시작하였다.

1760년 영국군은 가장 강력했던 마라타 동맹마저 무너뜨려 인도 대부분 지역을 차지하였으며, 무굴 제국은 영토 대부분을 빼앗긴 채 델리 지역으로 쫓겨났다.

18세기 말 인도

탐구하기 무굴 제국이 몰락하기 시작한 까닭은 무엇일까요?

탐구 3 세포이 항쟁과 근대화 운동

영국은 이슬람교도와 힌두교도 사이에 끊임없이 이어지는 다툼을 틈타 얼마 안 되는 군대로 쉽고 빠르게 인도를 식민지로 만들 수 있었다.

영국은 인도 사람들에게 많은 세금을 걷었고 황금, 향신료, 면화를 싼값으로 빼앗아 영국으로 보냈다. 그러면서 영국에서 들어온 공산품에는 세금을 적게 붙여 싸게 팔았다. 이 때문에 인도 수공업이 무너지면서 많은 노동자들이 일자리를 잃어갔고, 백성들은 굶주림과 가난에 시달리게 되었다. 흉년까지 이어지면서 해마다 수백만 명이 굶어죽기도 했다.

영국은 인도 사람들을 차별하였고, 영어를 공식어로 채택하면서 인도 종교와 관습을 바꾸기 시작했다. 이런 정책에 불만을 가진 인도 사람들이 늘어났는데, 1857년 영국군에 고용되어 동인도 회사를 지키던 인도 병사인 세포이들이 차별에 반발하여 가장 먼저 반란을 일으켰다.

이들은 무굴 제국 왕을 지도자로 내세우고 노동자, 농민, 상인, 이슬람교도, 힌두교도들과 함께 델리에서 영국에 강하게 저항하였다. 영국은 강력한 군대로 이를 진압하였는데, 수많은 인도 사람들을 죽이고 힌두교 사원과 도시를 불태웠다. 세포이 항쟁은 실패로 끝났고, 영국은 그 뒤로 인도를 직접 다스리기 시작하였다. 1858년 무굴 제국은 왕이 폐위 당하면서 멸망하였다. 1877년 영국여왕 빅토리아가 직접 다스리면서 인도제국이라고 부르기 시작했다.

인도사람들은 영국 지배에서 벗어나기 위해 여러 가지 근대화 운동을 일으켰다. 그러면서 인도에 있는 지식인들이 중심이 된 '인도국민회의'가 만들어졌다. 영국은 국민회의를 이용해 영국이 인도를 지배하는 것이 당연하다고 선전하도록 했다. 그러나 이 인도 국민회의는 오히려 영국에게서 약탈당하는 인도 사람들을 도와주는 단체로 활동하며 민족 운동을 이끌어가게 되었다.

이런 움직임이 일어나자, 영국은 벵골 지역이 너무 넓어 다스리기 어렵다며 벵골 지역을 나누겠다고 발표하였다. 벵골 동쪽과 서쪽에는 이슬람교인과 힌두교인들이 따로 따로 살고 있었는데 영국은 두 교인들을 서로 대립시켜 합쳐지는 것을 막으려 한 것이었다.

그러자 인도 국민회의는 벵골을 나누는 것에 반대하여 외국상품을 사지 말고 국산품을 쓰자는 '스와데시 운동'도 벌여 나갔다. 영국은 할 수 없이 벵골 지역 나누는 것을 취소하였으나, 인도 국민들은 영국인을 몰아내고 스스로 인도를 다스리자는 '스와라지 운동'을 계속 펼쳐 나갔다.

> **탐구하기** 인도 사람들이 영국에 반대해 벌인 민족 운동에는 어떤 것들이 있나요?

해석 인도와 이슬람 문화 통합

무굴 제국은 힌두교 땅인 인도에 세워진 이슬람 왕국이었다. 처음에 통치자들이 다른 종교를 인정해 주면서 종교끼리도 서로 대립하지 않고 융합하여 건축, 미술, 음악 등이 크게 발전하였다.

인도 문화와 이슬람 문화가 합쳐진 것 가운데 가장 유명한 것이 나나크가 만든 시크교이다. 시크교에는 힌두교와 이슬람 사상이 통합되어 있는데, 신은 하나라는 것과 우상을 섬기지 않는 것은 이슬람교에서, 윤회사상이나 신을 부르는 이름은 힌두교에서 빌려왔다.

언어에서도 문화가 합쳐진 것을 볼 수 있다. 군대에서 많은 인도 병사들을 지휘하는 이슬람 사령관들은 말이 서로 통하기 위해 공통으로 쓸 수 있는 언어가 필요했다. 무굴 지도자들은 힌두어 문법에 페르시아어와 아랍어를 결합하여 '우르드어'를 만들어 냈다.

무굴 제국 왕들은 페르시아 문화를 즐겼는데, 음악이나 건축, 미술에서도 페르시아 문화와 인도 문화가 자연스럽게 결합하였다. 모스크나 돔 같은 이슬람 페르시아 건축물 위에 섬세하고 무늬가 많은 힌두 장식이 결합하였는데, 타지마할 묘당은 이슬람 모스크 양식에 연꽃무늬 같은 인도 전통 문화를 결합시켰다고 할 수 있다. 타지마할은 '마할의 왕관'이라는 뜻인데, 무굴 제국 샤 자한 왕이 죽은 왕비를 위해 지었다. 페르시아와 유럽에서 불러온 건축가들을 포함한 2만여 명이 22년 동안 공사하여 건설한 것이다. 거기에 사용된 대리석과 돌은 러시아나 중앙아시아에서 가져왔으며, 코끼리 천여 마리로 건축물 재료를 날랐다고 한다. 세계에서 가장 아름다운 건축물이라고 하지만 호화롭고 무리한 공사는 국가 재정을 어렵게 하여 왕권을 약하게 만들었다.

> **해석하기** **인도와 이슬람 문화가 결합하여 건축물에 어떤 영향을 주었나요?**

우리나라에서는 **서양과 동양 문화가 결합된 덕수궁 정관헌**

조선시대 궁궐인 덕수궁은 동양과 서양식 건물이 같이 있다. '정관헌'이라는 궁궐 건물은 고종황제가 쉬거나 외교관들이 연회를 열었던 곳인데 1900년대에 지어졌다. 정관헌은 서양식으로 지어진 건물이지만, 무늬나 그림 등은 동양식으로 그려져 두 문화가 결합된 독특한 건축물이다.

쇠로 된 기둥 위에는 나무 조각으로 꽃문양 장식이 있고, 난간은 서양식처럼 쇠로 되어 있지만 소나무, 사슴, 박쥐, 연꽃 같은 전통 문양을 썼다. 또 바닥은 나무로 된 마루를 썼는데, 바람이 통하도록 난간 밑에는 운문이라고 부르는 작은 창을 두었다.

서양식으로 지어진 석조전이나 돈덕전, 구성헌 같은 건물 등은 외국 사신들을 접견하는 데 자주 사용되었다.

역사토론

무굴 제국이 몰락한 가장 큰 까닭은 무엇일까?

토론 내용 인도에서 가장 강한 나라를 건설했던 무굴 제국은 300년 만에 역사에서 사라졌다. 부강하고 막강한 나라로 발전하였지만, 어느 순간 몰락하기 시작하였다. 무굴 제국이 몰락하기 시작한 가장 큰 까닭은 무엇일까?

토론 1 왕들이 취한 종교 차별 정책 때문이다.

종교를 차별하지 않고 인정해주었던 악바르 왕 때는 나라가 안정되었다. 그러나 샤 자한 왕부터 아우랑제브 왕까지 왕들은 백성들이 믿고 따르던 힌두교를 차별하고 탄압하였다. 그러자 반란이 일어났고, 그것이 나라 힘을 약하게 만들었다.

토론 2 지배자들이 사치스럽고 화려한 생활을 했기 때문이다.

악바르를 이은 왕들은 나라를 다스리기 보다는 화려하고 안락한 생활을 더 좋아했다. 왕들은 사치스럽고 화려한 건축물을 많이 지었고, 국가 재정을 어렵게 하여 백성들 불만을 많이 사게 하였다. 또 게으르고 방탕한 지배자들은 국가를 돌보지 않아 나라 힘을 약하게 만들었다.

토론 3 다른 종교를 가진 사람들이 서로 맞섰기 때문이다.

종교 차별 정책을 펴지 않아도 다른 종교를 가진 사람들은 어쩔 수 없이 맞서게 된다. 생각이 다르고 문화가 다르기 때문이다. 다른 종교를 믿으며 자기 세력을 넓히려고 하다보면 부딪히게 되고 그것은 결국 나라 힘을 약하게 만들었다.

토론 4 영국 같은 외국 세력들 침략 때문이다.

유럽 나라들이 인도를 노리면서 나라 힘이 약해졌다. 네덜란드나 영국, 프랑스는 무역을 통해 인도를 약탈했다. 영국은 인도에서 많은 자원과 자본을 약탈해갔으며 싼 영국 제품들을 팔아 인도 경제 기반을 무너뜨렸다. 그리고 세포이 항쟁을 진압하면서 영국군은 무굴 제국을 결국 몰락시켰다.

토론하기 무굴 제국이 몰락한 가장 큰 까닭은 무엇일까요? 자기 생각을 밝히고 그 까닭을 쓰세요.

🌀 **다음 글을 읽고, 물음에 대한 생각을 써 보세요.**

➜ 인도 사람들은 무굴 제국이 세운 타지마할을 소중한 문화재로 여깁니다. 그러나 이것을 세웠던 무굴 제국 왕들의 후손들은 이름까지 감추며 숨어 살고 있습니다.

자랑스러운 타지마할 문화재와 숨어 사는 무굴 후손들

인도에서 가장 아름다운 건축물로도 불리는 타지마할은 무굴 제국 샤 자한 왕이 죽은 왕비를 그리며 만든 무덤이다. 타지마할은 22년 동안 2만여 명이 동원되어 지어졌다. 다시는 그런 무덤을 짓지 못하게 하기 위해 타지마할이 다 완성된 뒤에는 거기에 동원했던 장인들 손목을 잘랐다고 한다. 그만큼 백성들은 큰 고통을 받았다. 그러나 지금 타지마할은 인도에서 많은 관광수입  을 올려주는 곳이다. 타지마할은 1983년 유네스코 세계문화유산에 등록되었고, 아침부터 줄을 설만큼 많은 관광객들이 찾아오는 곳이다. 외국인이 이곳을 관광하려면 인도인들보다 37배나 되는 입장료를 내야 한다. 또 타지마할로 들어가기 전에는 까다로운 몸수색을 당한다. 조금이라도 타지마할을 더럽힐 수 있는 물건이나 음식을 가지고 들어갈 수 없다. 신발까지도 덧신을 나누어 줄 정도로 인도인들은 이 건축물을 아낀다. 타지마할은 인도인들에게는 큰 자랑거리인 문화재이다.

그러나 타지마할을 건설한 무굴 제국 왕들의 후손은 신분을 숨긴 채 살고 있다. 무굴 제국 마지막 왕인 샤는 멸망 뒤에 버마로 추방되었고 아들은 네팔로 도망쳤다가 다시 인도로 몰래 들어와 살고 있다고 한다. 자기들이 누구인지 알면 놀림감이 될까봐 이름까지 숨기며 살고 있다. 영국 방송과 한 인터뷰에서 그들은 "선조들이 세운 왕궁 앞에서 표를 사기 위해 길게 줄을 설 때 마음이 착잡하다."고 말했다.

생각 열기   무굴 제국 왕이 세운 타지마할이 인도인들에게 사랑받고 있는 것과 멸망한 무굴 제국 후손들이 숨어 살고 있는 모습에 대해 자기 생각을 쓰세요.

논술 한 단계

❂ 예문 1 과 예문 2 를 참고로 하여 소수가 무시당하거나 차별받는 것처럼 내가 차별 당하였거나 차별했던 경험을 쓰고 이에 대한 해결책을 6단 논법 개요표에 써넣으세요.

예문 1

영국군에 용병으로 있던 세포이들은 힌두교도와 이슬람교도가 섞여 있었다. 영국군들은 이들을 차별하고 무시하였다. 거기다가 영국이 세포이들을 다른 나라로 보내 식민지 침략을 하는 데 동원할지도 모른다는 소문이 돌고 있었다.

1857년 새로 들어온 총에 돼지기름과 쇠기름을 발랐다는 소문이 전해지면서 세포이들이 일어나기 시작했다. 힌두교에서는 소를 신성시하여 먹지 않고, 이슬람교에서는 돼지를 죽이지 않는다. 그들에게 그런 종교 관습은 절대 지켜야 하는 소중한 것이었다. 그런데 그런 소문은 세포이들이 지켜온 종교를 모욕하는 것이었다. 세포이들이 영국군에게 항의하였으나, 오히려 감옥에 갇히고 말았다. 세포이들은 코란에 손을 올린 채 성스러운 전쟁을 맹세하고 영국군 장교들을 죽였다. 이것으로 세포이 항쟁이 시작되었다.

예문 2

8월 13일은 '세계 왼손잡이의 날' 이다. 1992년 영국 왼손잡이 협회는 다수를 차지하고 있는 오른손잡이가 중심인 세상에서 왼손잡이들이 겪는 어려움을 전 세계에 알려보자는 취지에서 매년 8월 13일을 '세계 왼손잡이의 날' 로 정했다고 한다.

왼손을 쓰는 사람들은 보통 10% 정도라고 하는데, 아직도 많은 문화에서는 오른손잡이를 더 옳다고 생각하는 경향이 많다. 왼손을 쓰는 사람들은 살면서 불편을 많이 느낄 수밖에 없다. 많은 시설들이 오른손을 쓰는 사람들 위주로 되어있기 때문이다. 영어에서도 'right' 라는 단어는 '오른편' 이란 뜻과 함께 '옳다' 란 뜻도 있다. 'left' 라고 하면 '서투르다' 나 '부족하다' 같은 부정적 의미를 전달하기도 한다. 또 지금은 머리가 좋다거나 창의력이 뛰어나다고 생각하는 경우도 많긴 하지만, 사람들은 왼손잡이라고 하면 특별하게 보는 경우가 많다. 아직도 부모들은 아이에게 오른손을 쓸 것을 강요하고, 모든 문화는 오른손잡이 위주이다.

주제 : 당당하게 내세우기

주제문 : --

문제 제기(상황 제시) -내포(본질)와 외연(현상)	1. 왼손으로 숟가락을 들고 밥 먹었다. 그래서 어른들께 혼났다. 2. 3.
원인 분석 -사회(외부/거시)적 원인 -개인(내부/미시)적 원인	1. 왜냐하면 왼손으로 숟가락을 드는 건 예의가 아니라고 생각하시기 때문이다. 2. 왜냐하면 3. 왜냐하면
대안 제시 -사회(외부/거시)적 대안 -개인(내부/미시)적 대안	1. 그러므로 예의를 지키기 위해서는 내 습관을 바꾸어야 한다. 2. 그러므로 3. 그러므로
반대 -대안에 대한 반발이나 부작용	1. 그렇지만 나는 습관을 바꾸는 것이 어렵고 불편하다. 2. 그렇지만 3. 그렇지만
극복 -그 반발도 극복하면서 문제를 해소할 방법	1. 그렇다면 어른들 앞에서만이라도 예의를 지키도록 노력한다. 2. 그렇다면 3. 그렇다면
최종 결론 -전체 정리와 마무리	

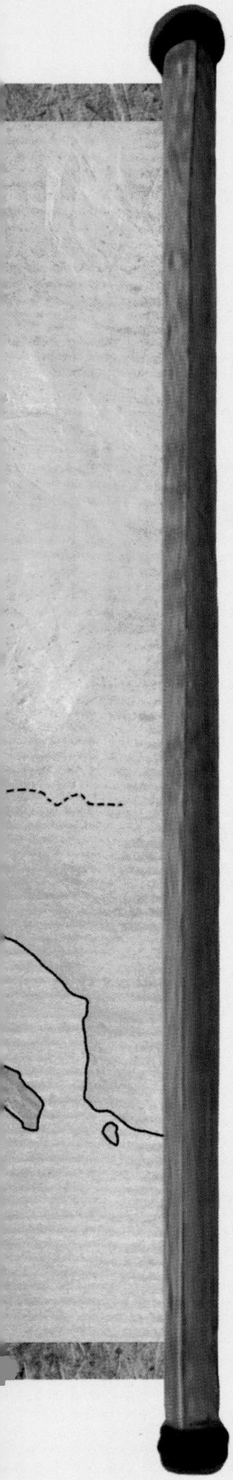

08

유럽, 절대왕정이 등장하다

역사 연대기

1479년 | 에스파냐 왕국이 세워짐.
1556년 | 펠리페 2세가 에스파냐가 왕위에 오름.
1558년 | 엘리자베스 1세가 영국 왕위에 오름.
1558년 | 영국에 의해 에스파냐 무적함대가 침몰함.
1643년 | 루이 14세가 프랑스 왕위에 오름.

학습 목표

1. 유럽에 절대왕정이 세워진 배경에 대해서 알 수 있다.
2. 에스파냐에서 가장 먼저 절대왕정이 일어난 사실에
   대해서 알 수 있다.
3. 엘리자베스 1세가 왕이 되는 과정에 대해서 알 수
   있다.
4. 루이 14세 절대왕정에 대해서 알 수 있다.
5. 베르사유 궁전에 대해서 알 수 있다.
6. 올바른 정치에 대해 논술문을 쓸 수 있다.

심화 학습

도서 읽기 • 주머니속의 세계사
　　　　　　　(김희보 지음/가람기획)
　　　　　• 엘리자베스 1세와 루이 14세
　　　　　　　(이원복 지음/계몽사)

탐구1 펠리페 2세, 유럽에서 처음으로 절대왕정을 이루다

펠리페 2세

1556년, 펠리페 2세가 에스파냐 왕위에 오르면서 유럽에서 처음으로 절대왕정 국가가 생겼다. 절대왕정은 절대 권력을 가진 왕이 다스리는 국가로 군사와 재정, 행정 등 권력이 중앙으로 집중되는 것을 말한다.

펠리페 2세는 왕위에 오르자, 흐트러진 국가 질서를 바로잡고 강력한 해군력을 바탕으로 1571년에는 오스만 제국을 무찌르고 지중해 해상권을 손에 넣었다. 또 1580년에는 동방 무역을 독차지하고 있던 포르투갈과 합병하면서 이베리아 반도를 통일했다. 그 결과 아프리카와 포르투갈 영토를 소유하게 되었고, 아메리카 · 브라질 · 신대륙 등으로 식민지를 확장했다. 에스파냐는 국력이 아주 강해졌고, '에스파냐 땅에 해가 지는 날이 없다.' 라는 말을 듣게 되었다.

또 에스파냐는 둘레 나라들 왕족과 결혼을 하여 많은 이익을 얻었다. 그래서 더 크게 발전할 수 있었다. 펠리페 2세는 세력을 키우고, 영국과 좋은 관계를 맺기 위해 가톨릭 신자였던 메리 튜더 여왕과 결혼하여 영국 정치에도 참여하였다.

하지만 메리 여왕이 5년 만에 사망하자, 포르투갈과 프랑스 공주들과도 차례로 결혼하여 유럽에 있는 넓은 영토를 손에 넣었다. 메리 여왕 뒤를 이어 신교도였던 엘리자베스 1세가 영국 왕으로 즉위하자, 펠리페 2세는 그녀에게 청혼하였다. 하지만 엘리자베스 1세는 이미 국가와 결혼했다며 거절하였다. 화가 난 펠리페 2세는 1558년 5월, 영국을 무찌르기 위해 무적함대를 보냈지만,

무적함대 펠리페 2세가 조직한 해군. 배 130여척, 해군 8000명을 실을 정도로 큰 모함인데, 이를 두려워한 영국인이 에스파냐 해군력에 붙인 이름.

패하고 오히려 해상권을 영국에게 넘겨 주어야 했다.

해상권을 잃으면서 에스파냐는 서서히 기울어져 갔다. 국내 정치는 혼란스러워졌고, 신대륙에서 차지했던 금과 은을 사치스런 궁정생활로 낭비해버렸다. 또, 가톨릭을 강제로 믿게 하는 정책 때문에 신교도들 반항도 거세어졌다. 귀족과 교회가 토지 대부분을 차지하면서 각종 세금까지 내야 하는 농민들은 더욱 가난해졌다. 국내 모직물 공업을 발전시키지 못했을 뿐만 아니라, 상공업도 발달하지 못해서 외국과 교역을 하면 할수록 식민지에서 들어온 귀금속이 해외로 빠져나갔다.

탐구하기 에스파냐의 힘이 약해진 까닭은 무엇인가요?

탐구 2 처녀왕 엘리자베스 1세

16세기 무렵, 영국은 주변 국가인 에스파냐와 프랑스보다 힘이 약한 작은 섬나라에 불과했다. 하지만 1558년에 왕위에 오른 엘리자베스 1세는 영국이 유럽에서 가장 강한 나라가 되는 기초를 닦아놓았다. 그리고 지금까지 가장 훌륭한 여왕으로 국민들로부터 존경을 받고 있다.

영국에서 절대왕정이 시작된 것은 엘리자베스 여왕 아버지인 헨리 8세 때부터였다. 그는 첫 번째 부인 캐서린과 이혼을 원했지만, 로마교황은 가톨릭 신자는 이혼을 할 수 없다며 허락하지 않았다.

엘리자베스 1세

헨리 8세는 왕비와 이혼하기 위해 종교개혁을 시작하여 성공하였고, 영국 국교회를 정상화시켰다. 그리고 수도원 재산을 몰수하여 왕실 재정으로 만들어 왕권을 키웠다. 이렇게 영국 절대왕정이 자리 잡았다.

엘리자베스 1세는 여러 나라 왕이나 왕자가 혼인을 하자고 하면, 청혼을 받아들이는 척하다가 결국 "나는 영국과 결혼했다."고 말하며 모든 힘을 국가에 쏟아 부었다.

에스파냐 펠리페 2세가 청혼했을 때도 거절하였다. 그러자 에스파냐 무적함대가 쳐들어왔다. 엘리자베스 1세는 해적 출신인 '드레이크'를 부제독으로 임명하여 무적함대를 막게 했다. 결국 가볍고 속도 빠른 배를 만들고 성능 좋은 대포로 에스파냐 무적함대를 쉽게 물리쳤다. 이 싸움에서 이긴 영국은 유럽 해상권을 장악하여 영국은 식민지 개척과 무역을 활발하게 하였다. 또 화폐를 통일시키고 상업을 발전시키는 한편, 물가를 안정시켜서 경제를 발전시켰다. 금속과 모직물, 조선업 등을 장려하여 수출에도 힘썼다. 영국 국교회에서 정한 통일령을 실시하여 이에 따르지 않는 성직자는 처벌하고, 예배를 게을리 하는 국민들도 처벌하였다.

영국은 점점 발전하였고, 절대왕정도 단단하게 다져졌다. 그 무렵, 셰익스피어가 등장하여 문학예술도 크게 발달하였다. 또 인도에 동인도회사를 세워서 아시아로 진출한 영국은 인도에서 엄청난 이익을 거두어 들였다. 그리고 다른 아시아 지역으로도 진출하고 아메리카 대륙에 있는 버지니아에도 식민지를 건설하였다. 이때가 영국역사상 가장 국력이 강했던 시기였다.

탐구하기 엘리자베스 1세가 해상권을 장악하기 위해 한 일에는 무엇이 있나요?

탐구 3 루이 14세, 짐은 곧 국가다

루이 14세

프랑스 절대왕정 전성기는 루이 14세에 의해 이루어졌다. 그는 역사상 가장 위대한 국왕으로 다섯 살에 왕위에 올라서 72년 동안 절대 권력을 휘두르며 프랑스를 강력한 나라로 만들었다.

루이 14세는 왕권을 강화하기 위한 정책으로 먼저 콜베르를 재무장관으로 뽑아, 상업과 공업을 발전시켰다. 커다란 공장을 세우고, 유럽 여러 나라에서 기술자를 데려와서 프랑스 노동자들에게 기술을 가르치게 하였다. 생산된 제품은 외국에 내다 팔았고, 다른 나라에서 수입해오는 물건은 높은 세금을 내도록 했다. 강력한 통제와 보호 속에서 프랑스 산업은 발전해나갔다. 이렇게 하여 프랑스는 유럽에서 가장 강한 국가가 되었다. 루이 14세는 웅장하고 화려한 베르사유 궁전을 지어 귀족들을 불러 매일 호화롭고 사치스러운 잔치를 열었다. 또 강력한 군대를 키워 영토를 넓혀 나갔다.

루이 14세는 프랑스 역사와 문학, 예술에도 많은 관심을 기울였다. 그리고 파리 천문대를 세웠으며, 문학 학원, 왕가 건축 학원 등도 세웠다. 자신도 무용을 20년 동안 배워서 뛰어난 궁정 무용가로 활동하였는데, 궁정 발레 공연에서 태양신 아폴로역을 맡기도 하였다. 17세기 후반, 프랑스는 다른 나라가 부러워하는 절대왕정 국가가 되었다.

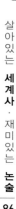

루이 14세는 신실한 가톨릭 신자이기도 했다. 그는 하느님을 믿지 않는 사람들은 죄인으로 생각했고, 반역자라며 단호하게 처단했다. 개신교 신자들에게도 가톨릭으로 바꾸도록 강요했고, 거절하면 나라밖으로 쫓아냈다. 개신교 교회를 불태우고 낭트칙령을 폐지하였다. 그러자 대부분 상공업자였던 신교도 수십 만 명이 다른 나라로 망명하면서, 상공업이 쇠퇴하고 국력이 약해졌다.

> **낭트칙령** 1598년 4월 프랑스의 왕 앙리 4세가 브르타뉴 낭트에서 공포한 칙령이다. 신파와 구파가 종교 대립으로 나라가 혼란하자 왕이 신교에서 구교로 바꾸고, 신교도(위그노)에게도 자유를 인정하였다.

베르사유 궁전에서 국왕과 귀족이 사치스러운 생활을 하는 동안 농민은 나라에 많은 세금을 바쳐야했다. 군대를 유지하기 위한 경비와 숙박비도 농민이 내야했다. 농민들과 상공업자들은 불만이 쌓였고, 반란도 끊임없이 일어났다. 프랑스는 겉으로는 화려해 보였지만, 속은 썩어가고 있었다.

탐구하기 **프랑스 국력이 점점 약해지게 된 까닭은 무엇인가요?**

해석 절대왕정은 어떻게 이루어졌을까?

16세기 후반에서 18세기에 걸쳐 유럽에 나타난 강력한 왕권 중심 정치 체제를 절대왕정이라고 한다. 당시 유럽 여러나라는 봉건사회가 무너지고 낡은 세력과 새로운 세력이 균형을 이루는 시기였다.

각 나라들은 상업 활동을 보호하려 했고, 식민지를 만들어 원료 공급지와 해외 시장을 넓히려고 했다. 그러기 위해서는 강력한 왕과 군대가 필요했다. 그래서 절대왕정이 등장한 것이다.

이때 왕권을 강화하기 위해 등장한 것이 왕권신수설이다. 왕권신수설은 '왕권은 신이 부여한 권리이므로 국민들은 이에 절대 복종해야 한다.'는 사상이었다. 그리고 절대 권력을 유지하기 위해 왕은 자신을 대신해서 행정 업무를 담당할 관리들을 임명하고, 강력한 왕권을 지키기 위하여 언제나 동원할 수 있는 군대를 만들었다. 왕은 관리와 군대를 유지하는 비용은 상공업자 계층에게서 세금으로 거두어 들였다. 상공업자 계층 또한 왕에게 보호를 받아서 자유롭게 상공업 활동을 하고 싶어 했다. 이렇게 서로 돕는 것을 중상주의라고 한다.

이는 곧 국가가 경제 활동을 지원하면서 엄격하게 통제하는 정책이다. 이런 정책은 국내 산업을 발달시켜 수출을 늘리고 수입은 억제하여 부강한 국가를 만들기 위한 것이었다. 수출을 많이 하려면 상품 시장과 값싼 원료 공급지가 되는 식민지를 많이 확보하는 것이 유리하였으므로, 국가 간에 치열한 식민지 쟁탈전이 벌어지게 되었다.

해석하기 절대주의 시대에 국왕과 상공업자 계층이 서로 협조하게 된 이유는 무엇일까요?

그 무렵 우리나라에서는 ## 1627년 정묘호란이 발생하다

명나라가 서서히 몰락하고 후금이 세력을 키워나가자, 광해군은 중립 외교를 통해 명분과 실리 모두를 찾으려 했다. 하지만 명분을 중시했던 서인들은 임진왜란 때 조선을 도와준 명나라를 멀리하고 오랑캐인 후금을 가까이 하는 것은 옳지 않다며 반정을 일으켜, 광해군을 몰아내고 인조를 왕으로 세웠다. 그런데 인조반정에서 중요한 역할을 했던 이괄이 제대로 된 대접을 받지 못하자 반란을 일으켰다가 실패했다. 그러자 나머지 세력들이 후금으로 도망쳐서 광해군이 폐위되고 인조가 즉위한 것은 부당하다고 호소했다. 그래서 후금은 광해군에 대한 보복이라는 명분을 내걸고 조선으로 쳐들어와 형제지맹을 맺고 물러갔다.

역사토론

절대군주가 펼쳤던 정치는 옳은 것일까?

토론 내용 절대왕정 시기, 유럽 각 나라에서는 왕들이 펼친 정책으로 인해 처음에는 나라가 잘 살고 발전하는 것처럼 보였다. 하지만 점점 절대왕정은 부패하였고, 반란이 일어났다. 왕들이 절대권력을 갖는 것은 옳은 것이었을까?

토론 1 옳은 것이다.

국왕이 나라를 이끌어 나가려면 경제를 직접 이끌고 국왕이 모든 일을 자유롭게 할 수 있어야 하므로 절대권력이 필요했다. 그 힘으로 강력한 통제와 보호 속에서 산업은 발전했고, 해외 무역도 증가해 부자 나라가 되었다. 그리고 강력한 군대도 만들 수 있었다.

토론 2 그렇지 않다.

나라는 국왕이 자기 욕심을 채우기 위해서 있는 것이 아니다. 국왕이 모든 권력을 가지고 있으면 국민은 자유가 없어지고 만다. 국왕은 나라를 다스리되, 입법, 사법, 행정 등 3권을 독립시켜야 한다.

토론 3 그래도 옳은 것이다.

국왕 권리는 신에게서 받은 것이라는 왕권신수설이 있다. 국왕은 군사권, 외교권, 재정권, 재판권 등 나라를 경영하는 모든 권력을 갖는 것이 당연한 일이다.

토론 4 아무리 그래도 옳지 않다.

절대왕정 국가에서는 국왕과 귀족들만 사치스러운 생활을 했고, 농민은 나라에 많은 세금을 바쳐야했다. 농민들과 상공업자들은 불만이 높아졌고, 반란도 끊임없이 일어났다. 겉으로는 화려해 보였지만, 속으로는 불만이 쌓여 갔다.

토론하기 절대 권력을 누린 왕들은 옳은 정치를 한 것이었을까요? 자기 생각을 밝히고 그 까닭을 쓰세요.

⬤ **다음 글을 읽고, 물음에 대한 생각을 써 보세요.**

➔ 유럽 절대군주들이 왕권을 누리며 살았던 시대와 현재 스와질란드 왕권에 대해 생각해 봅시다.

스와질란드 국왕 음스와티 3세

2008년 9월, 아프리카 남동부에 위치한 절대왕정 국가인 스와질란드에서는 왕비로 선택받기 위해 춤을 추는 '갈대춤' 행사가 있었다. 이날은 10대 소녀 7만여 명이 모였는데, 다른 해보다 많이 모인 것이라고 한다. 이 행사는 국왕인 음스와티 3세가 신부를 뽑기 위해 해마다 여는 축제이며, 올해로 14번째 부인을 고르게 된다고 한다.

절대군주 체제이자 세계에서 가장 가난한 국가로 손꼽히는 스와질란드 국왕은 1986년 18세에 왕위에 올랐고, 총리와 장관을 마음대로 임명할 수 있는 권력을 가지고 있다. 또한 첫 번째 부인과 두 번째 부인은 국가 고문회의를 거쳐 정하고, 그 부인들한테서 낳은 아들만 왕위를 물려받을 수 있다. 나머지 부인들은 왕이 마음대로 얻을 수 있다.

그동안 국왕은 젊은 여성을 아내로 맞아들인 것과 사치스러운 생활로 국민들한테 비난을 받아왔다. 전체 인구 3분의 2가 하루 1달러로 생활을 해 나가는 가난한 나라에서 국왕은 부인 13명에게 외제차를 사주고, 자기는 제트기를 자가용으로 구입했다. 또 부인들을 위한 호화 궁전을 짓는 등 사치를 일삼았다.

음스와티 3세는 17세 미만은 결혼을 할 수 없다고 법을 정했다가 자신이 17세 미만 소녀와 결혼을 하게 되자, 법을 어긴 벌금으로 소 1마리를 냈다고 한다. 또한 39번째 생일에는 700만 달러를 들여서 호화스러운 잔치를 벌였다. 음스와티 3세 아버지인 소브후자 2세 역시 지난 1982년 사망하기 전까지 무려 70명이 넘는 부인을 두었고, 자식은 1000여 명이나 되었다.

생각 열기 유럽에서 절대 권력을 누렸던 왕들과 현재 아프리카 스와질란드 국왕이 누리고 있는 왕권은 어떻게 다른가요? 서로 비교하여 고쳐야 할 점은 무엇이 있는지 생각해 보고 자기 생각을 쓰세요.

예문 1 과 예문 2 를 참고로 하여 어떻게 하는 것이 올바른 정치인지 6단 논법 개요표에 써넣으세요.

예문 1

2006년 12월, 태국 국왕 푸미폰아둔야뎃 즉위 60주년을 기념하는 경축행사가 있었다. 그는 국민들로부터 '살아있는 신'으로 불리고 있다. 1946년에 18세로 태국 국왕에 즉위하였다.

또한 그는 왕이 된 뒤에 한 번도 부정부패를 저지르지 않았고, 도덕적이고 청렴한 모습으로 국민들에게 믿음을 주었다. 가난한 국민들을 위한 정책을 세우기 위해 전국 곳곳을 찾아다니며 국민들 고민을 들어주었다.

태국은 내각책임제 국가여서 국왕은 힘이 약하고, 총리가 나라를 다스린다. 하지만 푸미폰아둔야뎃 국왕은 농업기획을 주도한 농업부문 전문가로, 가뭄이 들어도 농사를 지을 수 있도록 인공강우 기술을 스스로 개발하여 해결하였다. 이 인공강우 기술은 세계적으로 인정받았다. 한편 세계 언론은 정치에 참여하지 않으면서도 큰일을 결정하는 데는 가장 큰 영향력을 행사하는 그에 대해 '민주적인 절대군주', '재임 60년간 부정이나 스캔들이 단 한 건도 발생하지 않은 유일한 왕족'으로 평가하고 있다.

예문 2

베르사유 궁전은 귀족들을 모이게 하여, 귀족들이 반란을 일으키지 못하도록 지은 것이었다. 루이 14세는 가장 뛰어난 건축가, 조각가, 정원사를 동원하여 웅장한 베르사유 궁전을 건설하고 이곳에서 매일 밤 호화로운 파티를 열었다. 1천 5백 개 분수에서 사용하는 물은 파리 전체에서 사용하는 물보다 많았다고 한다. 궁전이 완공된 후, 매일 무도회를 열었고, 파티에 참석한 각 나라 왕들은 눈부신 궁전 모습을 보고 감탄했다. 수천 명이 거주할 수 있는 궁전에는 귀한 대리석상과 가구들을 장식하여 프랑스 예술이 뛰어나다는 것을 보여주었다.

하지만 호화로운 생활이 계속 될수록 프랑스 농민들은 더욱 힘들어졌다. 그러자 왕은 세금을 어디에 썼는지 숨기기 위하여 재정 장부를 없애버렸다. 사치와 전쟁이 끊이지 않자 국력은 점점 약해져 갔다. 루이 16세가 20세에 즉위하였지만, 무능하여 시대 변화를 따르지 못하였다. 결국 그는 1793년 단두대에 목이 잘리고 말았다.

주제 : 국민을 위한 올바른 정치

주제문 : _____

문제 제기(상황 제시) −내포(본질)와 외연(현상)	1. 권력을 이용해 부정한 행동을 한다. 그래서 국민들이 고통받는다. 2. _____ 3. _____
원인 분석 −사회(외부/거시)적 원인 −개인(내부/미시)적 원인	1. 왜냐하면 정당한 방법으로는 할 수 없는 일들을 권력을 이용하여 이루는 사람들이 있기 때문이다. 2. 왜냐하면 _____ 3. 왜냐하면 _____
대안 제시 −사회(외부/거시)적 대안 −개인(내부/미시)적 대안	1. 그러므로 부정한 방법으로 권력을 행사하는 사람은 국민들에게 공개하고 직위를 빼앗아야 한다. 그리고 정치 참여도 할 수 없게 한다. 2. 그러므로 _____ 3. 그러므로 _____
반대 −대안에 대한 반발이나 부작용	1. 그렇지만 부정한 권력행사에 잘못을 뉘우치고 올바른 방법으로 정치에 참여하고 싶어 하는 사람이 있을 수 있다. 2. 그렇지만 _____ 3. 그렇지만 _____
극복 −그 반발도 극복하면서 문제를 해소할 방법	1. 그렇다면 얼마동안 기간을 두고 잘못에 대한 대가를 치르게 하고 기회를 준다. 그리고 국민을 위한 올바른 정치를 하고 있는지, 관심을 갖고 꾸준히 지켜본다. 2. 그렇다면 _____ 3. 그렇다면 _____
최종 결론 −전체 정리와 마무리	

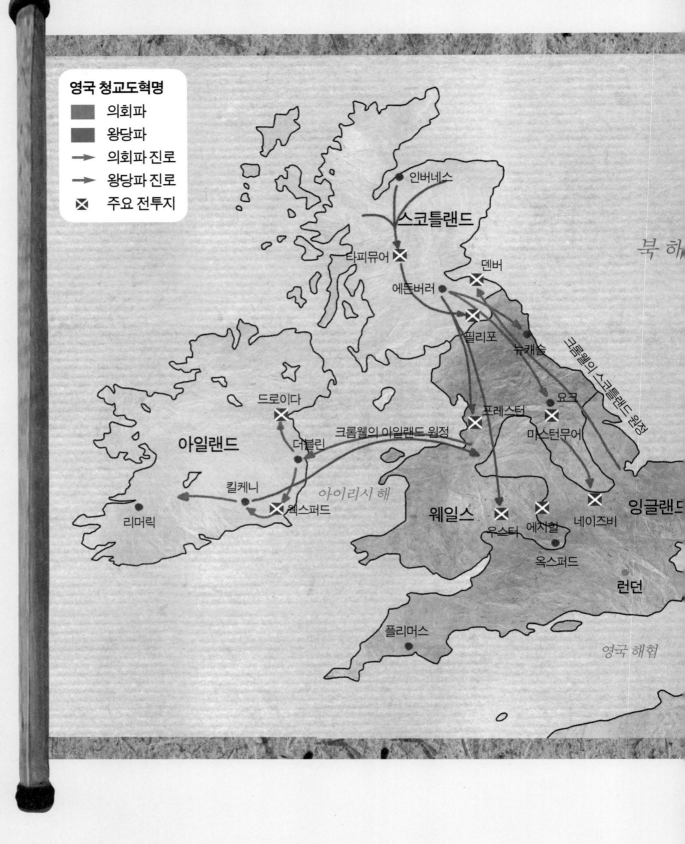

09

영국을 뒤흔든
청교도혁명과 명예혁명

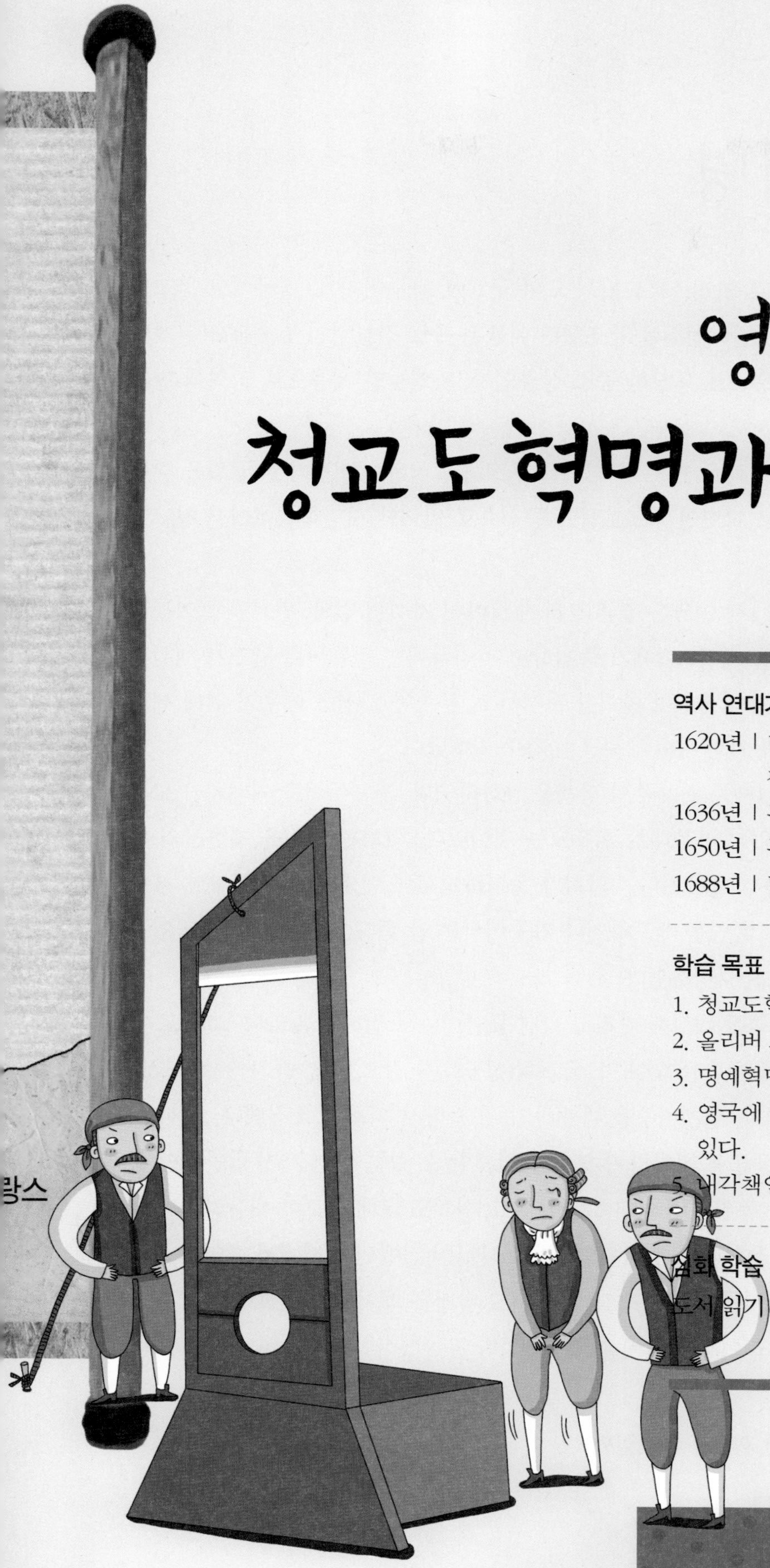

학습 목표

1. 청교도혁명에 대해 알 수 있다.
2. 올리버 크롬웰에 대해 알 수 있다.
3. 명예혁명에 대해 알 수 있다.
4. 영국에 입헌군주제가 자리 잡은 까닭에 대해 알 수
　있다.
5. 내각책임제와 대통령제를 비교 논술할 수 있다.

심화 학습

도서 읽기 • 전통을 지켜 새것을 만드는 나라 영국 이
야기(정준희/아이세움)

프랑스

탐구 1 청교도혁명

16세기에 일어난 종교개혁 운동으로 크리스트교가 신교와 구교로 나누어지자, 영국에도 청교도라는 신교도들이 생겨나게 되었다. 근면·성실을 강조했던 이들은 주로 진보적인 귀족과 장원제도가 무너지고 난 뒤에 새로운 사회계층으로 등장한 중소 상공업자, 자영농민 계층으로 의회에 진출하여 많은 의석을 차지하였다.

혁명은 마그나카르타(대헌장)부터 세력을 키워 온 의회를 무시하고 국왕이 마음대로 권력을 휘두르자, 의회가 반발하면서 일어났다. 신교도인 청교도들을 중심으로 일어난 시민혁명이어서 청교도혁명이라고 불리게 되었다.

튜터 왕조 마지막 왕인 엘리자베스 1세 여왕은 결혼을 하지 않아서 자식이 없자, 친척인 스코틀랜드 왕 제임스에게 왕위를 물려주었다. 제임스 1세가 즉위하면서 영국에는 스튜어트 왕조가 세워졌다. 하지만 즉위 초부터 왕권신수설을 내세우며 의회를 무시하고, 부족한 재정을 메우기 위해 세금을 늘리고 청교도들을 탄압하자, 왕과 의회 사이에 충돌이 자주 일어났다.

제임스 1세를 이어서 왕이 된 찰스 1세는 전제주의 정책을 강화하였다. 전제주의는 지배자가 모든 권력을 손아귀에 쥐고 아무런 제한 없이 마음대로 휘두르는 것이었다. 의회는 왕권을 제한하기 위해 1628년, 찰스 1세에게 권리청원을 제출하였다. '의회가 동의하지 않으면 왕이 국민들에게 세금을 거둘 수 없으며, 법을 따르지 않고 국민을 체포하거나 가두어서는 안 된다.'는 내용을 담고 있는 권리청원에 찰스 1세는 의회 힘에 밀려 서명하였다.

그러나 찰스 1세는 그 이듬해에 의회를 해산해 버리고 11년 동안이나 소집하지 않았다. 그리고 청교도를 박해하고, 의회 승인 없이 세금을 거두었으며, 국교회(성공회)를 강요했다. 하지만 스코틀랜드에서 장로교도들이 반란을 일으키자, 전쟁비용을 마련하기 위해 다시 의회를 소집했다. 다시 소집된 의회는 왕이 그동안 잘못한 내용들을 비판하며 왕권을 견제할 수 있는 여러 가지 법안들만 통과시켰다. 그러자 찰스 1세는 군대를 동원하여 의회를 탄압했고, 의회도 군대를 모아 대응하면서 내전이 일어났다. 국왕을 지지하는 왕당파와 반대하는 의회파로 나뉘어 진행된 전쟁에서 올리버 크롬웰이 이끄는 의회파가 승리하고 찰스 1세를 사형시켰다. 그리고 왕정을 폐지하고 공화정을 세웠다. 약 10년 동안 이어진 이 공화정은 영국 역사에서 처음이자 마지막 공화정이었다.

탐구하기 **청교도혁명이 일어난 까닭은 무엇일까요?**

탐구 2 올리버 크롬웰

올리버 크롬웰은 정치가이자 군인으로, 청교도혁명 때 의회파를 이끈 지도자였다. 내전이 의회파 승리로 끝나자 찰스 1세를 처형하고, 호국경이 되어 영국을 다스렸다.

크롬웰

상류 가문에서 태어난 크롬웰은 지주로 생활했으나, 청교도로 개종을 하고나서는 의회에 진출하였다. 내전이 일어나자, 고향에서 기병대를 조직하여 여러 전투에서 승리를 거두었다. 초기에는 왕당파가 우세하였으나, 크롬웰이 이끄는 기병대가 흐름을 바꾸어 놓았다. 그래서 사람들은 그 기병대를 철기병이라고 불렀다.

내전이 끝난 뒤에도 스코틀랜드가 찰스 1세 아들인 찰스 2세를 왕위에 세우기 위해 전쟁을 일으키자, 이를 진압하고 찰스 2세를 프랑스로 추방하였다. 그리고 해상무역 경쟁자였던 네덜란드를 견제하기 위해 네덜란드 배가 영국으로 들어오는 것을 막는 항해조례를 발표했다. 이와 함께 중상주의 정책을 꾸준히 펼쳐서 영국을 부유하게 만들었다. 하지만 엄격한 청교도식 생활을 강조하고, 여러 가지 혼란을 극복한다는 명분으로 의회를 해산한 뒤에, 종신호국경이 되어 독재정치를 펼치면서 국민들에게 불만을 샀다.

그가 죽은 뒤 아들이 호국경 자리를 이어 받았으나, 아버지만큼 지도력을 발휘하지 못하고 이듬해 물러났다. 국민들 불만이 커지고 왕당파가 세력을 회복하자, 의회는 어쩔 수 없이 프랑스에 망명해 있던 찰스 2세를 불러들여 왕위에 올렸다. 왕정복고로 권력을 되찾은 찰스 2세는 아버지에 대한 보복으로 크롬웰의 시체를 무덤에서 꺼내어 목을 자르고 해골을 깃대에 꽂아 길거리에 세워두었다.

탐구하기 왕정복고가 이루어진 까닭은 무엇일까요?

그 무렵 우리나라에서는 **효종이 북벌을 계획하다**

병자호란 때 소현세자와 함께 청나라로 끌려갔던 봉림대군은 8년이 지나서야 돌아왔다. 그 무렵, 소현세자가 갑자기 죽자, 봉림대군이 인조 뒤를 이어 1649년 왕위에 올랐다. 효종은 즉위하자마자 치욕을 씻겠다며 청나라를 정벌할 계획을 세우고 군사력을 키웠다. 하지만 지나치게 군사 시설과 장비에 힘을 기울였기 때문에 백성들 생활이 어려워졌다. 효종은 왕이 된 지 10년 만에 갑자기 세상을 떠나 북벌을 실행에 옮기지는 못했다.

탐구 3 명예혁명

영국 의회 정치의 확립		
자유당	정당	보수당
휘그당	유래	토리당
산업 시민층	지지 세력	지주, 귀족
① 개인의 자유 ② 특권의 타파 ③ 자유 무역 ④ 아일랜드 자치 ⑤ 노동자 보호	내정	① 전통 제도 옹호 ② 보호 관세 ③ 국가 결속 강화 ④ 아일랜드 자치 반대
평화 외교 식민지 자치	외교	제국주의 확대 식민지 확대

청교도혁명으로 왕정이 폐지되고 공화정이 수립되었다. 하지만 스코틀랜드와 아일랜드에서 반란이 일어나고, 항해조례로 인해 네덜란드와도 전쟁이 벌어졌다. 흉년과 전염병까지 겹치자, 크롬웰은 혼란을 수습한다면서 의회를 해산하고 스스로 호국경이 되었다. 그리고 반대파를 숙청하고 군사독재를 실시했다. 엄격한 청교도식 생활을 강요하자 싫증을 느낀 사람들은 크롬웰이 죽자 프랑스에 망명 중이던 찰스 2세를 데려와 왕정으로 돌아갔다.

의회는 찰스 2세로부터 의회를 존중하고 종교를 자유롭게 믿도록 해 줄 것 등을 약속 받았다. 그러나 찰스 2세는 청교도혁명을 일으킨 사람들을 처벌하고, 왕당파들을 다시 불러들여 전제정치를 펼쳤다. 의회는 국교도 이외에는 공직에 오를 수 없다는 심사율과 인신보호령을 제정하여 가톨릭 세력이 커지는 것을 막고 왕권을 견제했다.

찰스 2세를 이어 동생 제임스 2세가 왕위에 오르자, 의회는 제임스 2세가 가톨릭교도이기 때문에 왕위를 이을 수 없다는 법을 만들려고 하였다. 이 바람에 의회는 제임스 2세를 지지하는 토리당과 반대하는 휘그당으로 나뉘어 대립하였다. 결국 법안이 부결되어 왕위에 오른 제임스 2세는 상비군을 조직하여 반대파를 탄압하고, 가톨릭교도를 관리로 임명했다.

그러자 의회는 토리당과 휘그당이 연합해 영국이 가톨릭 국가로 되돌아가는 것을 막기 위해 제임스 2세를 폐위시키고, 신교도이면서 네덜란드로 시집가 있던 제임스 2세 딸인 메리와 남편 윌리엄 공을 왕으로 추대하였다. 딸과 사위가 군대를 이끌고 영국으로 들어오자, 제임스 2세는 프랑스로 달아났다. 이들은 의회가 왕관과 함께 제출한 권리선언에 서명하고 권리장전으로 만들어 발표함으로써 의회와 왕권이 공존하는 정치 형태가 만들어졌다. 그래서 왕권보다 헌법이 우선하는 입헌군주제 국가가 태어났다.

혁명은 보통 무력충돌이 일어나 피를 흘리는데, 1688년 영국에서 진행된 이 혁명은 피를 흘리지 않고 순조롭게 정권이 교체되었기 때문에 명예혁명이라고 부른다.

탐구하기 1688년에 일어난 혁명을 명예혁명이라고 부르는 까닭은 무엇일까요?

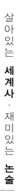

해석 영국에 입헌군주제가 자리 잡은 까닭

입헌군주제는 군주가 가진 권한이 헌법에 의하여 일정하게 제약을 받는 정치 형태를 말한다. 모든 국가에서 군주가 가진 권한은 막강하였으나, 시민혁명을 거치면서 시민들이 중심이 된 의회와 타협을 하게 되었다. 그래서 군주가 가진 권한과 의회가 가진 권한이 함께 존재하면서, 타협하여 만들어진 정치 형태이다.

영국은 지금도 국왕은 있으나, 직접 통치하지는 않는다. 의회 대표인 총리가 정치를 담당하는 입헌군주제 국가이다. 영국에 이러한 전통이 마련된 것은 명예혁명 때부터이다. 이때 의회는 새 왕을 추대하면서 왕관과 함께 권리선언을 제출하여 그 승인을 받았고, 이 선언을 바탕으로 만들어진 것이 권리장전이다.

의회에 동의를 얻지 않고 왕이 마음대로 만든 법이나 세금제도는 효력이 없다는 것, 전쟁이 나지도 않았는데 의회 동의 없이 상비군을 모집하거나 유지하지 말 것, 의원선거를 자유롭게 할 수 있으며, 의회에서 이루어지는 언론에 대한 자유를 보장할 것, 지나친 보석금이나 벌금 및 형벌을 금지할 것 등이 주요 내용이었다.

명예혁명으로 공동 왕위에 오른 메리 2세와 윌리엄 3세는 의회가 요구한 내용을 받아들여 권리장전을 선포했다. 이러한 권리장전은 영국에서 의회정치가 확실하게 자리 잡고, 새로운 입헌군주제 국가로서 출발하는 계기가 되었다.

그래서 의회가 많은 권한을 가지고, 왕권은 법에 의해 제약을 받는 상황이 되었다. 뒤를 이어 왕위를 이어받은 앤 여왕 역시 자식을 남기지 못하자, 1701년 제정된 카톨릭교도나 카톨릭교도와 결혼한 사람은 왕위를 이을 수 없다는 왕위 계승법에 따라 독일에 있던 조지가 왕으로 취임하게 되었다. 이로써 스튜어트 왕조가 끝나고 하노버 왕조가 세워졌는데, 조지 1세는 독일에서 자랐기 때문에 영어를 하지 못했다.

그래서 그는 정치는 의회가 알아서 하도록 하였고, 자신은 왕으로서 주어진 임무만을 수행하였다. 따라서 의회에서 다수를 차지한 당이 내각을 책임지는 내각책임제가 자리 잡았다. 군림하되 통치하지 않는다는 영국식 입헌군주제 전통은 지금까지 이어져 오고 있다.

해석하기 영국에서 입헌군주제가 자리잡게 된 까닭은 무엇일까요?

역사토론

의회를 지지하는 의회파가 왜 내전에서 승리할 수 있었을까?

토론 내용 1642년부터 1651년까지 왕당파와 의회파로 나뉘어 내전을 치렀다. 초기에는 왕을 지지하는 왕당파가 우세했으나, 결국에는 의회를 지지하는 의회파가 승리했다. 어떻게 의회파가 승리할 수 있었을까?

토론 1 찰스 1세 때문이다.

찰스 1세는 마그나카르타(대헌장)부터 인정되어 온 의회를 무시하고, 왕권신수설을 떠받들며 자기 마음대로 권력을 휘두르자 국민들로부터 지지를 얻지 못했기 때문이다.

토론 2 올리버 크롬웰 때문이다.

초기에는 왕을 지지하는 왕당파가 우세했다. 하지만 올리버 크롬웰이 고향에서 기병대를 조직하고, 엄격한 규율로 훈련시켜 뛰어난 전략으로 여러 곳에서 승리하자, 의회파 사기가 올라갔다. 의회파는 다른 군대들도 크롬웰이 이끄는 군대처럼 만들어 승리할 수 있었다.

토론 3 지지 계층 때문이다.

의회파를 지지하는 청교도는 대부분 진보적인 귀족과 도시에 사는 중소 상공인 및 자영농민 계층들이었다. 이들이 가톨릭교도들과 보수적인 귀족 중심인 왕당파보다 전쟁에 필요한 비용을 많이 제공하고 참여율에서 앞섰기 때문이다.

토론 4 명분에서 앞섰기 때문이다.

의회파가 내세운 것은 왕이 의회 동의 없이 세금을 거두지 못하도록 하고, 국민들을 법에 따르지 않고 마음대로 체포하거나 가둘 수 없다는 등 왕권을 제한하여 국민들이 이익을 얻도록 하는 것들이었다. 왕이 마음대로 권력을 휘두르고 세금을 거두는 것은 국민들에게 이로울 것이 없었기 때문이다.

토론하기 의회를 지지하는 의회파가 왜 내전에서 승리할 수 있었을까요? 자기 생각을 밝히고 그 까닭을 쓰세요.

✿ **다음 글을 읽고, 물음에 대한 생각을 써 보세요.**

➜ 종교탄압으로 의사당을 폭파시키려다 실패한 사건이 있었던 날을 기념해 불꽃놀이를 하는 가이 폭스 데이는 영국 전통으로 자리 잡았습니다. 영국인들은 왜 이날을 전통으로 삼았는지 생각해봅시다.

가이 폭스 데이

매년 11월 첫째 주말은 가이 폭스 데이다. 이 날은 영국 전역에서 불꽃놀이가 진행된다. 이 행사가 진행된 것은 4백년이 넘었다. 가이 폭스 모형 인형을 태우는 것으로 시작되는 이 놀이는 17세기 초 국왕이 가진 종교가 무엇이냐에 따라 종교에 대한 탄압이 심했던 시절에 일어난 사건에서 유래되었다.

1605년, 화약을 다루는 데 뛰어난 군인 가이 폭스를 중심으로 가톨릭 교도들이 모여 신교 옹호 정책에 반대해 의사당을 폭파시키기로 했다. 거사일은 11월 5일로, 신교도들이 중심인 의회 의원들과 제임스 1세 국왕 등이 모두 모이는 의회 개회식 날이었다. 그래서 의회가 열리는 방 아래에 2.5톤에 이르는 폭약을 설치해 놓고 날짜를 기다리고 있었다. 하지만 한 명이 이 내용을 미리 자기 친척에게 이야기해 지하에서 화약을 쌓아 놓고 기회를 엿보고 있던 가이 폭스는 체포되어 사형 당했다.

제임스 1세는 1607년부터 이 날을 공휴일로 지정하고 모닥불을 피워 기념하였으나, 빅토리아 여왕 때에 공휴일은 폐지되었다. 그 뒤부터는 가이 폭스 모형 인형을 불에 태우고 불꽃놀이를 하며 이 날을 기념해 오고 있다. 가이 폭스 데이는 매년 자신들이 만들어 온 의회민주주의에 대한 자부심으로 배신자를 불에 태우고 나라 안팎에서 닥쳐오는 위협에서 영국을 지켜내자고 다짐하는 기념일로 오늘날까지 이어져오고 있다.

생각 열기 가이 폭스 데이는 종교 탄압에 반대해 국회 의사당을 폭파시키려다 실패한 사건을 기념해 이어져오고 있는 전통입니다. 영국은 왜 이러한 전통을 만들었을까요?

❀ 예문 1 과 예문 2 는 내각책임제와 대통령제를 비교 설명한 것입니다. 현재 세계에 있는 국가 대부분이 대통령제나 내각책임제 중 하나를 선택해서 정부를 운영하고 있습니다. 어떤 정부 형태가 더 국민들을 위한 정부 형태인지 자기 생각을 6단 논법 개요표에 써넣으세요.

예문 1

영국은 입헌군주국이면서 내각책임제를 실시하고 있다. 의원내각제라고도 한다. 대통령제와 함께 양대 정부 형태를 이룬다. 총선거에서 이겨 많은 의석수를 차지한 다수당이 의원 중에서 장관을 임명하여 내각을 책임지는 정부 형태이다. 그래서 내각은 국회 신임이 꼭 필요하며, 국회가 신임하지 않았을 때에는 내각이 총사퇴하거나 국회를 해산하여 국민에게 신임을 묻는 총선거를 실시하고 사퇴 여부를 결정해야 한다.

선거에서 이긴 다수당이 내각을 책임지므로 국민 의사가 직접적으로 반영되는 책임정치가 실현될 수 있다. 또한 입법부와 행정부가 유기적인 관계이므로 효율적인 정부 운영이 가능하다. 하지만 다수당이 입법부와 행정부를 함께 차지하기 때문에 다수당이 횡포를 부릴 수 있으며, 여러 정당이 있을 경우 연립 내각 구성에 따라 행정부 운영이 불안정할 수 있다는 단점이 있다.

예문 2

대통령제는 대통령중심제 또는 대통령책임제라고도 부른다. 미국이 독립 혁명 뒤 연방정부를 세우고 선거를 통하여 대통령을 뽑으면서부터 시작되었다. 입법부, 사법부, 행정부로 나뉜 삼권 분립에 바탕을 두고 권력이 한 기관에 집중되지 않도록 견제와 균형을 통해 나라를 운영하는 정부 형태이다. 선거에서 뽑힌 대통령은 행정부 수반으로서 나라 운영에 대한 전반적인 권한을 가지고, 내각을 구성하며 정해진 임기를 보장받는다.

대통령 임기 동안은 정치가 안정되며, 법률안 거부권을 통해 다수당이 가진 횡포를 막을 수 있다. 하지만 입법부인 국회와 행정부 사이에 견제와 균형 원리로 인해 정책 결정이 늦추어질 수 있다. 또한 국정운영 책임이 국회와 행정부로 나뉘어 있어 책임정치가 실현되지 못하고, 대통령에게 너무 많은 권한이 있어 독재로 흐를 수 있다는 단점이 있다.

주제 : 내각책임제와 대통령제

주제문 :

문제 제기(상황 제시) -내포(본질)와 외연(현상)	1. 대통령제는 대통령에게 권한이 많다. 그래서 대통령이 독재를 할 수도 있다. 2.
원인 분석 -사회(외부/거시)적 원인 -개인(내부/미시)적 원인	1. 왜냐하면 행정부 수반으로서 많은 권한을 가지고 내각임면권을 가지고 있기 때문이다. 2. 왜냐하면
대안 제시 -사회(외부/거시)적 대안 -개인(내부/미시)적 대안	1. 그러므로 대통령은 자기보다는 국민을 위해 일해야 한다. 2. 그러므로
반대 -대안에 대한 반발이나 부작용	1. 그렇지만 자기가 원하는 것이 국민들이 원하는 것이라 착각할 수도 있다. 2. 그렇지만
극복 -그 반발도 극복하면서 문제를 해소할 방법	1. 그렇다면 국회가 견제를 통해 잘못된 정책은 하지 못하도록 막으면 된다. 2. 그렇다면
최종 결론 -전체 정리와 마무리	

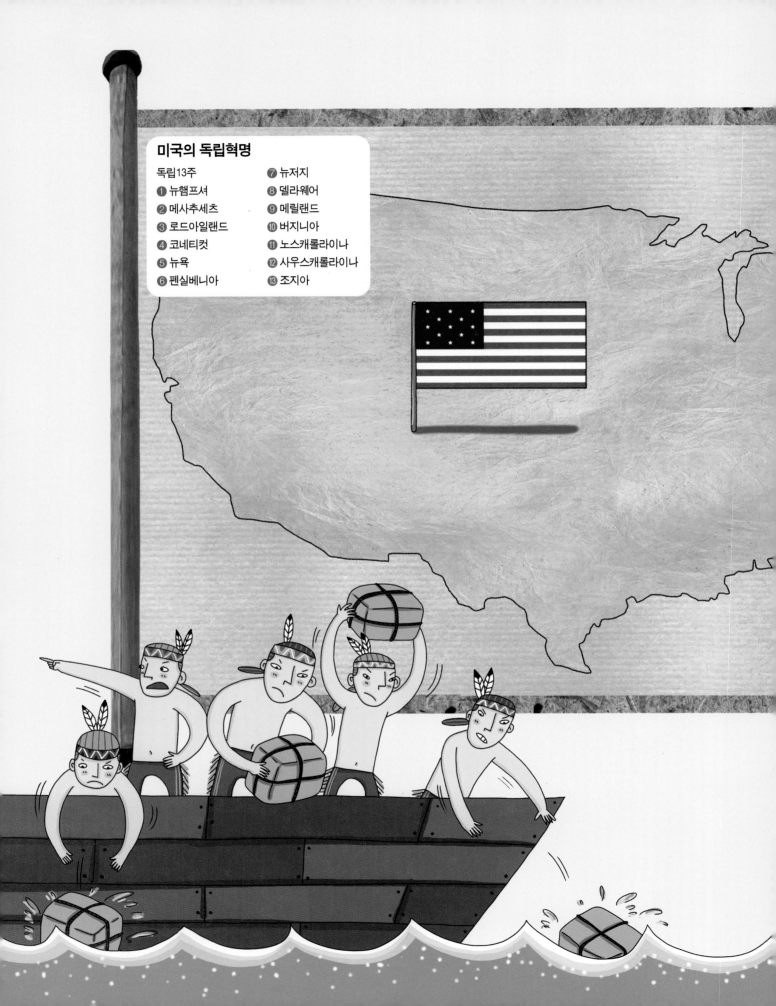

미국의 독립혁명

독립13주

① 뉴햄프셔
② 메사추세츠
③ 로드아일랜드
④ 코네티컷
⑤ 뉴욕
⑥ 펜실베니아
⑦ 뉴저지
⑧ 델라웨어
⑨ 메릴랜드
⑩ 버지니아
⑪ 노스캐롤라이나
⑫ 사우스캐롤라이나
⑬ 조지아

10

자유가 아니면 죽음을!
미국 독립혁명

역사 연대기

1757년 | 플라시 전투로 영국이 인도를 독점함.
1762년 | 루소가 사회계약론을 발표함.
1776년 | 정조가 왕위에 오름.
1775년 | 미국 독립전쟁이 일어남.
1783년 | 미국이 영국으로부터 독립함.
1789년 | 아메리카 합중국 정부가 세워짐.
　　　　　프랑스 혁명이 시작됨.

학습 목표

1. 13개 식민주와 영국 식민정책에 대해 알 수 있다.
2. 미국 독립혁명에 대해 알 수 있다.
3. 독립선언서와 계몽사상에 대해 알 수 있다.
4. 티베트 독립운동을 통해 오늘날에도 독립을 위해
　 싸우는 나라가 있다는 것을 알 수 있다.
5. 바람직한 법에 대한 논술문을 쓸 수 있다.

심화 학습

도서 읽기 • 두 얼굴의 나라 미국이야기
　　　　　　　　(정범진 · 허용우 외 지음/아이세움)
　　　　　 • 시애틀 추장
　　　　　　　　(수잔 제퍼스 지음/한마당)
영화 보기 • 포카혼타스 (1995년)

탐구 1 영국 13개 식민주로 시작한 미국

1620년 무렵, 영국을 다스리던 제임스 1세가 청교도들을 탄압하였다. 견디다 못한 청교도들은 자유로운 신앙을 찾아 아메리카 대륙으로 떠났다. 이들을 태운 메이플라워호에는 102명이 함께 했는데, 그 가운데 60여 명은 청교도를 믿는 사람들이 아니었다. 돈을 벌거나 농사를 짓기 위해 가는 사람들이 대부분이었고, 죄를 짓고 쫓겨 가는 사람들도 섞여 있었다. 이들은 배 안에서 '메이플라워 서약'을 하였다. 그 내용은 새로운 땅에 도착하면 자기들 스스로 의회를 만들어 다스리자는 것이었다.

1620년 11월, 북아메리카 동해안에 무사히 닿은 그들은 도착한 곳에 플리머스 식민지를 세웠다. 자신들이 떠나온 영국 플리머스 항구를 따서 지은 것이었다. 그 뒤로도 영국을 비롯한 많은 유럽 사람들이 북아메리카로 건너왔다. 그들은 원주민인 인디언들과 타협하거나 싸우면서 점점 땅을 넓혀갔다. 북아메리카 동쪽 바닷가를 따라 많은 도시와 마을이 생겨났고, 13개주가 세워졌다.

13개주는 모두 영국 식민지로, 영국은 총독과 군대를 보내 다스리게 했다. 하지만 총독은 식민지를 다스리는 일에는 거의 나서지 않았고, 식민지 사람들이 모여서 만든 식민지 의회가 모든 일을 맡아서 하였다. 그랬기 때문에 영국 사람들과 거의 같은 권리를 누릴 수 있었다.

그런데 18세기 중엽, 북아메리카 땅을 차지하기 위해 인디언과 동맹을 맺은 프랑스가 영국을 상대로 벌인 프렌치인디언 전쟁이 끝나면서 사정이 달라졌다. 영국은 이 전쟁에서 승리했지만, 전쟁을 치르느라 엄청난 돈을 들여야 했다. 또 전쟁이 끝난 뒤에는 서부를 보호하고 인디언들을 억누르느라 국가재정이 바닥나게 되었다.

1760년, 영국왕위에 오른 조지 3세는 부족한 재정을 메우기 위해 식민지 사람들에게 새로운 세금을 내게 하였다. 1764년부터 아메리카로 수입되는 설탕, 커피, 포도주 및 기타 상품에 세금을 매기는 '설탕세법'이 실시되었다. 그러자 전쟁 뒤에 어렵게 살고 있던 식민지 사람들은 더욱 더 힘들어졌다. 이듬해에는 '인지세법'이 발표되었다. 신문, 책, 공문서, 놀이용 카드, 졸업증서 등 모든 인쇄물에 인지를 붙이는 것으로 좀 더 많은 세금을 거둬들이기 위해 만든 것이었다.

이 법들은 아메리카 식민주 대표들이 참여하지 않은 가운데 만들어졌으므로, 식민지에 세금을 부과할 수 없다며 거세게 반발했다. 또 영국 물건을 사지말자는 운동을 벌였다. 결국 영국은 1년 만에 인지세법을 없애야 했다. 하지만 식민지 사람들은 불만이 점점 커지기만 했다.

탐구하기 영국이 북아메리카 13개 식민주에게 세금을 매긴 까닭은 무엇인가요?

탐구 2 미국 독립혁명에 불씨를 일으킨 '보스턴 차 사건'

영국은 바닥난 재정을 메우기 위해 산업에 필요한 원료를 식민지에서 가져가고, 영국에서 만든 물건을 식민지 사람들에게 파는 중상주의 정책을 더 강하게 실시하였다. 영국에서 수입한 물건들에 세금이 붙자, 13개 식민주에서 강한 반발이 일어났다. 다급해진 영국 정부는 1770년, 홍차에 대한 것만 남기고 나머지 세금은 모두 없애버렸다. 그리고 동인도회사에서만 홍차를 팔 수 있게 하였다.

하지만 이미 많은 불만을 가지고 있던 식민지 사람들은 그마저도 자신들을 억누르는 것이라 여겼다. 상인들 가운데에서는 홍차를 몰래 수입해 많은 이익을 남기던 사람들이 있었는데, 동인도회사에서 자기들보다 싼값에 홍차를 팔게 되자 큰 손해를 보게 되었기 때문이다.

1773년, 인디언 차림을 한 백인 50여 명이 보스턴 항구에 머물고 있던 동인도회사 배 3척에 올라 홍차가 들어 있는 상자 324개를 바다에 던져 버렸다. 보스턴 항구 앞 바다는 금세 붉은 홍차물이 들었는데, 이것을 '보스턴 차 사건'이라 한다.

조지 3세는 이를 반란이라고 여겨서 식민지에 군대를 보내, 보스턴 항에 배가 드나들지 못하도록 막아버렸다. 또 영국 허락 없이는 식민지 사람들이 모임을 갖지 못하게 감시하였다. 그러자 모든 식민지 사람들이 영국에 맞서서 들고 일어났다.

1774년, 식민지 대표들이 모여서 제1차 대륙회의를 열었다. 대표들은 영국에게 식민지에서 일어나는 문제에 간섭하지 말 것과 사과할 것을 요구하였다. 그러나 영국은 이 요구를 무시하였다.

1775년에는 보스턴 근처에 있는 렉싱턴에서 영국 군대와 식민지 사람들로 이루어진 민병대 사이에 서로 총을 쏘는 전투가 벌어졌다. 이 전투는 바로 전쟁으로 이어졌다. 13개 주 식민지 대표들은 다시 대륙회의를 열어 영국과 전쟁을 벌이자는 결의를 하고, 조지 워싱턴을 식민지군 총사령관으로 임명하였다. 이때까지만 해도 식민지 사람들은 영국으로부터 독립하자는 급진파와 영국이 가혹한 식민 지배를 하지 않도록 바꾸어 나가자는 온건파, 그리고 중립을 지키려는 사람들로 나뉘어져 있었다.

그런데 독립 운동가인 패트릭 헨리가 "자유가 아니면 죽음을 달라!"는 말로 독립을 부추겼다. 작가인 토마스 페인도 독립을 해야만 하는 까닭과 식민지배에서 벗어나면 좋은 점이 많다고 주장한 ≪상식≫이라는 책을 발표하면서 독립하려는 기운이 빠르게 퍼져나갔다.

> **탐구하기** 보스턴 차 사건이 일어난 뒤, 영국이 더 강경하게 탄압을 하자 13개 식민주 대표들은 어떤 행동을 취했나요?

탐구 3 독립전쟁으로 나라를 세우다

미국 독립선언에 서명하는 13개 식민주 대표들

1776년 1월에 열린 대륙회의에서 처음으로 독립이 정식 의제로 다루어졌다. 대표들은 독립을 외치는 급진파와 영국과 타협하려는 온건파로 나누어졌다. 그러나 조지 3세가 식민지와 타협하지 않으려 하자, 급진파가 내놓은 주장이 더욱 힘을 가지게 되었다. 그에 따라 식민주 대표들은 1776년 7월 4일 '독립선언서'를 발표하고 워싱턴을 총사령관으로 삼아 독립전쟁을 벌였다. 처음에는 식민지 군대가 불리하였다. 왜냐하면 식민지 군대는 거의 농민들과 시민들로 이루어졌고, 제대로 훈련받지 않았기 때문이다. 하지만 영국과 사이가 좋지 않았던 프랑스와 에스파냐가 식민지를 도와 영국과 싸우면서 상황이 달라졌다. 프랑스는 전쟁에 끼어들기 전부터 몰래 옷과 장비 등 전쟁에 쓰이는 물건들과 화약을 식민지에 보내주었다. 이를 바탕으로 식민지군은 1777년, 사라토가 전투에서 이길 수 있었고, 전쟁은 식민지 쪽으로 유리해지기 시작하였다.

1783년, 전쟁에서 이긴 13개 식민주는 모두 영국 지배로부터 벗어났다. 독립 초기에는 각자 나누어져 독립할 것인가, 아니면 하나로 합쳐 연방 국가를 만들 것인가를 두고 의견이 나뉘었다. 하지만 연방 국가를 원하는 쪽이 더 많았다. 이로써 아메리카 합중국 즉, 미국이 생겨났으며 초대 대통령으로 국민대표인 조지 워싱턴이 선출되었다. 그리고 독립선언서를 발표한 7월 4일은 독립 기념일이 되었다.

미국 독립혁명은 영국 식민지배로부터 벗어나려는 독립혁명임과 더불어 민주정부를 세우고 국민이 주인이 되는 나라를 세우려는 민주시민혁명이란 두 가지 성격을 가지고 있다. 이러한 미국 독립혁명은 훗날 프랑스혁명을 비롯한 유럽 여러 나라 혁명과 라틴아메리카 독립에도 많은 영향을 끼쳤다.

> **탐구하기** 미국 독립전쟁 때, 프랑스와 에스파냐가 미국을 도와 준 까닭은 무엇일까요?

그 무렵 우리나라에서는 정조가 규장각과 장용영을 설치하다

1776년 왕위에 오른 정조는 약해진 왕권을 바로세우고자 규장각을 설치하여 당파에 물들지 않고 능력 있는 젊은 인물들을 뽑아서 관리로 등용하였다. 그리고 군사권을 쥐고 있는 노론 세력을 견제하기 위해 친위부대인 장용영을 설치하여 왕실을 지키는 무력을 강화하였다. 이 두 기구는 정조가 이끄는 개혁을 뒷받침하였다.

해석 미국 독립선언서와 계몽 사상

미국 독립선언서는 인권 사상이 들어있는 대표적인 문서이다. 이 문서에는 '모든 사람은 평등하게 태어났으며, 생명과 자유, 그리고 행복을 누릴 권리를 비롯하여 누구도 침범할 수 없는 권리를 가진다. 바로 이러한 권리를 보호하기 위해 정부가 만들어졌다. 따라서 정부는 국민 동의 아래 생겨난 것이다. 어떤 정부이든 위에 적은 목적에 어긋난다면 국민은 그 정부를 개혁하거나 무너뜨리고 새로운 정부를 세울 권리가 있다.' 는 내용이 들어 있다.

서문에서는 인간 생명과 자유, 행복을 지키기 위해 정부가 세워진 것이며, 이것은 인간이 태어나면서 자연스럽게 가지게 되는 권리인 자연권임을 밝혔다. 본문에서는 영국 왕, 조지 3세가 식민지에 휘두른 폭력에 대해 늘어놓으며 독립은 반드시 이루어져야 한다는 것을 주장하고 있다.

그것은 계몽 사상가들로부터 영향을 받은 것이었다. 계몽 사상은 18세기 무렵, 프랑스를 중심으로 발달한 사회 개혁 사상이다. 계몽이란 사람이 미처 깨닫지 못하고 있는 무지한 것을 깨우쳐주는 것을 말한다. 계몽 사상가들은 인간이 타고난 이성으로 올바른 판단을 할 수 있게 되면, 이를 통해 사회를 변화시키고 역사를 진보시킬 수 있다고 보았다. 그들은 인류가 좀 더 발전하려면 무지와 미신을 버리고, 이성에 어긋나는 낡은 관습과 제도를 과감하게 없애야 한다고 주장하였다.

여기에서 말하는 낡은 제도를 대표하는 것으로 16세기~18세기 절대왕정을 들 수 있다. 절대왕정에서는 왕권을 신이 내린 것이라고 하면서 왕은 어느 누구에게도 간섭받지 않고 모든 권력을 손아귀에 쥐고 휘둘렀다. 이에 대해 계몽 사상가들은 '왕과 나는 다를 게 없는데, 신이 왕에게만 모든 권력을 주었다는 것은 이치에 맞지 않는다.' 고 생각하였다. 바로 이러한 점이 절대왕정에 맞서 싸우는 시민혁명인 프랑스혁명과 미국 독립혁명에 많은 영향을 주었다.

계몽 사상을 대표하는 사람들로 영국 철학자인 로크, 프랑스 계몽 사상가인 몽테스키외와 루소 등이 있다. 로크는 어느 누구나 태어날 때부터 생명, 자유, 재산에 대한 자연권을 가지며 정부가 만약 국민이 가진 자연권을 빼앗는다면 국민은 이에 대항해 정부를 무너뜨릴 권리가 있다고 여겼다. 몽테스키외는 전제정치를 막기 위해 입법, 사법, 행정 3권을 나누어야 한다고 하였다. 루소는 왕이 가진 통치권은 신이 내리는 것이 아니라 국민들과 계약에 의해서 주어진 것이라고 하였다. 따라서 한쪽이 모든 권력을 쥐고 다른 한 쪽에는 끝없는 복종을 강요한다면 이는 불공평한 계약이므로 그 계약을 깰 수도 있다고 주장하였다.

해석하기 **미국 독립선언서에 영향을 준 계몽 사상이란 무엇인가요?**

역사토론

'인디언 보호구역'은 인디언을 보호하기 위한 것일까?

토론내용 처음 백인들이 아메리카에 도착했을 때 인디언들은 땅을 내어주면서 옥수수와 담배 농사를 짓는 방법을 알려 주었다. 백인들은 그들이 살던 땅을 조금씩 빼앗으면서 마침내는 인디언들을 보호한다는 말을 내세워 '인디언 보호구역'으로 들어가서 살게 하였다. 인디언 보호구역은 과연 인디언들을 위한 것일까?

토론 1 인디언을 위한 것이다.

백인들이 서쪽으로 땅을 넓히는 과정에서 원주민인 인디언들과 부딪힐 수밖에 없었다. 인디언들은 끝까지 저항했지만, 결국에는 백인들에게 밀려나게 되었다. 백인들은 갈 곳 없는 인디언들을 보호하기 위하여 인디언 보호구역을 설치하였다.

토론 2 인디언들을 위한 것이 아니다.

인디언들은 그들이 사는 땅을 어머니라고 부르며 소중하게 생각하였다. 그런데 백인들은 수많은 인디언들을 학살하고 땅을 빼앗았다. 그리고 그들을 보호한다는 허울 좋은 핑계를 대면서 인디언 보호구역으로 강제로 옮겨 살게 하였다. 보호구역에서 금이나 귀중한 것이 발견되면 땅을 강제로 빼앗아 또 다른 인디언 보호구역으로 몰아넣기도 하였다. 그 과정에서 또 수많은 인디언들이 학살당하였다.

토론 3 그래도 소수민족인 인디언들을 보호하기 위하여 정한 것이다.

미국 땅에는 약 310여 군데에 달하는 인디언 보호구역이 있다. 인디언들은 보호구역 시설 안에서 미국 정부 혜택을 받으며 살아가고 있다. 학생들은 모두 장학금을 받고 무료로 학교를 다닐 수 있도록 하고 있다.

토론 4 아니다. 인디언들을 보호하기 위한 것이 아니다.

보호구역 안에서 나이 든 인디언들은 하는 일 없이 무료하게 살아가고 있다. 대부분 미국 주정부가 인디언들에게 직업을 알선해 주지 않았기 때문이라고 한다. 규모가 큰 보호구역에서는 자신들이 사는 곳을 개방하며, 벌어들이는 관광 사업으로 살아가는 곳도 있다. 그러나 대부분 인디언들은 어려운 생활을 하고 있다.

토론하기 인디언 보호구역은 인디언을 위한 것일까요? 자기 생각을 밝히고 그 까닭을 쓰세요.

🌀 **다음 글을 읽고, 물음에 대한 생각을 써 보세요.**

➡ 티베트는 독립 국가였지만, 지금은 중국에 딸린 하나의 소수민족이 사는 지역에 지나지 않습니다. 과거 미국은 영국으로부터 독립하기 위해, 또 우리나라도 일제강점기 때 식민지배에서 벗어나기 위해 많은 사람들이 희생하였습니다. 티베트도 중국에 점령당한 때부터 오늘날까지 독립을 위하여 많은 노력을 하고 있습니다. 독립운동을 벌이고 있는 티베트에 대해 생각해 봅시다.

티베트에게 자유를!

2008년 3월 10일, 중국 티베트 자치구에서 티베트 승려를 비롯한 6백여 명이 중국 정부에게 독립을 요구하며 시위를 벌였다. 시위가 계속되면서 중국 공안과 시위대가 충돌해, 피를 부르는 사태로 번졌다. 이 날은 라싸항쟁 49주년이 되는 날이었다.

14대 달라이 라마

티베트는 중국 50여 개 소수민족 가운데 하나로 중국 서남쪽에 자리 잡고 있다. 7~8세기 무렵에는 '토번' 이라는 이름으로 중국 당나라와 세력을 다투던 강한 나라였다. 그 후 원나라와 청나라에게 지배당하기도 하였으나, 청나라 말기인 1913년 무렵, 영국과 러시아 도움으로 독립을 하였다. 청나라가 멸망한 뒤, 중화인민공화국을 세운 중국은 1949년, 티베트를 침략하여 강제로 점령하였다. 중국이 저지른 티베트 탄압으로 120~200여 만 명에 달하는 티베트 사람들이 죽었다. 그리고 수많은 사람들이 감옥에 갇히고 고문당하였다.

1959년 3월 10일, 티베트는 종교와 정치 최고 지도자인 14대 달라이 라마를 중심으로 라싸항쟁을 벌이며 독립을 요구하였다. 하지만 많은 희생자들만 생겨났을 뿐 실패로 돌아갔다. 그 뒤, 달라이 라마는 티베트 자치정부 관리 및 그를 따르는 천 여 명과 함께 인도로 망명하여 임시정부를 세웠다. 그리고 중국이 자행하는 티베트 탄압을 세계 사람들에게 알리기 위하여 많은 노력을 하고 있다.

1989년, 라싸항쟁 30주년을 기념하는 대규모 반정부 시위가 티베트에서 일어났다. 그들은 자신들이 무력으로 점령당하였고, 또 중국이 티베트 고유문화와 종교를 없애려고 하기 때문에 티베트 지역이 독립을 요구하는 것은 정당한 것이라고 주장하고 있다.

중국은 티베트에 철도를 놓아주고, 전기를 들여 주었으며, 도로와 학교, 병원을 세워 주는 등 많은 도움을 주었다고 생각하고 있다. 그런데 오히려 티베트가 독립을 시도한다며 이것은 은혜를 저버리는 짓이라고 비난하면서 더 강경하게 대응하고 있다.

생각 열기 티베트가 독립운동을 벌이고 있는 까닭을 살펴보고, 그것이 과연 잘못된 것인지 아니면 정당한 것인지에 대한 내 생각을 적어 보세요.

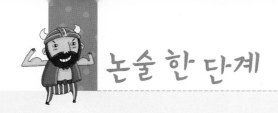

논술 한 단계

법은 한 나라를 안정되게 유지하기 위해서 반드시 필요한 제도입니다. 아래 제시한 예문 1 과 예문 2 는 늑대마을과 미국 법에 대한 이야기입니다. 두 예문을 비교해 보고 바람직한 법에 대한 내 생각을 6단 논법 개요표에 써넣으세요.

예문 1

어느 날, 몸집이 크고 사나운 대장 늑대가 늑대들을 모아놓고 새로운 법을 발표하였다.

"이제부터 모두가 사냥해 온 먹이를 한데 모아 사이좋게 나누어 먹도록 한다."

늑대들은 모두 대장 늑대를 칭찬하면서 손뼉을 치고 좋아하였다. 며칠 후, 늑대들이 모인 곳으로 당나귀가 다가왔다.

"늑대님들 참 훌륭한 법을 만드셨더군요. 그런데 참 이상하네요. 대장 늑대님은 왜 어제 사냥해 온 짐승들을 감추셨나요?"

늑대들은 깜짝 놀란 얼굴로 대장 늑대를 쳐다보았다. 그러자 늑대 대장은 아무 말도 못하고 얼굴만 빨개졌다.

"누구보다도 먼저 법을 지켜야 할 대장님이 법을 어기다니, 대장님이 감춘 먹이를 나누어 먹읍시다."

늑대들은 너도나도 이렇게 말하였다. 그러자 대장 늑대는 그 자리에서 자신이 만든 법을 없애 버렸다.

– ≪이솝 이야기≫ 중에서 –

예문 2

북아메리카 동부에 정착했던 백인들은 서쪽으로 점점 땅을 넓혀갔다. 그들은 주인이 없는 땅을 차지하거나 인디언들을 몰아내고 자기 것으로 만들었다. 그 땅에서 백인들은 누구의 간섭도 받지 않고 자유롭게 살 수 있었다.

하지만 자기네 땅을 빼앗긴 인디언들과 또 다른 침입자들로부터 자신들을 지켜야 했다. 그래서 군인이 아닌 일반인들도 총을 가질 수 있는 권리를 인정하게 되었다. 이 권리는 훗날 미국 헌법에 자유권, 재산권과 더불어 누구도 침범할 수 없는 기본권이 되었다.

미국은 지금도 개인이 총을 가질 수 있는 자유가 있다. 신문이나 뉴스를 보면 슈퍼마켓이나 상점에 총을 든 강도가 침입해 돈을 훔치거나 사람을 죽이는 일이 보도되는 일이 있다.

그러나 이 법이 반드시 좋은 것은 아니다. 왜냐하면 수많은 총기사고가 일어나고, 그로 인해 많은 사람들이 불안에 떨고 있기 때문이다.

주제 : 바람직한 법

주제문 : --

문제 제기(상황 제시) –내포(본질)와 외연(현상)	1. 법을 지키지 않으면 사회질서가 무너진다. 그래서 혼란스러워진다. 2. 3.
원인 분석 –사회(외부/거시)적 원인 –개인(내부/미시)적 원인	1. 왜냐하면 사람들이 저마다 자기 권리를 내세우면 다투거나 범죄가 일어나기 쉽기 때문이다. 2. 왜냐하면 3. 왜냐하면
대안 제시 –사회(외부/거시)적 대안 –개인(내부/미시)적 대안	1. 그러므로 일단 법으로 지정된 것은 모두 따르도록 노력해야 한다. 2. 그러므로 3. 그러므로
반대 –대안에 대한 반발이나 부작용	1. 그렇지만 법에 대해 잘 모르는 경우 불이익을 당할 수도 있다. 반면에 법을 잘 아는 사람들 가운데에는 오히려 법을 이용해서 이득을 챙기는 사람도 있다. 2. 그렇지만 3. 그렇지만
극복 –그 반발도 극복하면서 문제를 해소할 방법	1. 그렇다면 정부에서는 일반인들이 알기 어려운 법조항을 쉽게 풀어서 알려 준다거나 자주 접할 수 있는 기회를 만들어 주면 된다. 2. 그렇다면 3. 그렇다면
최종 결론 –전체 정리와 마무리	

11

상업혁명과 산업혁명, 그리고 차티스트 운동

역사 연대기
1616년 | 후금이 건국됨.
1636년 | 병자호란이 일어남.
1740년 | 오스트리아에서 왕위계승 전쟁이 일어남.
1840년 | 청나라와 영국 사이에 아편전쟁이 일어남.

학습 목표
1. 상업혁명에 대해서 알 수 있다.
2. 산업혁명에 대해서 알 수 있다.
3. 차티스트 운동에 대해서 알 수 있다.
4. 현재도 지속되고 있는 강대국들의 약소국에 대한 횡포에 대해 생각해 볼 수 있다.
5. 산업혁명을 바라보는 입장에 대해서 논술문을 쓸 수 있다.

심화 학습
도서 읽기 • 말랑하고 쫀득한 세계사 이야기 3 : 산업 혁명에서 21세기까지(W.버나드 칼슨 지음/푸른숲)

영화 보기 • 올리버 트위스트(로만 폴란스키 감독(2005년)/데이비드 린 감독(1946년))

탐구 1 상업혁명

동방물산을 싣고 오는 동인도 회사 무역선

신대륙이 발견되고 신항로가 개척된 15세기 말부터 유럽은 새로 생긴 넓은 시장을 바탕으로 교역량이 늘어나고 상품 종류도 많아졌다. 시장 규모도 전세계로 넓어지고 금융업도 빠르게 발전했다.

신항로가 개척되기 전에는 콘스탄티노플을 차지한 오스만투르크에 의해 동방으로 가는 길이 막혀 있었다. 그래서 서유럽 상인들은 오스만투르크에 비싼 관세를 물면서 동방과 간접무역을 해야만 했다.

하지만 신항로가 개척된 뒤에는 인도나 중국 같은 동방 나라들과 직접 교역을 할 수 있었다. 이 신항로를 통해서 도자기, 차, 향신료, 비단 같은 동방 물품이 대량으로 쏟아져 들어왔다. 또 신대륙에서는 담배, 코코아, 감자, 금, 은 등이 엄청나게 들어왔다.

그 결과 이탈리아 상인들 중심으로 돌아가던 지중해·북해·발트해 상업권이 쇠퇴했다. 대신 에스파냐 상인들을 중심으로 하는 서인도 무역과 포르투갈 상인들을 중심으로 하는 동인도 무역이 활발해졌다. 무역 중심지도 대서양과 인도양으로 옮겨졌다. 그로 인해 북서 유럽이 경제 중심지로 등장하고, 대서양 둘레 도시들이 빠르게 발전하기 시작했다.

그러나 신대륙으로부터 엄청난 은이 들어오면서 통화량이 빠른 속도로 늘어나자 에스파냐를 비롯한 전 유럽에 화폐가치가 폭락하고, 물가가 치솟는 '가격혁명' 이 일어났다. 가격혁명은 노동자나 땅을 빌려주고 세금을 받는 지주들을 약하게 만들었다. 그러나 상인이나 수공업자에게는 많은 돈을 벌 수 있는 기회가 되었다.

이렇게 세계 무역 구조가 지중해에서 대서양으로 옮겨지고, 상권이 세계로 확대되며, 금융업이 발달하여 귀족보다 일반 시민이 더 강해진 것을 통틀어 '상업혁명' 이라고 한다.

상업혁명은 사람들 생활수준을 향상시키고, 시민계급을 성장시켰다. 또한 자본주의가 만들어지는 기초가 마련되어서 나중에 산업혁명이 일어나는 계기가 되었다.

탐구하기 **상업혁명이란 무엇인가요?**

탐구 2 산업혁명

16~17세기 영국에서는 '매뉴팩처'라고 하는 공장제 수공업이 발전했다. 이것은 자본가가 기술을 가진 수공업자들을 고용하여 분업으로 일을 시키는 방식이었는데, 이전에 비해 생산량을 크게 늘릴 수 있었다. 그런데 18세기에 들어와서 방적기와 증기기관 등이 발명되자 공장제 기계공업이 발전하였다. 기계공업은 수공업보다 생산력이 더 많이 늘어나서 대량생산이 가능해졌다. 이와 같이 기계 발명과 기술발전, 그로 인한 사회와 경제 전체에 일어난 큰 변화를 통틀어 '산업혁명'이라고 한다.

산업혁명은 영국 면직물 산업으로부터 처음 시작되었다. 당시 영국은 다른 나라에 비해 산업혁명이 일어날 수 있는 유리한 조건을 많이 가지고 있었다.

먼저 영국은 여러 혁명들을 거치면서 절대왕정이 무너지고, 입헌 공화 정치가 자리 잡아 정치가 안정되어 있었다. 그러므로 다른데 신경 쓰지 않고 온전히 경제발전에만 힘을 기울일 수 있었다. 또 많은 식민지를 갖고 있어서 원료를 값싸게 들여올 수 있었고, 그것을 가공하여 비싼 값에 식민지에 되팔았기 때문에 많은 돈을 벌 수 있었다. 게다가 인클로저 운동 때문에 토지를 잃은 농민들이 일자리를 찾아 도시로 몰려들어서 값싼 노동력 또한 풍부했다. 그리고 석탄과 철광석 등이 풍부해 기계와 동력이 발전했고, 이를 통해 증기기관차와 증기선이 만들어져 교통과 통신도 발달할 수 있었다. 결국 영국은 정치 안정과 많은 식민지, 그리고 값싼 노동력과 지하자원 등으로 다른 나라보다 먼저 산업혁명이 일어날 수 있었다.

> 인클로저 운동 인클로저란 '울타리를 치다'라는 뜻으로 경작지에 울타리를 쳐서 사유지임을 표시하는 것이다. 두 차례에 걸쳐 진행됐으며, 1차는 16세기에 양모 생산을 위해, 2차는 18세기에 농업 생산성 증대를 위해 실시했다. 이 과정에서 많은 소자영농들이 토지를 잃었다.

이러한 산업혁명은 세계 여러 나라로 퍼져나갔다. 먼저 프랑스, 미국, 독일로 이어졌고, 19세기 후반에는 유럽 주요 국가들과 러시아, 일본 등으로 확대되어 갔다.

산업혁명은 공장제 기계 공업으로 인해 대량생산이 가능해지면서 자본주의를 완성시켰고, 자본가와 임금노동자라는 사회계층을 낳았다. 사람들은 풍요로운 생활을 누릴 수 있었고, 교통과 통신이 발달하여 빠르고 편리한 생활을 할 수 있었다.

이 때문에 산업혁명은 농업 사회에서 산업 사회로 들어가는 계기가 되었으며, '산업혁명은 신석기 혁명 이래 최고의 혁명'이라고 평가되기도 했다. 그러나 '풍요로움 속의 가난함'이라는 말처럼, 노동력 착취로 인해 비참한 삶을 사는 노동자 문제와 심각한 공해 발생 같은 문제를 낳기도 했다.

탐구하기 산업혁명이란 무엇인가요?

탐구 3 차티스트 운동

산업혁명 뒤에 경제가 풍요로워졌는데도 빈부격차는 더욱 심해져서 노동자들은 비참한 생활을 해야 했다. 장시간 노동과 터무니없이 낮은 임금, 불결한 환경 속에서 고된 노동에 시달렸다. 심지어 는 부녀자와 어린이들까지도 낮은 임금에 고용되어 노동력을 착취당했다. 비참한 생활에 불만을 품은 노동자들은 저항하기 시작하였고, 그것은 결국 노동운동으로 이어졌다.

노동운동은 상호부조 혹은 공제조합이라는 이름으로 시작되었지만, 좋은 성과를 거두지 못하였다. 그러자 훨씬 더 거센 방법으로 노동운동을 펼쳐 나갔는데, '러다이트(Luddites) 운동', 즉 기계 파괴 운동이었다. 이는 공장제 기계공업이 발달하면서 자신들이 힘들어진 것이라고 여겼기 때문이었다. 그러나 노동자들은 근로조건과 생활여건을 좋게 만들려면 자기들 편을 드는 의회 의원이 있어야 한다는 결론을 내렸다. 이에 따라 노동조합은 선거권을 얻기 위해 선거제도 개정을 위한 투쟁에 나섰다. 1832년에 선거법이 개정되어 신흥자본가와 중산층이 선거권을 갖게 되었으나, 노동자들은 여전히 선거권이 없었다.

1838년, 노동자들은 윌리엄 러벳이 처음 틀을 잡은 인민헌장(People's Charter)을 의회에 보내, 자신들에게도 선거권을 달라고 하였다. 이 운동을 '차티스트 운동'이라고 한다. 이 운동 이름은 여섯 개 조항으로 된 헌장(Charter)에서 나온 것이었다. 6개 요구조항은 '21세 이상 남성의 보통선거권', '균등한 선거구 설정', '비밀투표', '매년 선거', '하원의원에 대한 세비 지급', '하원의원 재산자격제한 폐지' 등이다

세 차례에 걸친 서명 운동을 통해 인민헌장 제정을 요구하는 청원서를 의회에 제출했지만, 모두 거절당했다. 게다가 사상이 서로 다르고 지도자끼리 의견이 안 맞는데다가 정부에서 탄압을 하자, 차티스트 운동은 급격히 쇠퇴하였다.

1867년에는 도시 노동자들에게, 1884년에는 농촌과 광산 노동자에게 선거권이 주어졌다. 그러다가 1889년에는 남자 21세, 여자 30세에게 선거권을 주었다. 1928년에는 남녀 똑같이 21세부터 선거권을 주었으며, 1970년에는 18세로 선거권을 확대하였다.

노동자들에 의한 참정권 요구 운동이었던 차티스트 운동은 당시에는 실패하였지만, 유럽에서는 최초로 일어난 노동 정치 운동으로 세계 노동자 계급 역사에 중요한 영향을 주었다.

탐구하기 **차티스트 운동은 무엇을 얻기 위한 운동이었나요?**

해석 비유럽 지역 사람들이 산업혁명을 좋지 않게 평가하는 까닭은?

영국은 산업혁명 성공으로 나라가 부유해졌고, 국민들은 풍요로운 생활을 할 수 있었다. 특히 면직물이 대량 생산되면서 절정기를 맞았다. 하지만 이 풍요는 영국이 정당한 노력을 통해서 혼자 힘으로만 이룬 것들이 아니었다. 많은 식민지 사람들을 억압하고 착취하여 이루어진 것이었다. 특히 인도는 원면 수입 과정에서 착취가 더 심했다. 영국은 동인도 회사를 통해 인도에서 면직물을 사들였는데, 터무니없이 낮은 가격으로 사들인 다음 많은 이익을 챙겼다. 또 수공업자들을 때리고 감옥에 가두는 학대를 일삼았다. 심지어는 수공업자에게 큰 재산인 옷감 짜는 기계를 부숴버리거나, 직조공 손가락을 잘라 버리기도 했다.

직조공 손가락을 자르는 영국 관리

또 인도에서 만든 물건을 영국에 팔려면 높은 관세를 물어야 했지만, 영국 물건을 인도에 팔 때는 관세가 거의 없었다. 이것이 바로 영국이 인도 사람들을 착취하기 위하여 쓴 식민주의 정책이었다.

원래 인도는 면직물과 견직물을 수출하는 나라였다. 18세기까지는 중국에 이어 세계에서 두 번째로 큰 무역국이었지만, 영국이 펼친 식민정책 때문에 산업 전체가 무너지고 말았다. 결국 인도는 가난한 나라가 되어버렸다.

영국에서 면직 산업이 발달할 수 있었던 것은 식민주의와 노예제도 덕분이었던 것이다. 인도 외에도 식민지인 중남미나 미국에서, 흑인 노예들을 이용하여 목화농사를 지었기 때문에 발전할 수 있었다. 결국 유럽 이외 지역 사람들이 흘린 땀과 고통으로 유럽 사람들이 풍요해진 것이었다.

해석하기 비유럽 지역 사람들이 산업혁명을 좋지 않게 평가하는 까닭은 무엇일까요?

그 무렵 우리나라에서는 병인양요가 일어나다

1866년(병인년) 대원군은 천주교를 금지하는 금압령(禁壓令)을 내려, 프랑스 선교사 9명과 한국인 천주교도 8천여 명을 학살하였다. 이를 핑계로 프랑스군이 강화도로 쳐들어 와, 한 달 동안이나 강화도를 점령하였다. 정족산성에서 양헌수 부대에게 패하여 물러갔지만, 외규장각에 있던 '백운화상초록불조직지심체요절'을 비롯한 도서 345권을 가져갔고, 나머지 367책은 불태워 버렸다. 또 장녕전 등 모든 관아에 불을 지르고, 은ㆍ금괴와 무기, 보물 등을 약탈해 갔다.

역사토론

차티스트 운동이 실패한 까닭은 무엇일까?

토론 내용 차티스트 운동은 노동자들이 벌인 참정권 요구 운동으로, 노동자들이 자신들 권리를 보호하고 강화하기 위한 것이었다. 유럽 최초 사회주의 운동으로, 많은 사람들에게 지지를 받으며 급속도로 확산됐던 차티스트 운동이 실패한 까닭은 무엇일까?

토론 1 지도층 사이에 커다란 의견 차이가 있었다.

차티스트 운동을 이끈 지도층은 6개조로 된 인민헌장 이외에는 의견이 일치하지 않았다.

노동자계급 지도자는 빈민법 개정이나 8시간 노동제 같이 생활에 필요한 것을 요구했지만, 부르주아들은 정치 개혁을 더 중요하게 여겼다. 또 사회주의자인 오웬 추종자들은 협동 조합 국가를 세우려고 하였으나, 일부 조합 지도자들은 자본주의는 그대로 두고 노동자 환경만을 개선시키려고 하였다.

토론 2 자본가와 지배층이 정부와 연합하여 이들 단체를 없애려고 노력하였다.

영국 지배층들은 차티스트 운동이 일어나자 커다란 위협을 느꼈다. 이들은 프랑스 혁명으로 지배층이 무너지는 것을 본 경험이 생생하게 남아 있었기 때문에, 정부와 힘을 합쳐 차티스트 운동을 무너뜨리려고 하였다.

토론 3 지지 세력이었던 중산층들이 이들에게서 등을 돌리게 되었다.

프랑스 2월 혁명에서 노동자들이 일으킨 폭동사태를 보고 중산층들은 겁을 먹고 있었다. 차티스트 운동이 더 발전하면 영국에서도 폭동이 일어날 것이라고 생각했다. 그 결과 런던에서만도 25만이나 되는 중산층들이 자진해서 경찰관이 되어 노동자들과 맞섰다.

토론 4 가능하지 않은 요구를 하였다.

근로환경 개선과 같이 실현 가능한 것들을 요구해야 하는데, 정치개혁을 하려고 했기 때문에 지배층이나 자본가들이 받아들이려고 하지 않았다. 또 노동자들은 정치의식이 낮았고, 조직을 갖추고 운동을 벌이는 것에도 익숙하지 않았다.

토론하기 **차티스트 운동이 실패한 까닭은 무엇일까요? 자기 생각을 밝히고 그 까닭을 쓰세요.**

🌀 **다음 글을 읽고, 물음에 대한 생각을 써 보세요.**

➔ 강대국들 이익을 위해 희생당하는 약한 나라들에 대해 생각해 봅시다.

인도에서 아직도 계속되고 있는 비극

인도에 있는 비다르바에서는 면화 재배 농민들이 잇달아 자살하고 있다. 면화 수확철이 끝나고 몇 개월 사이에 벌써 470여 명이 목숨을 끊었다. 이 지역 농민 90퍼센트 이상이 농사를 짓는 돈 때문에 빚을 지고 있다.

그동안 이곳 농민들에게 면화는 큰 돈을 만질 수 있는 '하얀 황금'이었다. 그러나 인도 정부가 농업 시장을 개방하고 수입면화와 함께 미국산 종자가 들어오면서 고통은 시작됐다. 인도 정부가 세계무역기구(WTO)에 가입한 뒤, 값싼 미국산 면화가 쏟아져 들어오면서 인도 면화 값은 폭락하고 말았다. 농업 개방으로 미국 대기업이 판매한 하이브리드(변형종) 면화씨를 심게 되자, 수천 년 동안 이어오던 인도 종자는 사라져 버렸다.

그런데 하이브리드 씨앗을 심으면 벌레에 약해서 열매가 썩어 떨어져 버렸다. 농약을 엄청나게 뿌렸지만, 수확량은 계속 떨어지기만 했다.

그러자 한 미국 기업이 '유전자 조작 씨앗인 BT를 심으면 면화가 병에 걸리지 않고 농약도 적게 든다.'고 하였다. 씨앗 값이 4배나 비쌌지만, 농민들은 빚을 얻어서 그 씨를 심었다. 하지만 병은 더 심해졌고, 농민들은 더 많은 빚을 지게 되었다. 빚을 갚을 길이 없는 농민들은 절망에 빠졌다.

농업 개방 때문에 인도 농민들이 자살하는 것은 비다르바 만이 아니었다. 이웃 주에서만도 지난 10년 동안 4천명이 넘는 면화 재배 농민들이 자살했다. 커피 재배 농민들과 쌀 재배 농민들도 빚 때문에 자살하는 일이 많이 일어나고 있다. 인도는 75퍼센트가 농민이다.

생각 열기

'농업 개방'으로 강대국들이 농업기반이 약한 나라에 진출해 이익을 보고 있습니다. 그로 인해 멕시코나 인도 같은 나라에서는 농업이 몰락하고 농민들 삶이 송두리째 짓밟히는 일이 일어납니다. 법을 앞세워 가난한 나라에 진출하는 강대국에 대한 자기 생각을 쓰세요.

예문 1 과 예문 2 는 산업혁명을 바라보는 시각입니다. 예문 1 은 산업혁명을 유럽인 입장에서 긍정적인 시각으로 바라본 것이며, 예문 2 는 유럽 사람이 아닌 입장에서 바라본 것입니다. 두 예문을 읽고 산업 발전은 어떻게 진행되는 것이 바람직한지 자기 생각을 6단 논법 개요표에 써넣으세요.

예문 1

　산업혁명은 생산능력을 크게 높여서 삶을 풍요하게 만들었고, 자본주의 문명을 일으키게 해주었다. 산업혁명 덕분에 사람들은 더 빠르게 발전할 수 있었다. 이 산업혁명이 영국을 비롯한 서유럽에서 발전할 수 있었던 것은 발명가들이 과학기술을 발전시키고, 농업혁명과 많은 자본이 있었기 때문이었다. 또 좋은 제도를 만들어 경제를 잘 운영하였고, 사유 재산을 보호해주는 법이 잘 만들어졌기 때문이었다.
　그리고 생산을 늘리기 위하여 많은 사람들이 노력하였고, 자연을 개발하여 사람들을 편하게 살도록 하려는 생각도 자리 잡고 있었기 때문이었다.
　그러므로 사람들을 풍요롭고 행복하게 해 준 산업혁명은 정신과 문화에서 모두 좋은 조건을 갖추고 있었던 유럽에서 발전할 수 있었다.

예문 2

　산업혁명은 영국에서 시작되었지만, 영국 힘으로만 이룩한 것이 아니었다. 식민지 약탈과 노동착취를 통해서 이룬 것이었다. 그것은 산업혁명에서 중요한 산업인 면직 산업이 인도나 아메리카 대륙에서 발전해 가는 과정을 보면 잘 알 수 있다.
　또 당시 유럽이 아닌 나라들도 경제가 뒤쳐져 있지 않았다. 오히려 경제나 문화가 더 앞선 나라들도 많았다. 그 나라들은 자연을 개발하고 지배하는 것이 아니라 자연과 어우러져 평화롭게 살려고 했다. 또 유럽에서처럼 경제규모가 크더라도 노동력을 착취하거나, 비위생적 환경이나 인구문제 같은 것은 없었다.
　그러므로 산업혁명은 사람들을 행복하게 해 준 것도 아니었고, 좋은 영향만을 준 것도 아니었다. 영국을 비롯한 유럽 나라들이 정신과 문화가 뛰어나서 이룬 것도 결코 아니었다.

주제 : 올바른 산업 발전 방향

주제문 : _____

문제 제기(상황 제시) −내포(본질)와 외연(현상)	1. 산업혁명은 생산능력을 크게 높였다. 그래서 삶을 풍요롭게 만들어 주었다. 2. _____ 3. _____
원인 분석 −사회(외부/거시)적 원인 −개인(내부/미시)적 원인	1. 왜냐하면 생산량이 많아져서 사람들이 가난에서 벗어났기 때문이다. 2. 왜냐하면 3. 왜냐하면
대안 제시 −사회(외부/거시)적 대안 −개인(내부/미시)적 대안	1. 그러므로 산업을 더욱 발전시켜야 한다. 2. 그러므로 3. 그러므로
반대 −대안에 대한 반발이나 부작용	1. 그렇지만 산업만 발전시키려고 하다 보면 환경이 오염될 수 있다. 2. 그렇지만 3. 그렇지만
극복 −그 반발도 극복하면서 문제를 해소할 방법	1. 그렇다면 환경오염을 방지하는 시설도 같이 발전시키면 된다. 2. 그렇다면 3. 그렇다면
최종 결론 −전체 정리와 마무리	

원, 명, 청의 국경 비교

모스크바

콘스탄티노플

바그다드

원

청

명

이르쿠츠크

버

델리

청나라 영토를 확장한
강희제

군기처를 설치하여
황제권을 강화한 옹정제

12

청나라
강희제, 옹정제, 건륭제

중국 사상을 정리하여
《사고전서》를 펴낸
건륭제

역사 연대기

1642년 | 청교도혁명이 일어남.
1666년 | 뉴턴이 만유인력법칙을 발견함.
1789년 | 프랑스혁명이 일어남.
1806년 | 나폴레옹이 대륙봉쇄령을 선포함.

학습 목표

1. 청나라가 세워지고 발전하는 과정을 알 수 있다.
2. 강희제, 옹정제, 건륭제에 대해 알 수 있다.
3. 청나라 문화에 대해 알 수 있다.
4. 한족에 대한 지배 정책을 알 수 있다.
5. 명분과 실리에 대해 논술문을 쓸 수 있다.

심화 학습

도서 읽기 • 문화유적 따라 읽는 중국사
　　　　　(김재덕 지음/횐돌)

탐구 1 청나라가 세워지고 발전하다

만주 땅에서 명나라에게 지배를 받고 있던 여진족은 명나라가 힘이 약해지자, 17세기 초에 부족들을 통일하며 힘을 키웠다. 세력이 커진 여진족은 만주 땅에 나라를 세웠다. 옛날에 있었던 금나라를 다시 세운다는 뜻으로 나라이름을 후금으로 지었다.

1644년에 농민 반란군 이자성이 베이징으로 쳐들어와 명나라를 무너뜨렸다. 명나라가 혼란한 틈을 타 청나라는 명나라 장수 오삼계를 앞세워 이자성을 몰아내고 중국 땅을 차지하였다.

중국 땅을 지배하게 된 청나라는 명나라 통치제도를 그대로 유지했다. 이것은 몽골족이 원나라를 세웠을 때, 한족을 무시하고 억압해서 실패했던 일을 되풀이 하지 않기 위해서였다. 그래서 청왕조는 한족이 가진 우수한 문화와 전통을 존중하였다.

과거제도를 통해서 관리를 선발했으며, 관리를 뽑을 때 만주족과 한족을 같은 수로 임명하여 한족도 관직에 많이 등용시켰다. 또 토지제도를 개혁하여 땅을 가지지 못한 농민에게는 세금을 줄여 주었고, 토지를 가진 사람들에게는 세금을 많이 거두었다. 또 모든 세금을 은으로 내게 하는 '지정은제'를 실시하는 등 한족을 위한 정책도 많이 펼쳤다.

여진족 여직이라고도 한다. 명칭이 시대마다 달라졌는데, 춘추전국시대에는 숙신, 한나라 때는 읍루, 남북조 시대에는 물길, 수·당 시대에는 말갈, 송나라 때 여진으로, 청나라 때에는 만주족으로 불림. 당시 인구수는 한족의 1%에 불과하였다.
지정은제 인두세를 토지세에 포함시켜 토지 넓이를 기준으로 하여 은으로 납부한 청나라 때 세금 제도

그러나 만주족 문화를 한족에게 심기 위하여 앞이마를 정수리까지 깎고 뒷머리를 길게 길러서 하나로 딴 변발을 강요하였다. 변발을 하지 않으면 청나라에 반항한다고 여겨 처형하기도 하였다. 또 많은 학문을 장려하였지만, 청나라 왕조를 비판하는 학문은 탄압하였다.

청나라는 몽골고원을 정복하고, 동쪽으로 진출하려는 러시아를 막아내면서 중국 서북부 지역으로 세력을 넓혀 나갔다. 이때 넓힌 땅은 오늘날까지도 중국 영토로 되어 있다.

탐구하기   청 왕조는 한족을 잘 다스리기 위하여 어떤 회유책을 썼나요?

탐구 2 3대의 봄

세 군데 번을 지배하던 왕들인 오삼계, 상가희, 경계무는 청나라를 세우는 데 큰 힘이 되었다. 그러나 그들은 강력한 군대를 앞세워 난을 일으켰다. 이것을 '삼번의 난' 이라고 한다. 강희제는 이 난을 진압하고 나라를 안정시켰다.

그리고 남쪽에 있는 타이완 섬을 정벌하고, 시베리아 쪽으로 영토를 확장하려던 러시아와 네르친스크 조약을 맺었다. 이 조약으로 러시아와 청나라 사이에 국경선이 정해졌다. 청나라는 헤이룽 강 유역과 만주, 그리고 외몽골, 티베트 일부까지 차지하였다.

강희제

또 광둥을 포함한 네 개 항구를 개방하여, 외국 상인들이 차, 비단, 그리고 도자기를 수입해 가도록 하였다. 그러자 청나라로 들어오는 은이 많아졌다. 이때 새로운 교육과 예술도 많이 들어왔고, 크리스트교도 들어왔다.

강희제 넷째 아들인 옹정제는 황제를 중심으로 대신 몇 명이 나랏일을 결정하는 군기처를 설치하여 중앙으로 힘을 모았다. 그러자 황제를 중심으로 한 통치 체제가 완성되었다.

옹정제는 지방에서 올라오는 보고서를 직접 읽고 지시를 내렸으며, 관리를 파견하여 백성을 위한 정책이 지방에까지 펼쳐지도록 하였다. 티베트를 정복하고 국경지역에 사는 민족들을 끌어들이는 정책을 실시하였지만, 청 왕조에 대항하거나 변발을 하지 않는 사람은 심하게 탄압하였다.

옹정제

건륭제는 정치 · 경제 · 문화를 안정시켜 '강희 · 건륭 시대' 라고 불리는 청나라 최고 전성기를 이룩하였다. 한족 문화를 존중하면서도 만주족들이 무시당할 수 있는 것들은 모두 불태워 버렸다.

학문을 장려하여 중국 사상을 집대성한 《사고전서》 등을 편찬하였다. 이런 방대한 편찬사업 덕분에 고증학이 발달하였다.

이렇게 세 황제는 130여 년 동안 청나라를 다스리면서 발전시켰다.

건륭제

탐구하기 '강희 · 건륭 시대' 라고 불리는 이유는 무엇일까요?

탐구 3 청나라 사회와 문화

청나라 때에는 농업, 상업, 수공업이 발전하였다. 1년에 두 번 농사를 짓는 이모작이 전국에 퍼졌고, 담배, 옥수수, 면화, 차가 재배되었다. 바닷길을 통해 차와 도자기가 유럽에 대량으로 수출되었다. 은을 화폐로 사용하였기 때문에 교역은 더욱 활발해질 수 있었다.

또 자본을 가진 사람이 기술자를 고용하여 물건을 많이 만들어 냈고, 대외 무역이 활발해지면서 생산량도 늘어났다. 이렇게 농업과 수공업이 발전하자, 시장이 커지면서 상업도 발달하였다.

평화로운 시대가 이어지자, 인구도 늘어났다. 늘어난 인구는 땅을 더 많이 개간하고 상공업을 더욱 발전시키는 좋은 노동력이 되었다.

지방에서는 신사가 중심이 되어 다스렸다. 신사는 유교 사상과 학식을 갖춘 이들로 관직 뿐만 아니라 농업·상업·수공업 등 경제활동에도 직접 참여하였다. 이들은 명분보다 실리를 중요하게 여겼기 때문에 사회가 빠르게 발전하였다.

명나라 말기부터 발전하기 시작한 고증학은 청나라 때 더욱 발전하였다. 명분을 중요하게 여기는 성리학 같은 학문들은 한족이 뛰어나다는 것을 드러내는 것이므로, 사실과 증거를 중요하게 여기는 고증학을 더욱 발전시킨 것이었다.

명나라 말기부터 중국에 들어오기 시작한 선교사들이 총포술, 천문학, 크리스트교를 전해주면서 고증학은 더욱 발전하였다. 서양에서 들어온 과학문물이 실용과학을 더욱 발전시킨 것이었다.

상업과 수공업이 발달하면서 도시가 성장하고, 서민문화가 발전하게 되자, 백성들 의식수준도 높아졌다. 중국 전통 연극인 경극이 발달하였는데, 노래, 대사, 동작으로 구성되는 경극은 백성들에게 인기가 아주 좋았다.

탐구하기 고증학이 발달하게 된 까닭은 무엇인가요?

_____

_____

_____

_____

해석 1%로 중국을 지배한 만주족

중국을 지배한 청나라는 원나라 몽골족이 한족을 제대로 지배하지 못해서 멸망했던 것을 되풀이하지 않기 위하여 한족을 무조건 억압하지 않았다.

원나라는 한족들을 천대하고 억눌렀지만, 청나라는 한족을 달래기 위해서 한족도 과거를 볼 수 있게 하고 관리로도 많이 등용하였다. 또 민심을 얻기 위해 조세 부담을 줄여 주기도 하였다. 지배층인 신사들을 자기편으로 끌어들이기 위해 유교를 장려하고, 백성들에게도 퍼트려서 계급과 사회질서를 받아들이고 서로 화합할 수 있도록 하였다.

그러나 청나라와 만주족에 반대하는 한족은 강하게 탄압하였다. 청나라에 반대하는 사상이나 책은 만들 수 없었고, 정치 모임도 만들 수 없었다. 어떤 글이나 책이라도 만주족을 비방하는 구절이 들어 있으면 탄압하고 처벌하였다. 이것을 '문자의 옥'이라고 부르는데, 옹정제 때가 가장 가혹하였다.

만주족 전통 옷을 입고, 변발을 하도록 강요하여 자신들이 중국을 지배하고 있다는 것을 알리고, 만주족 문화를 한족에게 심으려고 하였다. 또 한족들에게 무기도 가질 수 없도록 하였다.

한족에 비해 인구가 1퍼센트 밖에 안 되는 만주족이 250여 년 동안이나 문화와 학문을 발전시키면서 중국을 지배할 수 있었던 것은 강희제, 옹정제, 건륭제라는 세 황제가 있었기 때문이다. 세 황제가 한족을 잘 다스리기 위해서 '당근과 채찍'을 함께 사용하였기 때문에 청나라는 더욱 안정되고 발전할 수 있었다.

해석하기 청 왕조가 한족에게 '당근과 채찍'을 사용한 까닭은 무엇일까요?

그 무렵 우리나라에서는 실학이 생겨나다

실학은 17세기 이후에 사화와 당쟁, 그리고 임진왜란과 병자호란을 겪으며 백성들 생활이 어려워지자 도덕적 수양만을 강조하는 성리학을 버리고 경제적 부흥을 통해 나라를 부강하게 해야 한다는 사상이 생겨나게 되었다. 이러한 사상이 바로 실학인데, 실학은 제도를 개혁하여 백성들을 구제하고 새로운 시대를 세울 것을 주장하였다. 이수광이 지은 ≪지봉유설≫, 유형원이 쓴 ≪반계수록≫ 등에서 시작된 실학은 이익, 안정복, 박세당, 홍대용을 거쳐 박지원, 정약용, 이덕무, 박제가에 이르러 전성기를 누렸다.

역사토론

청나라 때 중국이 발전한 까닭은 만주족이 한족과 잘 화합했기 때문일까?

토론 내용 중국을 통치한 나라들을 살펴보면 한족이 세운 진, 한, 남조, 수, 당, 송, 명나라이고, 이민족이 쳐들어와서 세운 나라는 북위, 요, 금, 원, 청나라이다. 한족은 이민족을 만리장성 밖으로 몰아내려 애썼고, 이민족들은 우수한 문화를 가진 한족을 지배하려고 했다. 이민족이 중국을 통치한 것이 중국을 더 많이 발전시킨 원인일까?

토론 1 화합했기 때문이다.

만주족인 청나라 왕조는 한족을 무조건 힘으로만 누르지 않았다. 한족을 관리로도 많이 임명하였다. 능력 있는 한족을 멀리 했다면 강희, 옹정, 건륭제와 같은 문화 융성기는 없었을 것이다.

토론 2 아니다. 화합하지 못 했다.

만주족이 문화, 예술, 정치가 발전한 한족을 다스리는 데는 한계가 있었다. 그래서 할 수 없이 한족을 끌어들였다. 한족이 계속 다스렸다면 더 발전 했을 것이다.

토론 3 그래도 화합했기 때문이다.

강희제, 옹정제, 건륭제처럼 능력이 뛰어난 황제들이 나라를 잘 다스렸다. 만주족이 가진 기상으로 영토를 넓혔고 한족이 가진 문화와 학문을 인정하여 꾸준히 학문이 발전하였다. 한족이 가진 우수한 문화와 질서를 존중하는 넓은 아량도 있었다. 그리고 전쟁이 없어서 정치, 사회, 문화가 꾸준히 발전하고 안정될 수 있었다.

토론 4 아무리 그래도 아니다.

청나라는 명나라 때 경제, 문화, 정치 제도를 그대로 유지하였다. 1퍼센트 밖에 안 되는 만주족이 우수한 문화를 가진 한족을 지배할 수 없었기 때문이었다. 결국 만주족은 언어와 문자를 잃고 지금은 중국 소수민족이 되고 말았다. 그것을 보면 만주족 때문에 청나라가 발전한 것은 아니다.

토론하기 청나라 때 중국이 발전한 것은 만주족이 한족과 잘 화합했기 때문일까요? 자기 생각을 쓰고 그 까닭을 쓰세요.

🌀 **다음 글을 읽고, 물음에 대한 생각을 써 보세요.**

➡ 중국에는 56개 소수민족들이 자치구 안에서 정부로부터 보호를 받으며 살고 있습니다. 이들이 자기 고유의 민족성을 잘 유지하며 살고 있는지 생각해 봅시다.

차별은 없다? 중국 정책에 맞출 때만……

중국은 56개 민족이 어울려 사는 다민족 국가이다. 청나라 때 서쪽으로 국경을 넓히면서 많은 소수민족들이 복속되었기 때문에 소수민족 수가 많게 된 것이다. 인구 구성은 92퍼센트가 한족이고, 나머지 8퍼센트는 55개 소수 민족으로 이루어져있다. 그러나 소수민족이 8퍼센트 밖에 안 된다고 해도 그 수를 모두 합하면 1억이 넘는데 이것은 우리나라 남한 인구 두 배가 넘는 숫자이며, 이들이 가지고 있는 신분증에는 자기 민족 이름이 표시되어 있다.

인구가 가장 많은 소수민족은 1,600만 명이 넘는 쫭족으로 타이 계통이다. 광시성, 윈난성, 광둥성 등에서 살고 있으며, 광시성은 쫭족 자치구이다. 두 번째로 많은 인구를 가진 소수민족은 청나라를 세웠던 만주족으로 1,068만 명이다. 이들은 자기들 고유 문자와 언어를 가지고 있었지만, 지금은 한족에 동화되어 언어와 문자를 잃어버렸다. 또 후이족, 마오족, 위구르족, 이족, 몽골족, 쫭족, 조선족들이 있는데, 이들은 아랍계, 중앙아시아계, 러시아계, 타이계 등 여러 갈래로 나뉜다.

소수민족들이 살고 있는 자치구 면적은 전체 중국 면적에서 거의 절반을 차지하고 있으므로 중국 정부는 소수민족을 소홀하게 대할 수가 없다. 소수민족과 한족이 잘 어울려 살 수 있도록 소수민족 자치구에 한족을 이주시키기도 하였다. 또 소수민족들에게는 대학입시 때 가산점을 주기도 하고, 자녀를 두 명까지 낳는 것을 허용하고 있다.

그러나 중국 정부는 소수민족들이 분리 독립을 요구하면 가차 없이 탄압한다. 특히 티베트인들인 쫭족은 중국으로부터 분리 독립하려는 의지가 가장 높은데, 중국 정부는 철저하게 독립운동을 탄압하고 있다.

생각 열기

중국에는 56개 소수민족들이 모여 살고 있습니다. 정부 보호 아래에 살고 있는 소수민족들 중에서 만주족은 한족에 동화되면서 그들의 언어와 문자가 소멸되었습니다. 많은 소수민족들은 한족에 동화되어 자기네 말을 잃고 살아가게 될 것입니다. 중국 정부가 소수민족에게 행하고 있는 정책에 대해 어떻게 생각하나요? 자기 생각을 쓰세요.

논술 한 단계

❋ 예문1 은 실리 정책, 예문2 는 명분과 실리에 대한 예입니다. 체면과 입장을 중요하게 생각하는 명분과, 상황에 맞는 실리를 추구하는 것 가운데 어떤 것이 더 사람을 행복하게 하는지 6단 논법 개요표에 써넣으세요.

예문 1

만주족이 세운 청나라가 한족 지식인들을 자기편으로 만들기 위하여 책을 펴내는 사업을 벌였는데, 전국에서 책들을 모아 정리하면서 청나라를 반대하는 책들은 전부 없애버렸다.

강희제 때에는 《강희자전》, 《대청회전》, 《패문운부》, 《역대제화시류》, 《고금도서집성》 같은 책들을 만들었다.

옹정제 때에는 사상 탄압이 심했지만, 책을 펴내는 사업은 더욱 많이 진행되었다. 또 건륭제 때에는 중국의 여러 가지 사상을 정리한 경전, 역사서, 문집 사상서를 모은 《사고전서》를 10만 여권이나 펴냈다. 그러나 만주족을 비판하거나 한족이 더 뛰어나다는 것을 조금이라도 주장하는 사람은 죽음을 당하였다.

만주족인 청나라가 이렇게 많은 책을 펴 낼 수 있었던 것은 나라 안 모든 책을 살펴볼 수 있었고, 한족 지식인들을 책을 펴내는 데 많이 참여시켜서 한족들이 가진 학문에 대한 욕구를 채워 줄 수 있었기 때문이다.

이렇게 청나라는 한족을 감시하면서 책들을 펴내는 실리 정책을 폈다.

예문 2

2008년 2학기, 10여 년 만에 전국 학생들이 같은 날, 같은 시간, 같은 내용으로 학력 평가 시험을 보았다. 그 전에는 3~5퍼센트 정도 학생들만 표본으로 삼아 시험을 치르던 기초학력진단평가와 학업성취도 평가가 있었지만, 일제고사는 전체 학생이 한꺼번에 시험을 보는 것이다.

일제고사는 지역과 계층 사이에 교육 격차를 극복하기 위한 실태 조사가 필요하고, 학생 개개인 학력에 맞는 지도를 하기 위한 방법을 찾는다는 명분을 내세우고 있다.

그러나 일제고사 성적이 공개되면 학교사이에 성적 차이가 점수로 나오게 되므로 성적이 낮은 학교는 차별을 받게 될 수 있다. 또 학생들은 일제고사 공부를 해야 하기 때문에 부담이 클 수밖에 없다. 학력 향상을 위한다는 명분으로 학생들을 더 심한 경쟁으로 몰게 된다.

일제고사를 시행하면서 나라는 학부모 선택권을 존중하고 학생들 학력을 높인다는 명분을 내세웠지만, 공부만으로 학교별 학생별 순서를 매기려는 일제고사는 좋은 교육 방법이 아니다.

주제 : 명분과 실리

주제문 :

문제 제기(상황 제시) −내포(본질)와 외연(현상)	1. 경제 형편을 고려하지 않은 소비를 한다. 그래서 파산할 수도 있다. 2. 3.
원인 분석 −사회(외부/거시)적 원인 −개인(내부/미시)적 원인	1. 왜냐하면 수입보다 더 많은 지출을 하기 때문이다. 2. 왜냐하면 3. 왜냐하면
대안 제시 −사회(외부/거시)적 대안 −개인(내부/미시)적 대안	1. 그러므로 가계부를 쓰거나 지출 내역을 적어서 지출을 점검한다. 2. 그러므로 3. 그러므로
반대 −대안에 대한 반발이나 부작용	1. 그렇지만 남들 눈에 자기가 소심해 보일 수 있다. 2. 그렇지만 3. 그렇지만
극복 −그 반발도 극복하면서 문제를 해소할 방법	1. 그렇다면 지출에 대한 계획을 세워서 불필요한 지출을 줄인다. 2. 그렇다면 3. 그렇다면
최종 결론 −전체 정리와 마무리	

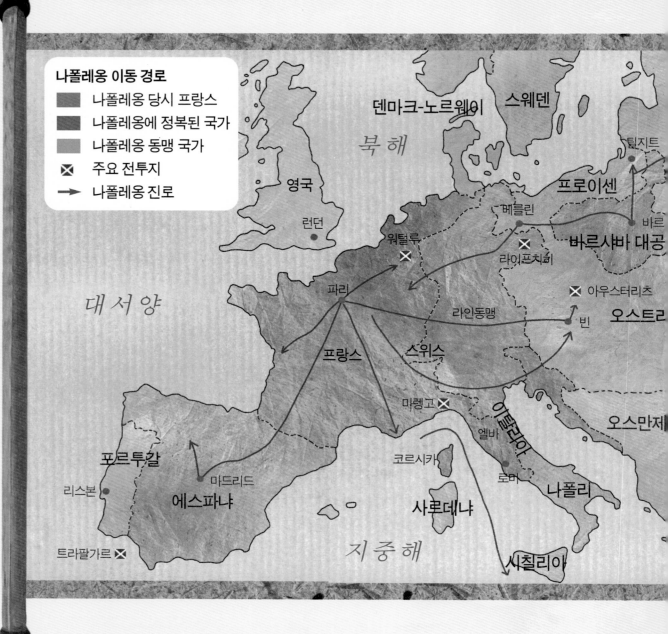

13

프랑스혁명과 나폴레옹 시대

역사 연대기

1776년 | 미국이 독립을 선언함.
1789년 | 미국 초대 대통령 워싱턴이 취임함.
1796년 | 청나라에서 백련교도의 난이 일어남.
1804년 | 나폴레옹 법전이 공포됨.

학습 목표

1. 프랑스혁명이 일어난 배경에 대해서 알 수 있다.
2. 프랑스혁명이 전개된 과정을 알 수 있다.
3. 나폴레옹 시대에 대해서 알 수 있다.
4. 단두대가 만들어진 까닭에 대해서 알 수 있다.
5. 나폴레옹이 몰락한 까닭에 대해서 알 수 있다.
6. 언론이 가져야 할 태도에 대한 논술문을 쓸 수 있다.

심화 학습

도서 읽기 • 불끈불끈 나폴레옹
　　　　　　(믹 고위 지음/김영사)
　　　　　• 벳시와 황제, 세인트헬레나 섬의 나폴레
　　　　　　옹과 한 영국 소녀 이야기
　　　　　　(스테이턴 래빈 지음/오즈북스)

탐구 1 프랑스혁명(1789 ~ 1794년)이 일어나다

혁명 이전 프랑스 사회
– 농민 위에 올라탄 성직자와 귀족

18세기 프랑스는 봉건제 신분이 여전히 남아 있었다. 프랑스 전체 인구 가운데 2% 정도밖에 안 되는 제1신분인 성직자와 제2신분인 귀족들은 많은 토지를 소유하면서도, 세금을 내지 않고 높은 관직을 독차지하였다. 나머지 98%는 제3신분인 평민이었는데, 이들은 무거운 세금을 내야 했다.

제3신분에는 부유한 부르주아부터 가난한 농민까지 다양한 사람이 있었다. 경제 발전 덕분에 많은 돈을 번 부르주아는 경제 능력이 있지만 신분이 낮아서 정치에 참여할 수 없기 때문에 불만이 많았다. 그때 계몽사상이 전해지면서 불평등한 사회 제도를 없애야 한다는 의식이 퍼지기 시작하였다.

프랑스 재정은 사치스러운 생활과 미국 독립 전쟁에 많은 돈을 썼던 루이 14세 때부터 휘청거리기 시작하더니 루이 16세에 이르자 파산 직전에 이르게 되었다. 그러자 루이 16세는 악화된 재정을 메우기 위해 세금을 더 거두기로 하였다. 그래서 1612년부터는 한 번도 소집하지 않았던 삼부회를 1789년에 다시 소집하였다.

삼부회는 성직자, 귀족, 평민 대표로 구성된 프랑스 의회였다. 소집된 삼부회는 표결을 어떻게 할 것인가를 두고 의견이 나뉘었다. 성직자와 귀족은 대표자 숫자와 관계없이 신분별로 투표하자고 했고 평민 대표는 반대하였다. 성직자와 귀족이 힘을 합치면 또다시 평민 계급만 세금을 내야 하기 때문이었다. 결국 회의가 진행되지 못하자, 평민 계급은 자신들이 진정한 국민대표라며 국민의회를 구성하였다. 그리고 새로운 헌법을 만들기 전까지 해산하지 않겠다고 서약했다.

루이 16세가 국민의회를 해산시키기 위해 군대를 동원한다는 소문이 퍼지자, 파리 시민들은 분노하였다. 민병대를 조직한 시민들은 무기 판매점과 무기창고를 습격해 총과 대포를 확보하고 난 뒤, 7월 14일에는 화약이 있다는 바스티유 감옥을 습격하였다. 혁명이 시작된 것이다.

시민이 파리를 장악했다는 소식이 퍼져나가면서 혁명은 전국으로 퍼졌다. 국민의회는 봉건제도 폐지를 선언하고 혁명 이념인 인권 선언을 발표하였다. 인간은 자유롭고 평등한 권리를 가지고 태어났다는 내용이었다.

탐구하기 삼부회가 소집된 까닭은 무엇인가요?

탐구 2 프랑스혁명 과정

'왕이 곧 국가' 라고 생각했던 루이 16세는 국민의회 선언을 인정하지 않고 혁명을 피해 오스트리아로 도망가려다가 발각되었다. 그러자 왕에 대한 불신이 더욱 커져, 1791년 10월 국민의회는 입헌 군주제를 주요 내용으로 하는 새로운 헌법을 만들고, 입법의회를 구성하였다. 프랑스에서는 신분제가 사라지고 모든 국민이 평등한 존재가 된 것이다. 또한 국민이 선거를 통해 뽑은 사람들이 나라를 다스리게 되었다. 하지만, 모든 국민이 선거권을 가진 것은 아니었다. 성인 남자 중에서도 일정 금액 이상 세금을 내는 사람에게만 선거권이 있었다.

프랑스혁명 이후 신분 변화
― 귀족 위에 올라탄 농민

오스트리아와 프로이센은 프랑스혁명이 자기 나라에 영향을 끼칠까봐 두려웠다. 그래서 유럽 각국이 연합하여 대프랑스 동맹을 만들고 혁명을 진압하려고 프랑스로 쳐들어갔다. 초기에는 프랑스가 졌지만, 전국에서 몰려온 국민들이 의용군이 되어 싸우자 승리를 거두었다.

국민공회 입법의회에 이어 1792년부터 1795년까지 프랑스를 통치한 의회

1792년, 입법의회는 왕권까지 정지시키기 위한 헌법을 만들기 위해 국민공회를 소집하였다. 국민공회는 루이 16세 처형을 결정하는 과정에서 지롱드가 이끄는 온건파는 살려주자고 했고, 강경파인 자코뱅은 죽이자고 했다. 투표결과 자코뱅이 승리하면서 루이 16세는 처형되었고, 프랑스는 왕이 없는 공화국이 되었다. 프랑스 공화국은 자유, 평등, 박애를 국가 이념으로 삼았다.

정권을 잡은 자코뱅파인 로베스 피에르는 공안 위원회를 중심으로 혁명 정부를 세웠다. 그는 귀족들이 누렸던 특권을 모두 폐지하고, 토지를 빼앗아 농민들에게 나눠주었다. 민중들은 이런 정책을 지지하였으나, 토지를 얻은 것에 만족하여 혁명이 더 이상 진행되는 것을 원하지 않았다. 그러나 그는 혼란을 수습한다면서 조금이라도 혁명에 반대하는 사람은 모조리 단두대로 처형하는 공포 정치를 펼쳤다. 왕비 마리 앙투아네트를 비롯하여 많은 사람들이 단두대에서 처형되었다. 계속된 공포 정치 때문에 민심이 등을 돌리자 권력을 잡은 반대파는 로베스 피에르를 단두대에서 처형하였다.

1795년, 온건한 공화파가 중심이 된 국민공회는 새로운 헌법을 제정하고, 총재 다섯 명이 정책을 결정하는 총재정부를 세웠다.

탐구하기 혁명의회가 변천되는 과정을 쓰세요.

| 국민의회 | ▶ | | ▶ | | ▶ | 총재정부 |

탐구 3 나폴레옹 등장과 몰락

다른 나라들과 끊임없이 전쟁을 하느라 프랑스 사람들은 생활이 힘들고, 사회는 혼란스러웠다. 혁명을 했지만 별로 나아진 것이 없다고 생각한 그들은 무능한 정부 대신 강력한 지도자가 나타나 혼란스러운 사회를 안정시켜 주기를 바랐다. 이때, 프랑스를 침략한 외국군대를 물리치는 전쟁 영웅 나폴레옹이 등장하였다.

1799년 나폴레옹은 쿠데타를 일으켜 정권을 잡고, 중앙 집권을 강화했다. 국가 재정을 안정시키기 위해 프랑스 은행을 설립했고, 나폴레옹 법전을 만들어 법 앞에 모든 국민이 평등하고 개인이 재산을 가지는 것을 인정해 주었다. 농민이 혁명 때 얻은 토지를 법으로 보장하는 정책을 통해 인기를 모은 나폴레옹은 국민투표에 의해 황제가 되었다.

황제가 된 나폴레옹은 많은 나라와 전쟁을 벌여 그때마다 승리했다. 유럽 대부분을 차지한 나폴레옹은 마지막 남은 영국을 누르기 위해 여러 번 공격했다. 하지만 트라팔가르 해전에서 넬슨 제독이 이끄는 영국 함대에 크게 패하자, 군사공격은 포기하고 영국과 다른 국가들이 무역을 못하도록 1806년에 대륙봉쇄령을 발표했다.

그러나 대륙봉쇄령은 영국보다 다른 국가들에게 더 많은 피해를 입혔다. 그 가운데서도 러시아는 아직 산업이 발달하지 않아서 영국에 농산물을 수출해야 했는데, 영국과 무역을 못하자 경제가 더 어려워졌다. 그래서 러시아는 대륙봉쇄령을 무시하고 영국과 다시 무역을 시작하였다. 나폴레옹은 대륙 봉쇄령을 어긴 러시아로 60만 대군을 이끌고 쳐들어 갔으나 참패하였다.

이 소식이 전해지자, 유럽 여러 나라들이 동맹을 맺고 프랑스군과 맞섰다. 승리한 동맹군은 나폴레옹을 엘바 섬으로 유배시켰다. 다음 해 섬을 탈출한 나폴레옹이 다시 권력을 잡았으나, 워털루 전투에서 영국 군대에 패배하여 100일 천하로 끝나고 말았다. 그 뒤 나폴레옹은 대서양 외딴 섬인 세인트헬레나로 유배되어 그곳에서 죽었다.

나폴레옹 시대는 막을 내렸지만, 나폴레옹이 유럽 여러 나라를 정복하면서 자연스럽게 퍼진 프랑스 혁명 이념인 자유주의 사상은 많은 나라에 영향을 미쳤다. 그들은 나폴레옹을 물리치려고 맞서면서 민족의식도 갖게 되었다. 이러한 자유주의와 민족주의는 19세기 유럽 역사를 발전시키는 데 중요한 영향을 주었다.

> ### 탐구하기 나폴레옹이 대륙봉쇄령을 발표한 까닭은 무엇인가요?

해석 단두대는 인도적인 처형 방법이었다

단두대

프랑스혁명 당시 루이 16세와 왕비인 마리 앙투아네트를 비롯해 2만 여 명이 단두대에서 목숨을 잃었다. 그래서 지금까지 단두대는 가장 잔혹한 처형방법이라고 평가를 받으며 공포정치를 상징하였다.

그러나 본래 단두대는 사형수를 배려하기 위해서 만든 인도적인 처형방법이었다. 프랑스 혁명 이전에 목을 베는 참수형은 칼이나 도끼같은 도구가 사용되었다. 그러나 단번에 목이 잘리지 않아 아주 고통스럽게 죽는 경우가 많았다. 그래서 고통스런 순간을 짧게 하기 위해 사형수들은 돈을 주면서까지 칼날을 날카롭게 해 달라는 부탁을 할 정도였다.

의사이면서 국민의회 의원인 조제프 기요탱은 잔인한 사형을 중지할 것을 건의하였다. 사형수들 고통을 줄이기 위해서 단두대를 도입하는 게 훨씬 인간적인 처형방법이라고 주장하였다.

그 주장에 따라 나무 기둥 두 개를 나란히 세우고 그 사이에 도끼를 달고, 그 밑에 사형수를 엎드리게 한 뒤 끈을 잡아당기면 날카로운 도끼가 떨어지며 목을 자르는 단두대를 표준 사형집행 도구로 정하였다. 처음으로 광장에 세워진 단두대를 보기 위하여 많은 구경꾼들이 모였다. 그러나 순식간에 사형수 목이 떨어지는 것을 보고, 사람들은 죄를 지은 사람에게는 너무 과분한 처형 방법이라고 불평을 하였다.

해석하기 단두대에서 처형하는 것이 정말 인간적인 처형 방법일까요?

_____

_____

그 무렵 우리나라에서는 신유박해가 일어나다

정조가 죽고 나이 어린 순조가 왕위에 오르자 정순왕후가 수렴청정을 하였다. 정순왕후는 노론벽파 쪽 사람인만큼 정치적 반대세력인 남인 시파를 몰아내려고 그들이 믿는 천주교를 대대적으로 탄압하였다.

이 박해로 이승훈, 이가환, 정약종 등 천주교도 약 1백여 명이 처형되고, 약 4백여 명이 유배되었다. 이 사건을 신유년에 일어난 천주교 박해라 하여 신유박해라고 한다.

역사토론

나폴레옹이 몰락한 가장 큰 까닭은 무엇일까?

토론 내용 "내 사전에 불가능이란 단어는 없다."는 말처럼 나폴레옹은 프랑스 식민지 출신 군인에서 프랑스 황제까지 올랐다. 프랑스 혁명 이후 불안정한 사회와 내분을 수습하여 프랑스를 부흥시키고 유럽 대륙을 지배하던 나폴레옹이 몰락한 까닭은 무엇일까?

토론 1 개인 욕심이 커졌기 때문이다.

나폴레옹은 황제가 된 후, 유럽을 모두 정복하려는 욕심에 끊임없이 전쟁을 일으켰다. 처음에는 다른 나라들도 프랑스군을 자유와 평등을 퍼트리는 혁명군이라고 생각해서 환영했다. 하지만 시간이 지나자 프랑스군은 점점 포악한 점령군으로 변해서 반대하는 사람들을 학살하고 탄압했다. 또 정복한 지역에 나폴레옹 형제, 자매들을 새 왕으로 임명하였다. 그러자 정복한 지역 민심이 점점 나폴레옹에게서 멀어져 버렸다.

토론 2 대프랑스 동맹 때문이다.

대프랑스 동맹은 유럽 각국이 군사동맹을 맺어 프랑스를 견제하기 위해 만들어졌다. 오스트리아를 비롯한 주변 나라들이 체결한 동맹군은 끊임없이 나폴레옹 군대를 공격하였고, 결국 나폴레옹을 엘바 섬으로 유배시켰다.

토론 3 러시아 원정에 실패했기 때문이다.

나폴레옹은 대륙봉쇄령을 어긴 러시아를 응징하기 위해 60만 대군을 이끌고 쳐들어갔다. 그러나 추위와 식량 부족으로 퇴각하여 프랑스로 살아 돌아온 나폴레옹 군대는 1만 명도 채 못 될 정도로 참패하였다. 그러자 유럽 여러 나라는 나폴레옹에 맞서기 시작하였다.

토론 4 민족의식이 싹텄기 때문이다.

나폴레옹이 유럽을 원정하면서 자연스럽게 퍼진 프랑스 혁명 이념인 자유주의 사상이 민족주의로 발전하였다. 자유를 위해 투쟁해야 한다는 민족의식이 싹트자, 나폴레옹에게 정복당하고 있던 유럽 각국은 민족 해방을 위해 저항하기 시작하였다.

> **토론하기** 나폴레옹이 몰락한 가장 큰 까닭은 무엇일까요? 자기 생각을 쓰고 그 까닭을 쓰세요.

🌀 **다음 글을 읽고, 물음에 대한 생각을 써 보세요.**

➜ 나폴레옹이 시작한 북 크로싱 운동에 대해 생각해 봅시다.

독서광 나폴레옹이 시작한 북 크로싱(Book Crossing) 운동

2001년, 미국 사람인 론 혼베이커는 책장에서 먼지가 쌓여가는 책을 꺼내 이웃들과 함께 읽자는 북 크로싱 운동을 시작했다. 좋은 책을 다른 사람들과 함께 돌려보자는 문화운동이었다.

이 운동은 남녀노소 누구나 편하게 참가할 수 있는데, 자신이 돌려 읽고 싶은 책에 북 크로싱 취지를 적어 놓는다. 이 책을 눈에 잘 띄는 지하철이나 공원 벤치 같은 공공장소에 그냥 남겨 두면 책을 발견한 사람이 읽은 다음 다시 같은 방식으로 다른 사람이 읽을 수 있도록 놓아두면 된다. 이런 방법으로 계속 책을 돌려 보는 것이다. 그러면 책은 주인을 바꿔가며 새 생명을 사는 것이다. 서재에 갇힌 책에 날개를 달아주는 이 운동은 곧 세계로 퍼져 나갔다.

이런 북 크로싱 운동을 처음으로 한 사람이 나폴레옹이라고 한다. 전쟁터에서도 책을 손에서 놓는 법이 없을 정도로 독서광이었던 나폴레옹은 말 위에서 책을 읽은 다음에는, 그 책을 말 뒤로 던져버리는 버릇이 있었다고 한다. 누군가가 버려진 책을 주워 읽고 자신이 받은 감명을 받았으면 하는 마음에서 그랬다는 것이다.

하지만 북 크로싱 운동이 모두에게 환영받고 있는 것은 아니다. 출판계에서는 북 크로싱이 책 가치와 책 판매를 떨어뜨리는 원인이 되고 있다고 주장한다. 일부 작가들 역시 출판계를 어렵게 만들 수 있는 운동이라고 이에 동조하고 있다.

생각 열기

북 크로싱 운동은 서재에서 잠자고 있는 책을 여러 사람이 나눠볼 수 있다는 의미에서 바람직하지만 출판업계 입장에서는 책 판매를 떨어뜨릴지도 모르기 때문에 환영하지 않습니다. 북 크로싱 운동을 하면 정말로 책 판매가 줄어들까요?

💠 다음 글은 사실을 있는 그대로 공정하게 보도해야 하는 언론이 권력에 아부하는 기회주의 모습을 보여주는 사례입니다. 다음 글을 보고 언론이 어떤 태도를 가져야 하는지 6단 논법 개요표에 써넣으세요.

엘바 섬에 유배되었던 나폴레옹이 1815년 탈출했을 때 일이다.

그 당시 프랑스 신문인 '모니퇴르(Moniteur)' 지 기사 제목들은 나폴레옹이 탈출해서 차츰차츰 파리로 진격해 오는 동안 그 경로를 지날 때마다, 아래와 같이 점점 변했다.

〈1815년 3월 9일자〉
"악마 나폴레옹, 엘바 섬을 탈출하다"

〈1815년 3월 10일자〉
"코르시카 출신 늑대, 깐느 주앙만에 상륙"

〈1815년 3월 12일자〉
"괴수, 알프스를 넘어 그르노블에 진출"

〈1815년 3월 15일자〉
"독재자, 리용에 진입"

〈1815년 3월 20일자〉
"보나파르트 나폴레옹, 내일 파리 성벽에 도착할 것이다."

〈1815년 3월 21일자〉
"황제 나폴레옹은 퐁텐블로에 도착하시다."

〈1815년 3월 22일자〉
"황제 폐하께옵서 지난밤에 틸르리 궁전에 행차하시다."

〈1815년 3월 23일자〉
"위대한 나폴레옹, 마침내 황제에 등극하시다. 황제 폐하 만만세"

불과 20여일 사이에 나폴레옹은 악마 → 늑대 → 괴수 → 독재자 → 보나파르트 나폴레옹 → 황제폐하로 호칭이 급속도로 바뀌었다.

주제 : 언론이 가져야 할 태도

주제문 :

문제 제기(상황 제시) −내포(본질)와 외연(현상)	1. 2. 3.
원인 분석 −사회(외부/거시)적 원인 −개인(내부/미시)적 원인	1. 왜냐하면 2. 왜냐하면 3. 왜냐하면
대안 제시 −사회(외부/거시)적 대안 −개인(내부/미시)적 대안	1. 그러므로 2. 그러므로 3. 그러므로
반대 −대안에 대한 반발이나 부작용	1. 그렇지만 2. 그렇지만 3. 그렇지만
극복 −그 반발도 극복하면서 문제를 해소할 방법	1. 그렇다면 2. 그렇다면 3. 그렇다면
최종 결론 −전체 정리와 마무리	

14

19세기 과학 발전

역사 연대기

1840년 | 영국과 청나라 사이에 아편전쟁이 일어남.
1862년 | 링컨이 노예 해방을 선언함.
1868년 | 일본에서 메이지 유신이 일어남.
1896년 | 근대 올림픽이 처음으로 아테네에서 열림.
1901년 | 노벨상이 만들어짐.

학습 목표

1. 다윈과 ≪종의 기원≫에 대해 알 수 있다.
2. 진화론이 준 영향에 대해 알 수 있다.
3. 19세기 과학 발전에 대해 알 수 있다.
4. 진화론과 창조론이 대립하는 것에 대해 알 수 있다.
5. 남들과 다르게 생각하는 법에 관한 논술문을 쓸 수 있다.

심화 학습

도서 읽기 • 진화론과 다윈
(레베카 스테포프 지음/바다출판사)

• 파스퇴르와 세균 대소동
(이은희, 강호 지음/살림)

• 마리 퀴리―세상을 바꾼 위대한 과학자
(닉 헬리 지음/산하)

탐구 1 다윈과 ≪종의 기원≫

　1809년, 영국 의사 집안에서 태어난 찰스 다윈은 의학을 공부하다가 신학으로 진로를 바꾸었다. 신학을 공부하면서 만난 식물학자와 지질학자에게 동식물과 지구 역사를 배우면서 과학에 새로이 눈을 뜨게 되었다. 1831년부터 5년 동안 영국 군함 비글호를 타고 태평양, 대서양 섬과 남아메리카, 갈라파고스 군도 등 전 세계를 항해하면서 동식물 표본을 찾아내고 화석을 조사하였다. 갈라파고스 섬에서 본 다르게 생긴 핀치새 부리 모양이나 따개비, 타조 등을 조사하면서 다윈은 생물 종이 변화하는 것을 연구하기 시작했다.

　경제학자 맬서스가 주장한 '인구론'은 다윈이 진화에 대한 이론을 정리하는 데 큰 영향을 주었다. 인구는 식량이 늘어나는 것보다 훨씬 빠르고, 많이 늘어나므로 식량을 서로 차지하기 위해 싸움이 치열해지고, 그 경쟁 속에서 더 빠르고 강하고 똑똑한 종들이 살아남게 된다는 것이 인구론이다. 여기에서 실마리를 얻은 다윈은 생물이 환경에 맞추어 법칙에 따라 진화를 한다고 주장한 책, ≪종의 기원≫을 연구를 시작한지 20년이 넘은 1859년에 발표하였다.

> 진화 생물이 환경과 생물 스스로 변화하여 간단한 구조에서 복잡한 구조로, 낮은 단계에서 높은 단계로 발전하는 것
> 적자생존 환경에 가장 잘 적응하는 생물이 살아남는다는 뜻

　이전에도 라마르크나 다윈 할아버지인 에라스무스 다윈 같이 진화를 주장하는 학자들이 있었다. 라마르크는 동물은 자신이 살고 있는 곳에 맞도록 스스로 발전한다고 주장하였다. 키 작은 기린이 오랫동안 높은 나무 잎을 따먹으려 목을 내밀다가 점점 목이 길어져서 지금처럼 목이 긴 기린이 되었다는 것이다. 즉 자주 쓰는 곳은 발달하고 그러지 않는 부분은 사라지거나 기능이 없어진다는 '용불용설(用不用說)'이었다. 그러나 다윈은 환경에 잘 적응한 생물은 살아남아서 자손을 낳고 적응하지 못하는 나머지는 멸종한다는 '자연선택설(적자생존)'을 주장하였다.

　다윈이 ≪종의 기원≫을 발표할 당시에 많은 사람들은 창조론을 믿고 있었다. 창조론은 신이 생물을 만들었고, 모든 것은 신이 처음 만든 그대로 있다는 것이었다. 진화론은 사람들 사이에서 엄청난 논쟁을 불러일으켰다. 다윈을 반대하는 사람들은 종교인들뿐만이 아니라 과학자들도 많았다. 진화론을 증명할 수 있는 증거가 많이 부족했기 때문이었다. 그러나 진화를 증명하는 화석 등이 발견되고 다윈이 죽은 뒤에도 진화론을 증명할 수 있는 이론들이 발표되면서 사람들은 점점 진화론을 믿고 인정하기 시작했다.

> 탐구하기 　진화론이 그것을 반대하는 여러 사람들한테 비판받았던 까닭은 무엇일까요?

탐구 2 사회다원주의

진화론은 다른 학문과 사회에도 영향을 주기 시작했다. 19세기 후반부터 다윈 이론을 인간 사회에도 적용하려는 움직임이 일어났다. 가장 대표적인 이론이 사회진화론인데 사회다원주의라고도 한다.

다윈은 책에서 '변이'나 '자연선택'이라는 용어는 썼지만 진화라는 말을 쓴 적이 없었고, 진화나 적자생존이라는 말을 처음 쓴 사람은 허버트 스펜서였다. 그는 다윈을 지지하는 학자였는데 사회진화라는 말을 처음 사용하면서 사회가 발전하기 위해서는 경제에서 경쟁이 많이 일어나야 한다고 주장하였다.

성공하여 돈을 많이 번 사람들은 사회에 잘 적응하는 사람들이고, 가난한 사람들은 그렇지 못한 사람들이므로 가난한 사람들이 많아지면 사회는 스스로 자연선택을 하여 그들을 없애거나 줄어들게 한다는 것이다. 그래서 자연선택에 맞게 살기 위해서는 가난한 사람들을 도와주어서는 안 된다고 하였다. 또 적자생존이라는 말은 '잘 적응한 생물이 살아남는다'는 뜻이므로 성공한 사람들은 사회에 적합하고 잘 적응한 사람들이라고 주장하기도 했다.

이 이론은 더 나아가 1869년 골턴이 주장한 우생학까지 이어졌다. 그는 농부들이 튼튼하고 좋은 동물 종을 기르듯이 사람도 뛰어난 사람들만 자손을 가져야 한다고 생각했다. 그래서 가난한 사람들 또는 장애를 갖고 있는 사람들은 강제로 아이를 갖지 못하도록 해야 한다고 주장했다.

이 우생학은 나중에 나치즘이 내세운 주장을 뒷받침해주는 이론이 되기도 했다. 이들은 아리아 인종이 다른 종족보다 우수하다며 유대인 같은 다른 종족을 무참하게 죽였다.

사회적 다원주의자들이 모두 그런 것은 아니었지만, 그 이론은 우수한 백인이나 남자가 열등한 흑인이나 아시아인, 여자들을 다스리는 것이 당연하다고 주장한 인종주의자들이나 제국주의자, 남녀차별주의자들에게도 영향을 주었다.

> **탐구하기** 진화론이 민족 차별, 인종 차별 같은 이론을 주장하는 데 쓰이게 된 까닭은 무엇일까요?

그 무렵 우리나라에서는 **흥선대원군이 쇄국정책을 실시하다**

세도정치와 민란으로 나라가 혼란스럽던 가운데 1863년 고종이 왕에 오르면서 아버지 이하응은 흥선대원군이 되어 정권을 잡았다. 흥선대원군은 쇄국정책을 실시해 서양 문물이 들어오는 것을 막았다. 왕권을 강화하고 어지러운 정치를 바로잡기 위해 많은 개혁을 하였지만, 쇄국정책 때문에 조선은 앞선 문물을 받아들이지 못하고 아무 준비도 없이 강제로 개방을 해야만 했다. 대원군이 물러난 뒤 일본은 운요호 사건을 일으켜 1876년 강화도조약을 맺었고 그 뒤로 조선은 다른 나라로부터 간섭과 침탈을 당하기 시작했다.

탐구 3 과학 발전과 발견·발명 시대

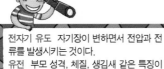

전자기 유도 자기장이 변하면서 전압과 전류를 발생시키는 것이다.
유전 부모 성격, 체질, 생김새 같은 특징이 자손에게 전해지는 현상

1831년, 패러데이는 전자기 유도 현상을 발견하였다. 이것은 기계 동작으로 전기가 발생할 수 있다는 것을 밝힌 것이다. 지금도 발전기를 이용해서 전기를 만들어 내는 것은 패러데이가 발견한 것에 밑바탕을 둔 것이다.

1857년에 프랑스 파스퇴르는 병을 일으키는 미생물을 발견하였다. 그는 음식물이 공기 중에 있는 균과 만나서 썩는다는 것을 증명하였다. 음식물이 스스로 썩는다는 생각을 바꾼 것이다. 또 해로운 세균만 낮은 온도에서 없애는 '저온살균법' 으로 포도주 산업을 살리고 음식물을 보관하는 기술을 발전시켰다. 또 광견병을 예방하고 치료하는 백신도 만들어 냈다.

1880년대에 독일 학자 코흐는 결핵균과 콜레라균을 발견하고, 세균으로 전염병이 옮겨진다는 것을 증명하면서 세균에 대한 학문을 크게 발전시켰다.

1865년에 멘델은 부모가 가진 모습이나 특징이 자식에게 어떤 법칙을 가지고 전해진다는 '유전 법칙' 을 발표했다. 오스트리아 신부였던 멘델은 수도원에서 완두로 8년을 넘게 연구하여 여러 유전 법칙을 발견하고 이것을 발표하였으나, 당시 진화론에 밀려 큰 관심을 끌지 못했다. 1900년이 되어서야 다른 과학자들이 실험으로 유전 법칙을 다시 증명해내면서 생물학이 발전하는 바탕이 되었다.

1876년, 벨은 자석을 이용해 전화기를 발명했고, 1879년에 에디슨은 백열등을 만들어내 특허를 내었고 촬영기, 축음기 등 2천개가 넘는 물건들을 발명했다.

독일 교수 뢴트겐은 1899년에 엑스선을 우연히 발견했다. 그는 나무와 섬유 등은 통과하나 금속은 통과하지 못하는 광선을 발견했는데, 잘 알 수 없는 선이라고 해서 엑스선이라고 불렀다. 엑스선은 처음에는 병원에서 사용되었는데 이 때문에 총알 같은 것이 박혀있거나 병균이 있는 것도 찾을 수 있게 되었다. 엑스선 연구는 물리학, 화학 등 과학 발전에 큰 영향을 주었다.

파스퇴르 멘델

뢴트겐 코흐

1898년, 마리 퀴리는 남편 피에르 퀴리와 함께 방사능 폴로늄과 라듐을 발견하였다. 폴로늄과 라듐은 퀴리부부가 지은 이름인데 폴로늄은 마리 퀴리가 태어난 나라인 폴란드 이름을 딴 것이다. 방사능을 연구하면서 핵에너지 연구가 가능해졌고 암 치료 등에 방사능이 이용될 수 있었다.

탐구하기 **파스퇴르가 발견한 '저온살균법'은 당시에 어떤 영향을 주었을까요?**

해석 진화론과 창조론 대립

코페르니쿠스가 16세기에 과학혁명을 일으켰다면 다윈은 19세기와 20세기에 세계를 바꾸었다. 다윈이 발표한 진화론은 과학 세계뿐만 아니라 사회에도 커다란 혁명이었다.

다윈이 증거를 가지고 진화를 주장했음에도 사람들은 왜 쉽게 받아들이지 못하고 두려워했을까? 사람들은 성경에 하느님이 사람과 동물, 식물을 직접 만들었다고 되어 있기 때문에 생물은 신이 만든 모습 그대로이며 변하지 않는다고 믿어왔다. 그러나 진화론은 성경을 부정하는 것이 되고 또 이것은 교회가 가지고 있는 힘을 위협하고 사회 질서를 혼란스럽게 만드는 것처럼 보였다. 무엇보다 크리스트교에 대해 사람들이 가지고 있던 믿음을 흔드는 이론이기 때문이었다.

오래 전에도 진화를 주장했던 사람들은 있었다. 그러나 이들은 사람들에게 크게 비난받았고 받아들여지지 않았다. 다윈은 이것을 알고 있었기에 오랫동안 증거자료를 꼼꼼히 준비하였다. 그런데도 연구한 지 20년이 넘은 뒤에야 이것을 사람들 앞에 발표할 수 있었다. 다윈도 진화론이 당시 사회와 사람들에게 어떤 충격을 줄지 알고 있었기 때문이었다.

책이 발표된 뒤 1860년 열린 회의에서 주교와 진화론 학자가 원숭이 조상에 대해 얘기하며 맞서자 이것을 듣고 있던 어떤 부인이 기절하는 일도 있었다고 한다. 그만큼 사람들은 혼란스러웠으며 다윈을 열렬히 지지하거나, 강하게 비웃으며 비난했다.

1860년대에 이르러서 대부분 과학자들이 진화론을 받아들이게 되었다. 다윈을 따르는 학자들과 학생들이 많아졌으며 크리스트교인들도 서서히 진화론을 받아들이기 시작하였다. 그들은 '하느님이 모든 것을 만드셨으며 또 스스로 진화할 수도 있게 하셨다.' 며 창조론과 진화론을 조화시켜 믿기 시작했다. 그러나 가톨릭은 100년이 넘게도 진화론을 가설로만 받아들였고, 1996년이 되어서야 교황 요한 바오로 2세가 진화론을 공식 인정하였다.

그러나 진화론을 반대하는 운동은 오랫동안 계속되고 있다. 1920년 무렵 미국 테네시 주에서는 진화론은 과학 사실이 아니며 성경에 반대된다고 학교에서 이것을 가르치지 못하게 했다. 교사 존 스콥스가 법을 어기고 진화론을 가르치자 고발당해 '원숭이 재판' 이라는 재판을 받았다. 1960~1970년대에는 창조론자들은 '창조과학' 이라는 말을 쓰면서 학교에서 가르쳐야 한다고 주장하기 시작하였다. 1987년 미국대법원이 창조과학은 종교이며 과학이 아니므로 학교에서 가르칠 수 없다고 판결하긴 했지만, 창조론과 진화론은 아직도 계속 충돌하고 있다.

해석하기 창조론과 진화론이 주장하는 것 가운데 가장 크게 다른 점은 무엇인가요?

역사토론

창조론은 교과목에 들어가야 할까?

토론내용 진화론과 창조론은 끝없이 대립하고 있다. 창조론은 종교적인 관점에서 진화론은 과학 증거를 통해서 대립한다. 미국 어느 주에서는 법으로 진화론을 가르치는 것을 금지하였고 이를 어겼던 존 스콥스 교사는 법정에서 벌금형을 받기도 했다. 학교에서 진화론을 배우고 창조론은 가르치지 않는 것에 대해 생각해 보자.

토론 1 창조론은 과학으로 증명할 수 없기 때문에 교과목이 될 수 없다.

우리는 지금 천동설을 배우지 않는다. 과학으로 봤을 때 틀렸기 때문이다. 창조론도 증명되지 않았기 때문에 그것은 과학이 아니다. 과학으로 증명되어야만 모든 사람들이 인정하는 것이고, 그래야만 교과목이 될 수 있다. 교과목은 종교에서 자유로워야 한다.

토론 2 많은 사람들이 창조론을 지지하고 있다. 알아야 하기 때문에 배워야 한다.

창조론이 과학이 아니라고 해도 창조론을 믿는 사람은 많다. 그렇기 때문에 알아야 한다. 종교로 배우면 되는 것이다.

토론 3 종교를 내세워서 과학 증거가 없는 가설을 배울 필요는 없다.

창조론을 주장하는 종교를 믿지 않는 사람들도 많다. 특정한 종교에서만 주장하고 있는 가설을 학생들이 배우는 교과목에 넣을 수는 없는 것이다. 창조론은 그것을 믿는 종교에서 교리로 가르치면 되는 것이다.

토론 4 아직도 논쟁을 하고 있는 두 이론을 다 교과목에서 배워서는 안 된다.

두 이론은 아직도 논쟁중이다. 창조론을 교과에서 배울 수 없다면 그것과 아직 논쟁중인 진화론도 교과에서 빼야 한다. 진화론은 과학이기에 학생들에게 가르쳐야 한다는 것은 한 가지 입장으로만 생각하는 것이다.

토론하기 창조론은 교과목에 들어가야 할까요? 자기 생각을 쓰고 그 까닭을 쓰세요.

⚙ **다음 글을 읽고, 물음에 대한 생각을 써 보세요.**

➜ 자기가 발명하거나 발견한 것을 모든 사람들에게 혜택이 돌아가도록 했던 과학자들과 특허를 이용해 이익을 남기려는 욕심 때문에 약을 사지 못해 죽어가는 가난한 사람들에 대해 생각해 봅니다.

특허권

특허는 무언가를 발명하거나 물질이나 현상을 발견하는 것에 대해서 권리를 주어 남이 그것을 함부로 사용하지 못하게 보호하고, 그것을 사용하기 위해서는 대가를 내게 하는 제도이다.

엑스선을 발견한 뢴트겐은 많은 명예를 얻었지만, 엑스선에 대해 특허를 내는 것은 거절하였다. 라듐과 폴로늄을 발견한 퀴리 부부 또한 이것은 지구에서 얻은 것이라며 특허를 내지 않고 라듐을 분리해 내는 기술을 그대로 공개하였다. 파스퇴르는 자신이 개발한 '저온살균법'에 대한 특허를 내지 않아 다른 사람들이 이 방법을 이용하도록 했다.

소아마비를 예방하는 약을 만든 미국 솔크 박사는 태양을 특허로 신청할 수 없는 것처럼 약을 특허로 할 수는 없다며 약을 만드는 방법을 무료로 공개하였다. 많은 과학자들이 자신이 발견해 내거나 만들어 낸 것을 특허로 신청하면 많은 돈을 벌 수 있었으나, 그것을 포기하고 인류 모두에게 그 이익을 돌렸다.

그러나 그렇지 않은 일도 많다. 다른 발명은 그렇다 하더라도 약에 대한 특허는 생명에 관련된 것이기 때문에 문제가 될 수 있다. 매년 300만 명이 에이즈로 죽는데 전체 에이즈 감염자 반을 차지하는 아프리카 사람들은 에이즈 치료약을 살 수가 없다. 그들이 사기에는 약이 너무 비싸기 때문이다.

말라리아나 결핵에 걸린 가난한 사람들도 약을 사지 못해 죽는다. 특허 덕분에 제약회사는 큰 이익을 남길 수 있지만, 돈이 없는 사람들은 특허 때문에 있는 약을 써보지도 못하고 죽을 수도 있다.

생각 열기 **자기가 발명하거나 발견해 낸 것을 다른 사람들에게서 지켜내는 권리인 특허권을 지키는 것과 이것을 다른 이들에게 베푸는 것에 대해 자기 생각을 쓰세요.**

논술 한 단계

그전에는 없었던 새로운 생각을 해냈을 때 다른 사람에게 비웃음이나 비난을 받는 경우가 있습니다. 예문 1 과 예문 2 를 참고로 하여 내가 내세운 주장이나 의견이 다른 사람에게 비웃음이나 비난을 받았을 때 취할 수 있는 올바른 태도를 6단 논법 개요표에 써 넣으세요.

예문 1

　지동설, 진화론, 상대성 이론 등이 처음 나왔을 때는 많은 비난을 받았다. 갈릴레이는 종교재판에서 무릎을 꿇고 지동설이 잘못되었다고 맹세해야 했으며, 다윈도 진화론을 발표한 뒤에 엄청난 놀림을 받아야 했다. 다윈은 진화론을 밝혀내었지만 20년이 지나서야 발표하였으며, 논쟁이 벌어지는 곳이나 회의에 가지 않았다. 아인슈타인도 마찬가지였다. 아인슈타인이 발표한 상대성 이론도 그 당시에는 많은 과학자들이 이해하지 못했다.

　이렇듯 과학역사에 혁명을 일으킨 여러 이론들은 다양한 증거가 발견되고 증명되면서 이제는 당연하게 받아들여지게 되었다.

예문 2

　사람들은 공룡이 왜 사라졌는지를 알지 못했다. 과학자들은 빙하 때문에 멸종했다는 설, 화산폭발 때문에 멸종했다는 설, 공룡 알이 다른 짐승들에게 먹혀서 멸종했다는 설, 운석이나 소행성이 충돌하여 공룡이 멸종했다는 설 등을 발표했다. 그러나 이런 생각들은 다른 사람들에게 비웃음을 사기도 했다.

　하지만 시간이 지나면서 공룡이 사라지던 때 지각변동과 화산폭발이 있었다는 사실이 밝혀지기 시작했다. 과학자들은 지각변동과 화산폭발이 왜 일어났는지를 밝히면서 소행성 같은 별이 지구에 부딪혔다는 증거를 찾아냈다. 공룡이 멸종했던 때 땅에서 이리듐이라는 물질이 많이 나왔는데, 이것은 소행성에 많이 있는 물질이었다. 또 소행성이 지구와 부딪치면서 생긴 큰 구덩이들도 발견되었다. 소행성이 지구와 부딪히면서 지진과 화산폭발이 일어나자 먼지가 하늘을 덮어 햇빛을 막았다. 지구 온도가 낮아지자 추위를 견디지 못한 공룡이 멸종하였다. 이런 생각은 여러 증거 등을 통해 많은 과학자들에게 받아들여졌고, 지금은 널리 알려진 이론이 되었다.

주제 : 내 의견 펼치기

주제문 :

문제 제기(상황 제시) −내포(본질)와 외연(현상)	1. 2. 3.
원인 분석 −사회(외부/거시)적 원인 −개인(내부/미시)적 원인	1. 왜냐하면 2. 왜냐하면 3. 왜냐하면
대안 제시 −사회(외부/거시)적 대안 −개인(내부/미시)적 대안	1. 그러므로 2. 그러므로 3. 그러므로
반대 −대안에 대한 반발이나 부작용	1. 그렇지만 2. 그렇지만 3. 그렇지만
극복 −그 반발도 극복하면서 문제를 해소할 방법	1. 그렇다면 2. 그렇다면 3. 그렇다면
최종 결론 −전체 정리와 마무리	

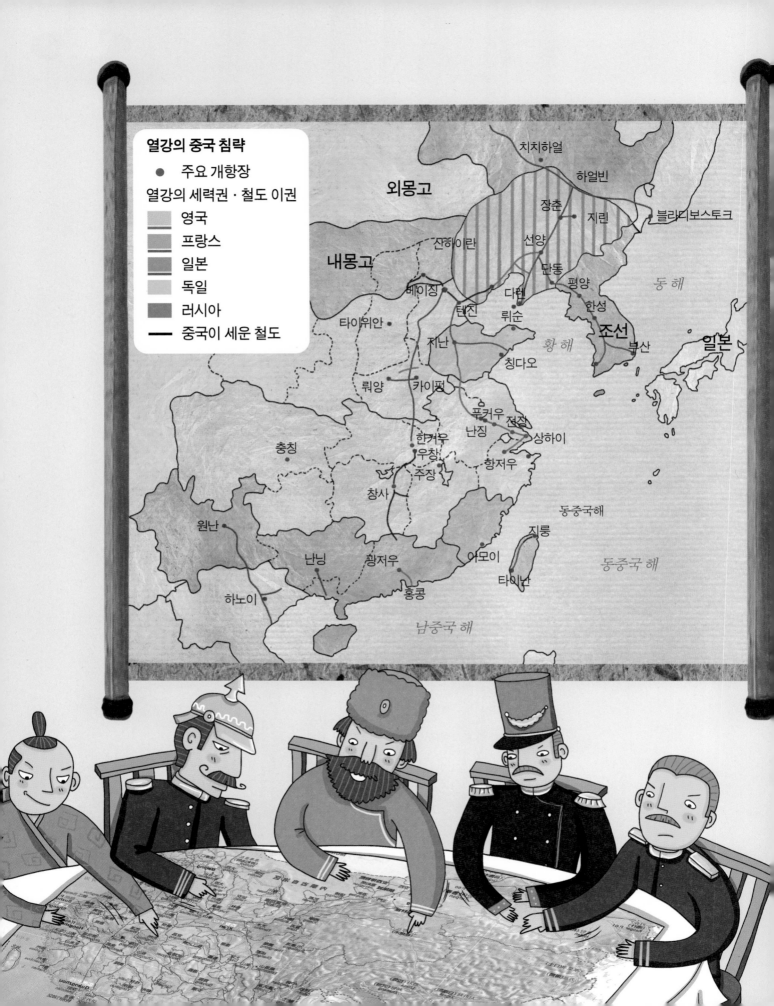

15

아편전쟁과 중국 근대화 운동

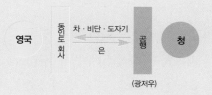

초기 무역 (17~18세기)

영국 — 동인도회사 — 차·비단·도자기 / 은 — 공행 (광저우) — 청

삼각 무역 (19세기)

인도 — 면포 / 은 — 영국 — 아편 / 은 — 청 — 차·비단·도자기 / 은

역사 연대기

1846년 | 김대건 신부가 처형됨.

1864년 | 링컨이 노예 해방을 선언함.

1897년 | 조선이 국호를 대한제국으로 고침.

1914년 | 제1차 세계대전이 일어남.

1919년 | 3·1 만세 운동이 일어남.

학습 목표

1. 청이 쇠퇴하는 과정과 아편전쟁이 일어난 원인을 알 수 있다.
2. 중국에서 일어난 근대화 운동에 대해 알 수 있다.
3. 영국이 중국에 아편을 수출한 의도를 알 수 있다.
4. 중국이 근대화 운동에 실패한 이유를 알 수 있다.
5. 중독에 대해 논술문을 쓸 수 있다.

심화 학습

도서 읽기 • 어린이 외교관 중국에 가다

(김용수 지음/뜨인돌 어린이)

영국과 청의 무역

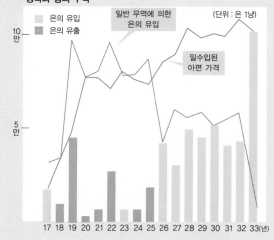

탐구1 청이 쇠퇴하고 서양 열강이 침략하다

건륭제 말기에 들어서자 청나라는 점점 부패해 가고 있었다. 팔기군은 군사훈련을 하지 않고, 군량을 마음대로 써 버리는 등 군대 역할을 제대로 하지 못하는 지경에 이르렀다. 관리들은 수단과 방법을 가리지 않고 자기 재산만 늘리려고 하였고, 백성들을 돌보는 일은 거들떠보지도 않았다. 그러자 물가가 치솟고, 세금을 낼 수 없는 농민들은 고향을 떠나 거지가 되어 떠돌았다.

1796년에는 백련교 교주인 유지협을 체포한다는 구실로 백성들을 협박하고 멋대로 죽이자, '백련교의 난'이 일어났다. 청나라는 신사층에게 무장하는 것을 허락해 주어서 겨우 반란을 진압하였다. 이 난으로 청나라는 국가 재정이 바닥나서 큰 어려움에 빠지게 되었다.

청나라는 공행을 통해서만 외국과 무역을 하였는데, 차, 도자기, 비단을 영국에 수출하였다. 영국은 동인도 회사를 통해 면직물을 수출하였다. 그런데 영국 상인들이 거래하던 중국 남부는 기후가 따뜻해 면직물이 거의 팔리지 않았으나, 중국 차는 영국에서 수요가 점점 늘어났다. 중국 무역에서 점점 손해가 커진 영국은 아편을 몰래 수출하기 시작했다.

> 공행 청나라 때에 광저우에서 외국 무역을 독점하던 특허 상인 조합

아편은 양귀비 액으로 만든 마약인데, 담배처럼 피우면 정신이 몽롱해지고 고통을 잊게 하였다. 하지만 중독되고 나면 아편 없이는 살 수가 없었다.

아편이 중국에 들어온 지 40년이 채 안 되어서 마약 중독자는 2백 만 명을 넘어섰다. 아편에 한번 중독되면 끊을 수 없기 때문에 죽을 때까지 피워야 했다. 정신이 몽롱해진 사람들은 경제활동을 할 수 없게 되었고, 가진 것을 다 팔아서라도 아편을 사야 했다. 고위관리부터 일반백성들에게 이르기까지 아편에 중독된 사람들이 넘쳐났다.

차와 비단으로 영국에서 들어왔던 은이 다시 아편 값으로 영국으로 흘러들어갔다. 아편 수입이 늘어날수록 청나라 화폐로 쓰이는 은이 부족해졌고, 은값이 치솟자 다른 물가들도 덩달아 오르면서 사회는 혼란에 빠졌다.

청나라 도광제는 임칙서를 특별 관리로 파견하여 아편 거래를 막게 하였다. 임칙서는 1839년, 개항장인 광저우에 들어가 영국 상인들에게서 아편을 빼앗아 불태워버렸다.

탐구하기 청나라가 쇠퇴하게 된 까닭은 무엇인가요?

탐구 2 아편전쟁 패배와 태평천국운동

1840년, 중국 관리가 아편을 태운 것에 항의하여 영국이 쳐들어왔다. 이것이 1차 아편전쟁이다 (1840~1842년). 부패한 청나라는 우수한 무기를 앞세운 영국 함대에게 상대가 되지 않았다. 패한 청나라는 '난징조약'을 맺어서, 홍콩을 영국에게 내주고 5개 항구에서 자유무역을 허락하고, 몰수된 아편 값도 물어주기로 했다.

그러나 청나라는 난징조약을 제대로 지키지 않았고, 영국은 <mark>애로호사건</mark>(2차 아편전쟁)을 빌미로 영·프연합군이 베이징을 점령하여 '톈진조약'을 체결하게 되었다. 이 조약으로 10개 항구를 추가로 개항했으며, 외국인이 중국 내륙을 여행할 수 있고, 크리스트교를 선교할 수 있게 하였다.

또 베이징 조약으로 외교관이 베이징에 들어왔고, 영국에게는 구룡반도를, 러시아에게는 연해주를 넘겨주었다. 힘이 밀린 청나라는 불평등한 조약을 여러 번 맺어야 했다. 이 조약들로 값싼 외국 공산품이 들어오자 중국은 산업이 몰락하였고 서구 제국주의 나라들에게 값싼 원료를 공급하고 비싼 상품을 소비하는 시장이 되고 말았다.

> **애로호사건** 청의 관리가 영국 국기를 게양한 애로호에 들어가서 중국인 범죄용의자를 체포할 때, 영국이 자기나라 국기를 모독했다는 빌미로 청나라에 쳐들어온 사건.
> **향용** 18세기 말 백련교도의 난, 19세기 태평천국의 난 이후에 무력해진 정규군을 보충하기 위해 신사층이 만든 군대(지방 의용군)

세계 중심이라고 떵떵거리던 청나라는 권위가 땅에 떨어졌고, 백성들은 분노했다. 거기에다 외국에게 물어주기로 한 배상금을 농민에게 세금으로 걷어서 해결하려고 했다. 관리들도 농민들을 착취하려고만 들었다. 살기가 더 어려워진 농민들은 청나라를 몰아내고 모든 사람이 평등한 사회를 건설하자는 태평천국운동을 일으켰다. 태평천국군은 남녀가 평등하고 여자를 옭아매던 전족과 신분제를 폐지하자고 주장하였다. 하지만 태평천국군은 토지를 공평하게 나누는 것을 반대하는 한족 지주들에게 공격을 받았다.

태평천국군은 초기에 청나라와 관리, 그리고 지주와 고리대금에 반대하여 민중들에게서 지지를 받았지만, 지방 유력자인 지주를 받아들여 실망한 민중들이 이탈하고 내부 분열로 도망치는 사람이 늘어났다. 결국 <mark>향용</mark>을 앞세운 한족 의용군과 외국 군대인 상승군에게 공격을 받고 진압되었다.

태평천국은 국가가 되지는 못하였지만, 농민이 중심이 되어 신분제를 무너뜨리고, 부패한 나라와 경제 침략을 해오는 외국에 맞서 일어난 반봉건·반제국주의 민족·민중 운동이었다.

탐구하기 청 왕조가 서구 열강들과 불평등 조약을 맺자 농민이 중심이 되어 태평천국을 세웠습니다. 태평천국운동이 가진 의의는 무엇인가요?

탐구 3 중국 근대화 운동

아편전쟁과 태평천국운동을 겪으면서 어려움을 겪은 청나라는 서양에서 기술을 들여와 강한 나라를 만들려고 하였다. 이것을 양무운동이라고 한다. 이 양무운동(1862~1895년)은 청나라가 앞장 선 근대화 운동이었다. 외국에 유학생을 보내고, 외국어 학교와 서구식 무기 제조 공장을 세웠다. 그러나 청나라 정치 체제는 그대로 두고 서양 기술과 문화만을 받아들이려는 운동은 성공하기 어려웠다. 결국 청·일 전쟁에서도 청나라가 패하자, 양무운동은 실패하고 말았다.

청나라가 일본에게 패배하자, 제국주의 열강들은 점점 더 심하게 청나라를 침략해 들어왔다. 그러자 캉유웨이와 량치차오 같은 젊은 지식인들은 청나라 제도를 서구식으로 개혁하자며 성공한 일본 근대화를 모방한 변법자강운동을 벌였다(1898년). 변법은 제도 변화를 말하는데, 정치를 일본과 영국처럼 입헌군주제로 바꾸고, 과거제를 폐지하여 신교육을 실시하자고 하였다. 하지만, 서태후 같은 보수 세력이 옛날 체제를 그대로 유지하려고 탄압하자 실패로 끝나고 말았다.

서구에서 들어온 값싼 공산품들로 중국 수공업이 무너지고, 크리스트교와 전통 사상이 충돌하자, 외국을 배척하는 감정이 점점 높아졌다. 그래서 서양을 몰아내자는 의화단운동이 일어났다(1899~1901년). 그러나 열강들이 의화단과 대결하면서 러시아, 일본이 주축이 된 8개국 연합군에게 베이징을 점령당했다. 의화단 운동은 실패하였고, 외국 군대가 베이징에 주둔하게 되는 신축조약을 체결하였다.

중국을 근대화로 이끌려던 양무운동에서부터 변법자강운동, 의화단운동이 실패하자, 청나라 왕조에 대한 불신은 더더욱 높아졌다. 그러자 쑨원을 중심으로 유학생, 화교, 지식인들이 의견을 모아 '중국 혁명 동맹회'를 만들었다. 이들은 민족, 민권, 민생이라는 삼민주의를 내세우고는 쑨원을 총재로 받들고, 나라 이름을 중화민국으로 정하였다.

1911년, 재정난에 빠진 청나라가 철도 국유화를 빌미로 외국차관을 들이려 하자, 우창에서 무장봉기를 일으켰다. 이것이 신해혁명이다. 1912년에 혁명세력은 쑨원을 임시 대총통으로 세우고, 난징에서 중화민국을 세운 뒤 청나라를 멸망시켰다.

탐구하기 중국에서 일어난 근대화 운동을 시대 순서대로 쓰세요.

	▶		▶		▶		▶	

해석 '신사의 나라' 영국이 '비신사적인 나라' 로

17세기 전후에 서구 열강과 청나라는 필요한 물건을 서로 사고팔거나 문화를 전하는 순수한 관계였다. 19세기에 서구 열강들이 바닷길을 개척하고 산업혁명이 일어나자, 유럽 열강들은 동아시아 나라들을 식민지로 만들기 위해 서로 경쟁하였다. 영국도 공장에서 만들어 내는 물건이 많아지면서 내다 팔 시장과 물건을 만들기 위한 원료를 싸게 구할 수 있는 곳이 필요해졌다.

17~18세기에 영국이 청나라와 무역을 처음 시작할 때 영국은 청나라에 면직물을 팔았고, 차, 비단, 도자기를 사 갔다. 청나라는 큰 땅덩어리로 자급자족이 가능했기 때문에 무역이 필요 없었지만, 영국에서는 청나라에서 사 간 홍차가 점점 인기를 얻었다. 청나라 물건들은 비쌌지만 많이 팔렸고, 물건 값으로는 은을 주었다.

청나라에서 많이 사오기만 하고 자기네 나라 물건을 팔지 못하게 되자 영국은 비겁한 방법을 쓰게 되었다. 은이 청나라로 흘러가는 것을 막기 위해 인도에서 재배한 아편을 수출하였다. 청나라는 영국에 차를 팔고, 영국은 인도에 면직물을 팔고, 인도는 청나라에 아편을 팔아서 은이 영국으로 흘러들어 가게 한 것이다. 처음부터 영국은 차 수입이 목적이 아니라 무역수지 흑자를 원했던 것이다. 이렇게 해서 영국, 중국, 인도 세 나라 사이에 삼각무역이 시작되었다.

영국은 아편을 이용한 밀무역으로 무역수지를 흑자로 돌아서게 하였다. 아편은 중독성이 강해 중국 국민 건강에 심각하게 나쁜 영향을 주었다. 영국은 '신사의 나라' 라고 불렸지만, 자기 이익을 위해 '비신사적인 나라' 가 되고 말았다.

해석하기 영국이 '비신사적인 나라' 로 불린 이유는 무엇인가요?

그 무렵 우리나라에서는 미국이 쳐들어오다

1871년, 미국이 통상을 요구하며 강화도로 쳐들어오면서 신미양요가 일어났다. 이때 미국은 패하고 돌아갔지만, 1882년 조선과 〈조미수호통상조약〉을 맺었다. 고종은 미국을 '영토 욕심이 없는 나라' 로 생각했다. 이런 까닭에 금광, 철도, 전기회사 부설권 등 알짜배기 이권을 내 주었다. 또 양대인으로 행세하는 미국인을 '조선을 지켜주는 희망' 으로 여겼다. 조선은 미국이 외세침략을 막아 줄 바람막이로 믿었지만 조약 체결 뒤 이익에 따라 철저히 일본 편에 섰으며, 가쓰라-테프트 밀약을 맺고는 일본이 조선을 지배하는 것을 도와주었다.

역사토론

청나라 근대화 운동은 왜 실패했나?

토론 내용 청나라에서는 왕조를 타도하고 토지를 균등하게 분배할 것을 외쳤던 태평천국운동을 시작으로 하여 서양기술을 도입하여 부국강병을 이루겠다는 양무운동, 법을 바꿔 강해지고자 했던 변법자강운동, 부청멸양을 외친 의화단운동 등이 일어났다. 50여 년 동안 꾸준히 일어났던 근대화 운동은 왜 실패했을까?

토론 1 서구 열강들이 침입했기 때문이다.

영국이 무역 적자에 시달리자 아편을 수출하여 청나라 문호를 개방시켰다. 이후 청나라는 대영, 대일전쟁에서 패배하고 서구 열강에게 유리한 조약들을 맺었다. 발등에 떨어진 불을 끄려는 얕은 생각으로 미래에 대한 고민 없이 조약을 체결했기 때문이다.

토론 2 기득권을 계속 유지하려는 보수 세력 때문이다.

정부가 주도한 근대화 운동은 몇몇 사람들에게 유리한 것이었다. 양무운동처럼 체제는 그대로 가져가고 서양기술과 문화만을 흡수한다는 것은 성공하기 어렵다. 지식인들이 제도를 바꾸어 근대화에 힘을 썼지만, 기득권을 양보하지 않는 서태후 같은 사람들 때문에 실패했다.

토론 3 중화사상에 빠져 있었기 때문이다.

중화사상에 빠져 서양인들을 오랑캐로 생각하고, 산업혁명을 통해 발전한 서양에 대해 전혀 정보가 없었다. 세계가 변하고 있는데, 자기들이 세상에서 중심이라는 중화사상에 빠져 있었기 때문이다.

토론 4 능력 없는 만주족이 중국을 지배했기 때문이다.

한족이 중심이었던 중국을 한족보다 문화 수준이 낮은 만주족이 지배한 것부터 문제였다. 관리들이 부패하고 외국과 싸우면 무능력하게 패배만 하는 청나라 조정은 위신이 땅에 떨어졌고 국민들은 더욱 더 살기 어려워졌다. 그래서 청왕조와 만주족에 대한 불만이 커졌다.

토론하기 청나라 근대화 운동은 왜 실패했을까요? 자기 생각을 쓰고 그 까닭을 쓰세요.

살아있는 세계사 · 재미있는 논술

💮 **다음 글을 읽고, 물음에 대한 생각을 써 보세요.**

➜ 땅도 넓고 사람도 많은 중국은 예로부터 진귀한 물건들이 모이는 곳이었습니다. 그러나 상술이 뛰어난 중국인들은 가짜 물건들을 만들어 이익을 얻으려 하고 있습니다. 복제 물건 때문에 국제적으로도 문제가 되고 있는 현실을 생각해 봅시다.

가짜 천국

중국에서는 가짜 상품이 많이 만들어지고, 또 잘 팔리고 있다고 한다. 중국에서 만들어지는 가짜 상품은 전자제품, 술, 담배, 식품, 한약재, 생필품, 잡화, 의류 등 수도 없이 많다.

심지어 한국 제품을 가짜로 만들어 한국으로 수출하는 경우도 있다고 한다. 또 의사도 가짜가 많아서 2004년 한 해 동안 적발된 가짜 의사가 5만 4,000여 명이나 된다고 한다. 가짜 돈도 많아서 상인들은 100위안이나 50위안짜리 지폐를 받으면 진짜인지 가짜인지 꼭 확인을 한다.

가짜를 만드는 기술이 얼마나 좋은지 가짜 달걀도 쉽게 만든다. 달걀 껍데기는 석고 가루와 식용파라핀으로 만들고, 흰자는 백반, 노른자는 레몬색 색소를 넣어서 만든다.

또 포도나무라고는 한 그루도 없는 곳에서 와인을 만들기도 한다. 중국 정부는 '가짜와의 전쟁'을 선포하고 열심히 단속을 하고 있지만, 가짜는 쉽게 사라지지 않고 있다. 그리고 어찌나 가짜를 빠르게 만드는지 '신제품이 나오는 날에 복제품도 함께 나온다.'라는 말이 떠돌 정도이다.

가짜를 만들어 파는 것은 파는 사람만 잘못이 아니라, 사는 사람도 잘못이다. 남이 애써 만든 것을 가짜로 만들어버리면 새로운 것을 만들려는 노력을 안 하게 된다. 또 가짜는 서로를 믿지 못하게 한다. 가짜가 많은 나라 상품은 외국 사람들도 사기를 꺼리게 되므로 국가 신용도 떨어지게 된다.

생각 열기 가짜를 만들어 이익을 보려는 사람들이 많아지면서 개인과 회사, 국가가 손실을 보는 경우가 있습니다. 복제품이 많아지는 까닭은 무엇일까요?

논술 한 단계

논술 한 단계

예문 1 과 예문 2 는 게임 중독과 운동 중독으로 일상적인 생활이 어려워진 경우를 보여주고 있습니다. 중독에 빠지지 않으려면 어떻게 해야 하는지 6단 논법 개요표에 써넣으세요.

예문 1

게임 중독이란 다른 일을 거의 하지 못하고 게임에만 집중하게 되는 것을 말한다. 오랜 시간 게임을 하게 되면 학업, 직장, 가정에 소홀하게 하고, 대인관계를 제대로 맺지 못하게 된다. 게임을 너무 많이 하면 잠이 부족하여 체력이 떨어지고, 기억력이 상실되며, 응용력이 떨어진다. 또 게임을 하고 있지 않을 때도 게임만 생각하게 된다. 이런 일들이 계속 되면 자기가 해야 할 일을 못하게 되고, 현실과 게임공간을 구분하지 못하게 될 수도 있다. 예를 들어 현실에 존재하는 것을 게임에 나오는 것으로 생각하게 된다. 또 폭력성이 강한 게임이 많기 때문에 자기도 모르게 폭력을 따라하게 된다. 게임 때문에 돈을 많이 쓰게 되고, 사람을 만나지 않게 되어서 인간관계가 나빠질 수도 있다. 그래서 더욱 게임만 하게 되고 중독에서 벗어날 수 없게 된다.

예문 2

운동 중독은 하루라도 운동을 하지 않으면 초조하거나 불안하고, 불쾌감을 느끼는 증세이다. 이 증세가 나타나는 사람은 몸에 무리가 가서 건강을 도리어 해치는 데도 운동을 계속하기 때문에 결국 몸을 망치게 된다.

아무리 가벼운 운동이라도 두세 달 동안 운동을 쉬지 않고 하게 되면 운동 중독에 걸릴 수 있다고 한다. 숨이 턱까지 차고, 온 몸이 아파와도 어느 순간이 되면 성취감인 러너스 하이(runners' high)를 느끼게 되기 때문이다. 기분 좋은 고통에 이르게 되는 황홀감 때문에 운동을 끊지 못하게 된다.

운동은 몸을 가볍게 하고, 활력을 생기게 한다. 또 자신이 원하는 몸을 만들어 주기도 한다. 그래서 더 자주, 더 강하게 운동을 하게 되는데, 컨디션이 안 좋은 데도 운동을 빼 먹지 못한다거나 운동을 안 하면 밥맛이 없거나 크게 잘못한 것처럼 느낀다면 운동중독에 걸렸을 가능성이 높다.

주제 : 중독

주제문 : _____

문제 제기(상황 제시) -내포(본질)와 외연(현상)	1. 2. 3.
원인 분석 -사회(외부/거시)적 원인 -개인(내부/미시)적 원인	1. 왜냐하면 2. 왜냐하면 3. 왜냐하면
대안 제시 -사회(외부/거시)적 대안 -개인(내부/미시)적 대안	1. 그러므로 2. 그러므로 3. 그러므로
반대 -대안에 대한 반발이나 부작용	1. 그렇지만 2. 그렇지만 3. 그렇지만
극복 -그 반발도 극복하면서 문제를 해소할 방법	1. 그렇다면 2. 그렇다면 3. 그렇다면
최종 결론 -전체 정리와 마무리	

16

미국 남·북전쟁

역사 연대기

1833년 | 영국에서 노예제도가 폐지됨.
1848년 | 프랑스에서 노예제도가 폐지됨.
1860년 | 청나라와 영국이 베이징 조약을 체결함.
1865년 | 남북전쟁이 북부 승리로 끝이 남.

학습 목표

1. 미국 남부와 북부가 서로 대립한 배경을 알 수 있다.
2. 남북전쟁에 대해 알 수 있다.
3. 링컨 대통령이 노예해방론자였는지 알 수 있다.
4. 남북전쟁이 일어나게 했던 책에 대해 알 수 있다.
5. 흑인에 대한 차별에 대해 생각해 볼 수 있다.
6. 외모 콤플렉스를 극복하는 방법에 대해 논술문을
   쓸 수 있다.

심화 학습

도서 읽기 • 톰아저씨의 오두막
　　　　　　　(해리엇 비처 스토우 지음/아이세움)
영화 보기 • 바람과 함께 사라지다
　　　　　　　(빅터 플레밍 감독/1939년)

역사탐구

탐구1 남북으로 나누어진 미국

19세기 서유럽에서는 노예제도를 비판하는 소리가 커지면서 영국, 프랑스 등은 잇달아 노예제도를 폐지하게 되었다. 이런 영향으로 미국 북부에서도 노예제도를 폐지하기 시작하였다. 상공업이 발전한 북부는 자유로운 임금 노동자가 필요한 곳이라 노예가 필요 없었기 때문에 가능한 일이었다.

남북전쟁 당시 미국

하지만 식민지 시대부터 대규모 농장이 발달한 남부에서는 주요 작물인 면화와 담배를 재배하기 위해서는 노예가 필요했기 때문에 노예제도를 지켜야 했다. 더구나 영국에서 산업혁명으로 면방직 공업이 크게 발달하자 면화가 더 많이 필요해졌고, 흑인 노예를 이용해 면화를 재배하여 영국에 내다 팔면 엄청난 돈을 벌 수 있었다. 노예 수도 점점 늘어 1850년에는 남부 인구 가운데 3분의 1이 노예일 정도였다.

이렇게 서로 다른 경제 구조 때문에 노예제도에 대해 정반대 입장에 놓이게 되었다. 따라서 서부가 개척되어 영토가 늘어날 때마다 새롭게 연방에 가입하는 주가 노예주(남부)가 될 것인가, 자유주(북부)가 될 것인가를 둘러싸고 남부와 북부는 대립하게 되었다.

> 자유무역 외국과 무역을 할 때 국가가 아무런 제한을 하지 않는 무역정책이다.
> 보호무역 국내 산업을 보호하려고 무역을 할 때 국가가 간섭을 하는 무역정책이다.

또한 무역정책에서도 남부와 북부는 생각이 달랐다. 영국처럼 산업이 발전한 나라는 자유무역이 유리했는데, 그 당시 북부는 영국보다 산업이 뒤쳐져 있었다. 그래서 북부는 국내 산업을 보호하기 위해 영국 제품이 수입되는 것을 막아주는 보호무역을 원했다. 하지만 남부는 영국에 면화를 수출했기 때문에 영국에 대한 의존도가 높았다. 그래서 영국이 주장한 대로 자유 무역에 동조하자 북부는 위협을 느끼게 되었다.

이렇게 남북이 대립하는 상황에서 1860년에 북부 출신 링컨이 대통령에 당선되었다. 링컨은 연방을 하나로 묶고 노예제도가 새로운 주로 확산되는 것을 막고자 하였다. 위기감을 느낀 남부는 사우스캐롤라이나 주를 선두로 하여 일곱 개 주가 연방을 탈퇴하여 제퍼슨 데이비스를 대통령으로 하는 남부 연합을 만들었다. 이로써 미국은 나라가 두 개로 나누어졌다.

탐구하기 남부와 북부가 대립했던 까닭은 무엇일까요?

탐구 2 남북전쟁 결과와 영향

1861년, 연방군을 몰아내기 위해 남군은 사우스캐롤라이나에 있는 연방군 섬터 요새를 공격하였다. 남북전쟁이 시작된 것이다. 이때까지 태도를 정하지 않았던 남부 4개주도 남부 연합에 가담하여 남부 연합은 11개 주로 늘어났다.

전쟁 초기에는 남부가 우세했다. 북부보다 경제력도 뒤쳐지고 인구도 적었지만 뛰어난 지휘관이 많았기 때문이었다. 쉽게 이길 수 있을 것이라고 생각했던 북부는 당황했다. 위기를 느낀 링컨 대통령은 1862년에 '반란 상태에 있는 지역의 모든 노예는 1863년 1월 1일부터 영원히 자유롭다'는 노예해방선언을 발표하였다. 그러자 남부에 있던 많은 흑인 노예들이 북부로 도망가서 남부는 커다란 타격을 입었다. 또한 북부는 남부가 비인간적인 노예제도를 지지하기 때문에 남북전쟁이 일어났다는 전쟁 명분도 생겼다.

이런 지지를 업고 북군은 차츰 전세를 회복했다. 남북군을 합쳐 2만 3천명 사망자를 낸 게티즈버그 전투 이후로 북부가 우세해졌다. 결국 1865년에 남부 연합 수도인 리치몬드가 함락되어 전쟁은 북부 승리로 끝났다.

4년 동안 계속된 남북전쟁은 양쪽 모두에게 엄청난 피해를 주었다. 당시 미국 인구는 3천만 명이었는데 남북전쟁 사상자 수는 62만 명이었으며 전쟁 비용만 해도 50억 달러에 달했다. 더구나 남북 사이뿐만 아니라 백인과 흑인 간에도 증오와 적대감이 더욱 커졌다.

그러나 산업 위주였던 북부가 승리함으로써 미국은 급속도로 산업화를 추진할 수 있었다. 1869년에는 대륙 횡단 철도를 완성하여 경제 통일을 이루게 되었다. 이러한 경제력을 기반으로 미국은 세계 강국으로 나아갈 수 있는 기초를 다져 나갔다.

> **탐구하기** 남북전쟁 결과 미국 사회는 어떻게 변화했나요?

그 무렵 우리나라에서는   최제우가 동학을 창시하다

계속된 세도정치로 조선사회는 혼란스러웠다. 이때 경주에서 최제우가 전통 민간신앙과 유교, 불교, 선교를 합친 동학을 창시하였다. 동학은 사람이 곧 하늘이라는 인내천 사상을 주장하여 널리 퍼졌다. 동학은 서학, 즉 천주교를 앞세운 서양 세력이 우리 것을 해치고 우리 사회를 위태롭게 한다면서, 나라를 구하고 고통받는 백성을 구원하려고 하였다. 동학이라는 이름도 서학인 천주교에 대항한다는 의미로 붙였다.

해석 1 링컨 대통령은 정말로 노예해방론자였나?

링컨

링컨 대통령 이름 앞에는 늘 '노예 해방의 아버지', '위대한 해방자'라는 말이 따라 다닌다. 링컨이 위대한 인물로 뽑히는 이유도 흑인노예를 해방시켰다는 사실 때문이다. 그런데 링컨이 과연 '노예해방의 아버지' 라는 말을 들을 만했을까?

1858년 9월 일리노이 주 찰스턴에서 링컨은 다음과 같은 연설을 하였다.

"나는 어떤 방법으로든 백인과 흑인이 정치 · 사회적으로 평등하게 되는 것을 찬성하지 않으며, 찬성했던 적도 없습니다. 흑인에게 선거권이나 배심원 권한을 주는 것, 그들이 공식적인 지위를 갖는 것, 또한 백인과 결혼하는 것에 찬성하지 않습니다. 그리고 그들이 우리와 함께 머무르고 있는 한 그들이 우리처럼 살 수 없으므로, 상층과 하층 계급은 반드시 존재하게 됩니다. 다른 사람들과 마찬가지로 나도 상층 지위는 백인들에게 할당되어야 한다는 데 찬성하고 있습니다."

또, 남북전쟁이 벌어지고 있던 1862년에 〈뉴욕 트리뷴〉지 편집장인 호리스 그릴리에게 보낸 편지에서는 이렇게 썼다.

"이 전쟁에서 나의 가장 중요한 목적은 연방을 구하는 것이지 노예제를 구하거나 파괴하는 게 아니오. 노예를 해방하지 않고도 연방을 구할 수 있다면 나는 그렇게 할 거요. 또 노예를 해방하고 연방을 구할 수 있다면 역시 나는 그렇게 할 거요. 노예제나 유색 인종을 처리하는 문제는 연방을 구하는 데 도움이 되느냐, 되지 않느냐에 따라서 결정되어야 하오."

링컨은 노예제도가 나쁜 제도라고 생각했지만, 위에서 보듯이 흑인들이 백인과 동등하다거나 미국 사회에서 백인과 어울려 살 수 있다고는 보지 않았다. 노예제도를 폐지하는 것도 '연방을 지킬 수 있느냐' 라는 목표에 따라서 찬성할 수도, 반대할 수도 있다는 입장이었다. 노예 해방은 연방을 유지하기 위한 수단이었을 뿐 목적 자체는 아니었다는 말이다.

따라서 그는 결코 노예해방론자가 아니었다.

해석하기   링컨은 왜 흑인들이 백인과 동등하다고 생각하지 않았을까요?

해석 2 남북전쟁을 일으킨 책, 《톰 아저씨의 오두막》

"당신이 큰 전쟁을 일으킨 작은 여인이군요."

이 말은 링컨이 남북전쟁 도중 스토우 부인을 만났을 때 한 말이다.

미국 역사상 가장 참담했던 남북전쟁이 어떻게 한 여인에 의해서 일어났을까?

스토우 부인

1852년 스토우 부인이 쓴 소설 《톰 아저씨의 오두막》이 발간되었다. 이 책은 잔인한 노예 주인에게 온갖 시련을 겪는 흑인 노예 톰 아저씨의 삶이 생생하게 그려져 있었다.

스토우 부인은 도망간 노예를 주인에게 되돌려 주라는 '도망 노예 송환법'이 만들어지자, 이 법에 반대해 비참하게 살아가는 노예들 삶을 책으로 발표한 것이다. 이 책은 출판된 지 1년 만에 30만부가 팔리면서 노예 문제를 전국적인 관심사로 만들었다.

당시 많은 아프리카 흑인들은 노예선에 실려 미국으로 끌려와서 주로 남부 면화농장에서 일하였다. 남부 사람들은 노예를 사람이 아니라 가축 같은 재산으로만 생각하였다. 그들은 사슬에 묶인 채 하루 16시간 이상 일하였으며, 도망치는 노예는 사냥개를 풀거나 총으로 쏘아 죽였다. 붙잡힌 노예는 본보기로 공개처형을 하거나 도망을 가지 못하도록 발을 자르는 경우도 있었다. 다른 농장으로 팔려가는 경우에는 식구들이 뿔뿔이 흩어져야 했다.

노예제도를 옹호하는 사람들은 이 소설이 허구임을 강조하며, 스토우 부인이 남부에 살아 본 적이 없어서 남부 생활과 농장에 대해 알지 못한다고 비난했다. 스토우 부인은 하루에도 수십 통씩 공갈, 협박 편지를 받았고, 심지어 흑인 노예 귀를 잘라 넣은 소포가 배달되어 받을 정도였다.

그러나 북부에 사는 많은 미국인들은 이 책을 읽고 나서 남부에 사는 흑인 노예들이 얼마나 비참한 삶을 사는지 알게 되었고, 노예가 재산이 아니라 자신들과 똑같은 인간임을 깨닫게 되었다. 노예제도를 없애기 위해서는 남부 사회가 바뀌어야 한다는 목소리가 높아져 갔다. 그래서 이 소설로 인해 남부와 북부 사이에 골은 한층 더 깊어지게 되었다.

결국 스토우 부인이 쓴 《톰 아저씨의 오두막》은 노예해방을 이루게 한 불씨가 되었던 것이다.

해석하기 **스토우 부인은 왜 '도망 노예 송환법'을 반대했을까요?**

역사토론

링컨이 노예해방을 발표하면서 얻은 가장 큰 이익은 무엇일까?

토론 내용 1862년에 선포한 노예해방선언으로 북군은 전세를 회복시킬 수 있었고, 전쟁에서도 승리할 수 있었다. 그렇게 된 까닭에 대해 생각해 보자.

토론 1 군인을 많이 확보할 수 있었다.

남북전쟁에 참가한 북부 백인 군인들은 노예를 위해서 자기 목숨을 버릴 수 없다고 생각하여 많은 군인들이 탈영했다. 이처럼 군인 수가 점점 줄어들자, 노예를 해방시켜 흑인들에게도 군인이 되는 것을 허용하였다. 그래서 노예 해방선언 후 남부에서 탈출한 노예들이 북부 군대에 들어갔고, 북군 수는 엄청나게 늘어나 전세를 역전시키는 데 도움이 되었다.

토론 2 영국이 남부를 지원하는 것을 막았다.

영국은 면화를 싸게 수입하기 위해 남부를 돕고 있었다. 이러한 영국 지원이 계속되었다면 북군은 승리하기 어려웠을 것이다. 노예해방을 전쟁 명분으로 세우자, 영국은 남부를 도와주면 비인도적인 노예제도를 지지하는 나라로 비난받을까 봐 더 이상 남부를 도울 수 없었다.

토론 3 전쟁 명분이 생겼다.

당시 많은 남부 사람들은 노예제도 찬성 여부와 상관없이 자기 고향을 지키고, 자기들 생활 방식을 북부로부터 지켜야 한다는 분위기였으나, 많은 북부사람들에게는 그런 명분이 없었다. 이 선언으로 남북전쟁에 참여하고 있던 북부 사람들은 자유와 인권을 위해 싸운다는 명분을 갖게 된 것이다.

토론 4 남부 연합에 타격을 주었다.

남부 연합에서 흑인 노예들은 군수공장에서 일하거나 요새를 만드는 데서 일하는 등 군 노무자로 전쟁에 참여하고 있었다. 그런데 노예를 해방해 버리자 흑인 노예들은 북부로 탈출해 버렸다. 그 바람에 남부 연합은 큰 타격을 받았다.

 토론하기 링컨이 노예해방을 발표하면서 얻은 가장 큰 이익은 무엇일까요? 자기 생각을 밝히고 그 까닭을 쓰세요.

🌀 **다음 글을 읽고, 물음에 대한 생각을 써 보세요.**

➜ 1862년 링컨 대통령이 노예해방선언을 발표하였습니다. 노예제도는 폐지됐지만 흑인에 대한 차별 행위까지 사라진 것은 아니었습니다. 1950년대까지 흑인들은 백인들과 한 버스에 나란히 앉을 수도 없었습니다. 미국사회에 남아있는 흑인 차별에 대해 생각해 봅시다.

피 한 방울 법칙

2008년 제44대 미국 대통령으로 오바마가 당선된 것을 보고 뉴욕타임즈 칼럼니스트인 토마스 프리드만은 "미국 남북전쟁이 이제야 끝났다."고 말했다. 링컨 대통령이 노예해방을 선언한 지 146년 만에 미국 최초 흑인 대통령이 당선된 것이다. 수년 전만 해도 흑인이 대통령에 당선된다는 것은 상상도 못할 일이었다.

오바마는 흑인 노예를 해방시킨 링컨 대통령 탄생 200주년이 되는 2009년 1월 20일에 취임식을 했다. 이것은 흑인들에게 아주 특별한 의미가 있다.

오바마는 아프리카 케냐 출신인 흑인 아버지와 캔자스 주 출신인 백인 어머니 사이에 태어난 혼혈이다. 흑과 백이 50%씩 섞인 사람이다. 백인 어머니에게서 태어난 혼혈인이니 정확하게 얘기하면 유색인종 대통령이라고 해야 정확하다.

그런데도 모든 언론이 흑인이라고 부른다. 50% 피는 백인에게서 받았으니까 오바마를 백인이라고도 할 수 있는데 아무도 그렇게 부르지 않는다. 그것은 흑인 피가 한 방울만 섞여도 흑인이라고 생각하는 '피 한 방울 법칙(One Drop Rule)'이 미국 사회에 뿌리 깊게 내려져 있기 때문이다. '피 한 방울 법칙'은 인종 차별 정책으로 1876년부터 1965년까지 무려 90년 간 미국 사회에서 공식적으로 존재하였다.

미국에서 인종 차별에 항의하여 시위하는 사람들을 보면 다양한 얼굴 모습을 하고 있다. 피부가 하얗고 푸른 눈에 금발 머리여도 자신이 흑인이여서 차별 대우를 받는다고 참여하는 사람들도 있다. 이 역시 얼굴은 백인이지만 조상 가운데 누군가 흑인이 있었기 때문에 흑인 피가 흐르고 있다고 생각하여 흑인으로 간주하는 피 한 방울 법칙 때문이다.

생각 열기 오바마를 흑인 대통령으로 부르는 것이 옳은 표현일까요? 만약 그렇지 않다면 어떻게 불러야 한다고 생각하나요? 자기 생각을 쓰세요.

⚙ 예문 1 과 예문 2 는 외모에 만족스럽지 않을 때 극복하는 방법에 대해 서로 다른 생각을 보여 주고 있습니다. 예문 1 은 있는 그대로 모습을 긍정적으로 생각하면서 외모 콤플렉스를 극복하고 있지만, 예문 2 는 만족스럽지 않은 외모를 변형함으로써 자신감을 얻는 모습을 보여주고 있습니다. 외모 콤플렉스를 극복하는 올바른 방법을 6단 논법 개요표에 써넣으세요.

예문 1

링컨은 못생긴 얼굴 때문에 사람들에게 곧잘 놀림을 받았다. 특히 경쟁자들은 링컨 외모에 대해 공격을 많이 했다. 링컨 자신도 얼굴이 못생겼다는 것을 알고 있었지만 외모에 대한 고민은 하지 않았다.

상원 의원 선거 유세 때 일이다. 상대 후보인 더글러스가

"링컨은 말만 그럴듯하게 하는 두 얼굴을 가진 이중인격자입니다"

라고 공격하였다. 보통 사람 같았으면 펄쩍 뛰며 화낼 일이었지만 링컨은 전혀 개의치 않게 껄껄 웃더니

"내가 두 얼굴을 가졌다면 이렇게 중요한 날에 하필 왜 이 못생긴 얼굴을 가지고 나왔겠소?"

라며 상대방 공격을 재치 있게 맞받아쳤다. 이처럼 그는 못생긴 얼굴을 일부러 내세워 유머 소재로 사용할 정도로 당당했다.

예문 2

내 친구 성형이는 벌써 성형수술을 세 번이나 받았다. 이번에는 턱을 성형했다고 한다.

처음에 눈이 작다고 쌍꺼풀 수술을 했는데, 눈이 커져서 예쁘다는 말을 많이 들었다. 그러자 코가 낮다고 코도 높게 세웠다. 그러자 예쁘다는 말을 더 많이 들었다. 남자들에게도 인기가 많아졌다. 같이 다니면 모든 남자들이 성형이한테만 잘해준다.

그러자 성형이는 도서관에서도 거울만 보고 있고 공부시간에도 또 어디를 고칠까 궁리만 한다. 그러더니 턱만 고치면 자기 얼굴이 완벽해질 거라고 하면서 턱을 갸름하게 깎았다.

성형이는 웃는 모습이 예뻤는데, 턱을 수술한 뒤에는 턱이 아프다고 제대로 웃지도 못했다. 자기가 좋아하는 오징어도 씹어 먹지 못해서 우리가 먹는 것을 보면 무척 부러워한다.

나도 코만 고치면 예쁠 것 같다는 얘기를 많이 들어서 성형을 하고 싶다가도 성형이를 보면 무서워진다.

주제 : 외모 콤플렉스를 극복하는 방법

주제문 :

문제 제기(상황 제시) −내포(본질)와 외연(현상)	1. 2. 3.
원인 분석 −사회(외부/거시)적 원인 −개인(내부/미시)적 원인	1. 왜냐하면 2. 왜냐하면 3. 왜냐하면
대안 제시 −사회(외부/거시)적 대안 −개인(내부/미시)적 대안	1. 그러므로 2. 그러므로 3. 그러므로
반대 −대안에 대한 반발이나 부작용	1. 그렇지만 2. 그렇지만 3. 그렇지만
극복 −그 반발도 극복하면서 문제를 해소할 방법	1. 그렇다면 2. 그렇다면 3. 그렇다면
최종 결론 −전체 정리와 마무리	

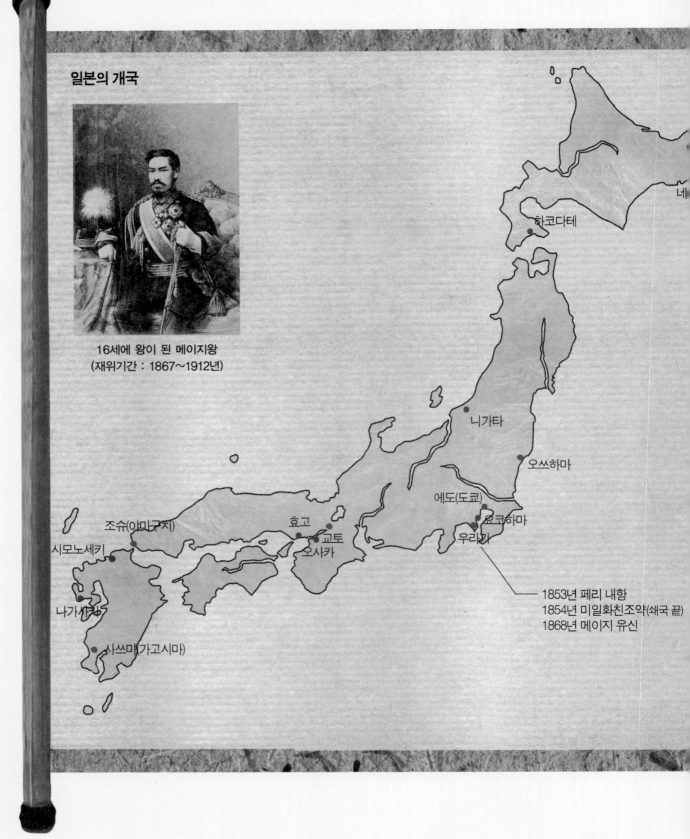

일본의 개국

16세에 왕이 된 메이지왕
(재위기간 : 1867~1912년)

네

하코다테

니가타

오쓰하마

에도(도쿄)

요코하마

우라가

조슈(야마구치)

효고

교토

오사카

시모노세키

나가사키

사쓰마(가고시마)

1853년 페리 내항
1854년 미일화친조약(쇄국 끝)
1868년 메이지 유신

17 일본 메이지 유신

역사 연대기

1840년 | 영국과 청나라 사이에 아편전쟁이 일어남.
1851년 | 청나라에서 태평천국의 난이 일어남.
1868년 | 일본에서 메이지 유신이 시작됨.
1894년 | 조선에서 동학 농민 운동이 일어남.
　　　　청나라와 일본 사이에 청일전쟁이 일어남.
1904년 | 러시아와 일본 사이에 러일전쟁이 일어남.

학습 목표

1. 에도 막부에 대해 알 수 있다.
2. 메이지 유신에 대해 알 수 있다.
3. 후쿠자와 유키치에 대해 알 수 있다.
4. 신토 사상에 대해 알 수 있다.
5. 신분 차별에 대해 생각해 볼 수 있다.
6. 공존과 발전에 대해 논술문을 쓸 수 있다.

심화 학습

도서 읽기 • 100가지 세계사 1000가지 상식－일본
　　　　　　(판도라 지음/세상모든책)
　　　　　• 노빈손의 시끌벅적 일본 원정기
　　　　　　(한희정 지음/뜨인돌)

탐구 1 에도(江戸) 막부

세키가하라 전투에서 도요토미파를 물리친 도쿠가와 이에야스는 쇼군이 되어 에도(도쿄)에 막부를 설치했다(1603년). 막부는 전국을 '번'이라는 행정 단위로 나누고, 지방 우두머리인 다이묘를 임명하여 신하로 삼았다. 이를 '막번체제'라고 한다. 전국 통치권을 차지한 막부는 충성심이 강한 다이묘에게만 에도에서 가까운 번을 영지로 주었다.

막부는 통제력을 키우기 위해 다이묘들이 지켜야 할 법도를 만들고, 이것을 어기면 영지를 바꾸거나 빼앗는 벌을 주었다. 다이묘가 세력을 키우지 못하도록 가족들을 인질로 삼아 에도에 살게 하고, 1년은 영지에서, 그 다음 1년은 에도에 와서 관리로 일하도록 했다. 이것을 '참근교대'라고 한다. 또 무사를 중심으로 그 아래에 농민·수공업자·상인으로 신분을 나누었다.

1612년에는 크리스트교인들이 단결하여 도전할 것을 두려워한 막부는 크리스트교를 금지하고, 서양인들을 내쫓는 쇄국 정책을 펼쳤다. 하지만 네덜란드 상인을 나가사키에 살게 하고, 조선과는 통신사를 받아들이는 등 이익이 되는 교류는 막지 않았다. 평화가 계속되자 상업과 도시가 발달하여 상인과 수공업자는 점점 성장하였지만, 지배층인 무사들은 가난해졌다.

1853년, 미국 동인도 함대 사령관 페리가 군함 네 척을 끌고 에도 근처 우라가 항에 와 개국을 요구하였다. 다음 해에 항구 두 군데를 열기로 하는 미일화친(가나가와)조약을 맺었는데, 일본에게 불리한 조약이었다. 미국은 앞으로 다른 나라가 일본과 조약을 맺을 때 이 조약에서 정한 것보다 더 좋은 조건을 얻으면, 미국도 그 조건들을 자동으로 얻는다는 최혜국 대우권을 얻어냈다. 그 뒤 러시아·영국·프랑스·네덜란드와도 조약을 맺으면서 2백여 년 동안 이어온 쇄국 정책은 무너지고 말았다.

서양 나라들과 교역을 하게 되자 경제는 큰 타격을 입었고, 물가가 치솟아서 막부에 대한 불만은 높아만 갔다. 이 틈을 타 에도에서 멀리 떨어진 번들이 젊고 유능한 무사들을 등용하여 개혁을 이루며 힘을 길렀다. 그 가운데 조슈번과 사쓰마번이 동맹을 맺고, 막부를 무너뜨린 다음 왕을 떠받들자는 왕정복고운동을 일으켰다.

1867년, 15대 쇼군 도쿠가와 요시노부가 왕에게 정권을 반납함으로써, 1192년부터 7백여 년 동안 이어오던 막부시대가 끝났다.

탐구하기 왕정복고운동이 에도에서 멀리 떨어진 번에서 시작된 까닭은 무엇일까요?

탐구 2 메이지(明治) 유신

에도시대에는 왕이 교토에 살았다. 쇼군으로부터 정권을 넘겨받은 메이지 왕은 남아있는 막부 세력을 완전히 무너뜨리고, 1868년 에도로 갔다. 나라를 다스리게 된 왕은 연호를 메이지로 바꾸고, 에도라는 이름을 도쿄(東京)로 고친 뒤 수도로 정했다. 그리고 나서 메이지 유신을 추진하였다.

- 지방 통치를 담당하던 번(藩)을 없애고 중앙 정부가 통제하는 현(懸)을 설치함.
- 여러 단계로 된 신분제를 지배 계급(귀족, 관리)과 피지배 계급(평민)으로 나누고, 평민들도 성(姓)을 가질 수 있게 함.
- 토지 · 조세 · 교육 제도를 정비하고, 국민 징병제를 실시함.
- 단발령을 내려서 일본식 상투를 금지하고, 무사들이 칼을 차고 다니는 것을 금지함.
- 미국과 유럽에 정부 핵심요원 50여 명을 사절단으로 파견함.

이 유신은 관직을 차지한 조슈번과 사쓰마번 출신 무사들에 의해서 추진되었다. 이로써 무사 계급 중심이던 봉건 사회에서 관료가 중심인 중앙 집권 사회로 바뀌었다. 메이지 유신으로 그 동안 지배 계급이던 무사들은 평민이 되어 특권을 박탈당했고, 국민 징병제가 실시되자 갈 곳 없는 신세가 되고 말았다. 사쓰마번 핵심 인물인 사이고 다카모리는 불만에 쌓인 무사들을 달래기 위해서 조선을 침략하자는 정한론(征韓論)을 폈다. 하지만 사절단으로 해외 견학을 마치고 돌아온 이와쿠라 토모미 일행이 서구를 본받아 산업 발전과 강한 군대를 먼저 갖추자고 반대하였다.

1889년, 일본 제국 헌법이 공포되었다. 헌법은 유럽을 조사하고 돌아온 이토 히로부미가 만들었는데, 왕에게 많은 통치권과 육해군 통수권 등을 주었다. 의회는 국민이 뽑는 '중의원' 과 왕이 임명한 귀족 대표인 '귀족원' 으로 조직하였다. 이듬해에 총 인구 가운데 1%가 참여한 총선거를 실시하여 중의원 3백 명을 선출하고 국회를 개설하였다. 왕은 나라를 대표하고, 정치는 총리와 의회가 맡아서 하는 입헌 군주 국가가 되었다.

메이지 정부는 상공업을 장려하고 새로운 기술을 들여와서 근대화를 이루는 데 힘썼다. 1890년 무렵에는 방적업과 방직업 등이 기계화되었고, 1901년에는 제철소가 완공되어 중공업이 발달할 수 있는 기초가 마련되었다. 이렇게 일본은 농업 국가에서 공업 국가로 빠르게 성장해 갔다.

> **탐구하기** 메이지 정부가 정한론을 미룬 채 근대화에 힘쓴 까닭은 무엇인가요?

해석 1 후쿠자와 유키치(福澤諭吉)와 문명국

일본 최고액 지폐인 만 엔 권에는 메이지 시대 계몽 사상 가이자 교육자인 후쿠자와 유키치가 그려져 있다. 그는 일본 근대화를 상징하는 인물로 지금도 국민들로부터 사랑 받고 있다. 우리나라 대표 개화파인 김옥균과 박영효는 계 몽사상가인 그를 스승으로 모셨고, 친일파였던 이광수는 '하늘이 일본을 축복하셔서 이런 위인을 내리셨다.' 라고 부러워했다.

화폐 속 후쿠자와 유키치

후쿠자와 유키치는 일본이 문명국이 되기 위해서는 서양 학문을 많이 배워야 한다고 했다. 그는 명문 사립대학인 게이오 대학을 세워 신식 학문을 배운 학생들을 많이 길러냈고, 이들이 일본 근대화에 많은 역할을 할 수 있었다.

후쿠자와 유키치는 일본도 힘을 길러 제국주의 국가가 되기 위해서는 아시아를 벗어나 서구 사회를 따르자는 '탈아입구(脫亞入歐)'를 주장하였다. 일본이 아시아에서 가장 근대화된 나라이므로, 미개한 아시아 국가들을 침략하는 것이 정당하다는 주장이었다.

일본은 근대화를 추진하면서 대량 생산에 필요한 원료와 노동력을 값싸게 공급 받고, 상품을 팔 시장을 안정적으로 확보하기 위해서는 서양 열강들처럼 식민지가 필요하다는 것을 깨달았다. 그래서 1874년에는 타이완(臺灣)을 침략하고, 1876년에는 강화도조약으로 조선을 개항시켰다.

1894년, 청일전쟁이 일어나자 후쿠자와 유키치는 "문명국 일본이 야만국 청나라를 이겨야 한다." 며 재산을 나라에 바쳤다. 일본이 청일전쟁에서 승리하자 "황홀하고 꿈만 같아서 울 수밖에 없다." 라며 제국주의 일본을 자랑스러워했다. 시모노세키 조약으로 청나라 1년 예산보다 2.5배나 많은 배상금을 받은 일본은 이 돈을 무기 생산과 중공업에 투자하였다.

러시아가 만주와 한반도에 영향력을 넓히려 하자, 1904년에는 러일전쟁을 일으켜 승리하고, 1910 년에는 대한제국을 강제로 병합하여 일본은 아시아에서 유일한 제국주의 국가가 되었다.

후쿠자와 유키치가 주장한 '문명국' 이란 앞선 서양 학문을 배워, 지리적으로 가까운 나라들을 침략하고 억압하는 제국주의 국가였다.

해석하기 **올바르고 훌륭한 '문명국' 이란 어떤 나라일까요?**

해석 2 신토(神道)로 통합을 이루다

메이지 유신을 추진한 세력들은 중앙집권화를 이루기 위해 왕을 정치에 복귀시켰다. 메이지 유신 이전에 일본 국민 대부분은 왕이 있는 줄도 몰랐다고 한다.

메이지 원년에 정부는 '일본 고유 신을 섬기는 일과 정치를 하나로 묶는 제정일치로 돌아간다.' 라고 선언하였다. 신토를 국교로 삼아 국민을 교화하고, 국가 통합을 이루려고 했다. 즉 왕을 중심으로 하는 제정일치 사회를 만들려고 했다. 그래서 그때까지 하나로 뭉쳐 있던 신토와 불교를 엄격히 구분하는 '신불(神佛) 분리령'을 내렸다. 스님들을 강제로 쫓아내고, 불교를 탄압했다. 과격한 국민들은 불상을 부수고, 불경을 찢으며, 절에 불을 지르기도 했다. 하지만 신토 만큼이나 깊이 뿌리박힌 불교를 완전히 없앨 수는 없어서 탄압을 중단하고, 신토를 살리는 데 힘썼다.

정부는 신사에 가서 참배하는 것은 모든 국민이 지켜야 하는 의무이고, 왕은 '살아 있는 신' 이라며 숭배하도록 강요했다. 또 일본 국민은 신이 다스리는 나라에서 살고 있기 때문에 더 이상 행복할 수 없다고 강조하고, 신민(神民)으로서 가장 훌륭한 행동은 왕에게 충성을 바치는 것이라고 가르쳤다. 왕과 나라를 위해 목숨까지 바치도록 세뇌시킨 것이다. 이러한 신토 사상은 제2차 세계대전에서 패전한 뒤, 왕이 스스로 신이 아님을 선언할 때까지 국민들을 전쟁터로 내몰며 일본을 지배했다.

> **해석하기** 올바른 종교는 어떤 것일까요?

그 무렵 우리나라에서는 병인박해와 병인양요가 일어나다

천주교를 탄압한 대원군은 병인년(1886년)에 프랑스인 선교사 9명과 국내 신도 8천여 명을 절두산에서 처형했다(병인박해). 이 사실이 청나라 톈진(天津)에 있던 프랑스 극동함대 사령관 로즈 제독에게 전해졌다. 프랑스군은 선교사 죽음을 구실로 함대 7척과 군사 2천여 명을 이끌고 와 강화도에 상륙하여 점령하였다(병인양요). 조선 정부는 한강 연안 수비를 강화하였고, 양헌수 부대가 삼랑성(정족산성)에서 프랑스군을 물리쳤다. 프랑스군은 한 달 만에 강화도에서 물러가며 각종 문화재와 외규장각에 보관 중이던 책 330여 권을 약탈하고, 불을 지르는 만행을 저질렀다.

역사토론

일본이 근대화에 성공할 수 있었던 까닭은 무엇일까?

토론내용 일본은 메이지 유신을 통해 근대화에 성공했다. 청나라, 조선, 일본 가운데 일본만 개혁에 성공할 수 있었던 까닭은 무엇일까?

토론 1 막부가 개항을 했기 때문이다.

왕은 실권이 없는 상징적인 존재였지만, 왕으로부터 허락을 받고 조약을 체결해야 했다. 하지만 막부는 왕을 무시하고 불평등한 조약을 맺었다. 개항으로 외국 상품이 수입되자 국내 경제가 타격을 입었고, 막부에 대한 비판은 왕을 다시 세우자는 왕정복고운동으로 이어졌다. 국왕을 중심으로 위로부터 급격한 개혁이 이루어져 성공할 수 있었다.

토론 2 무사 중심 사회였기 때문이다.

일본은 무사 중심 사회였다. 전쟁이 나야 고용되어 생활을 유지하던 많은 하급 무사들은 개항을 하자 일자리를 잃었다. 이들은 개항을 한 막부에게 불만을 품게 되었고, 왕을 중심으로 나라를 건설하는 데 적극 참여하였다. 이들이 있었기 때문에 메이지 유신은 성공할 수 있었다.

토론 3 미국에 의해 개항되었기 때문이다.

다른 아시아 국가들은 유럽 열강에 의해 개방되었다. 유럽 열강은 값싸게 원료를 공급 받고, 물건을 파는 시장을 확보하기 위해 식민지를 착취하고 억압했다. 하지만 미국은 태평양 진출을 위한 발판을 확보하기 위해 일본을 개항시켰다. 또 고래 기름이 필요했던 미국은 굳이 일본 본토를 침략할 필요가 없어 큰 충돌이 없었다.

토론 4 외국으로부터 돈이 들어왔기 때문이다.

러시아가 남쪽으로 진출하는 것을 막기 위해서 미국과 영국이 일본에 많은 돈을 빌려주었다. 이 돈과 청일전쟁으로 받은 배상금은 근대화를 추진할 수 있는 밑거름이 되었다.

토론하기 다른 아시아 국가들과는 달리 일본이 근대화에 성공할 수 있었던 까닭은 무엇일까요? 자기 생각을 밝히고, 그 까닭을 쓰세요.

❋ 다음 글을 읽고, 물음에 대한 생각을 써 보세요.

➡ 우리나라와 일본이 신분제를 폐지한 것은 각각 갑오개혁과 메이지 유신 때입니다. 하지만 지금도 일본에는 신분 차별이 남아 있습니다. 일본에 남아 있는 신분 차별에 대해 생각해 봅시다.

부락민(部落民) – 일본에서 차별받고 있는 특정 계층

'부락' 이라는 말은 여러 집들이 모여 이룬 마을을 뜻한다. 하지만 일본에서는 '천민 집단 후손들이 모여 사는 곳' 이라는 뜻으로 쓰이고 있다. 부락민은 홋카이도 원주민이었던 아이누인, 재일 한국인, 재일 중국인 등과 같은 일본 내 소수 집단이다.

하지만 부락민은 다른 소수 집단처럼 민족에 따른 차별이 아니라, 일본인이면서도 특정 직업을 가져 차별받는 사람들이다. 에도 시대 신분제도는 사·농·공·상으로 구분되었지만, 실제로 4계급에 들지 못하는 신분이 있었다. 이 신분은 다시 에타(穢多)와 히닌(非人)으로 나뉜다. 에타란 '더러움이 많은 직업에 종사하는 사람' 이라는 뜻으로 도살업자나 사형집행인 등이 속하였다. 히닌이란 '사람도 아니다' 라는 뜻으로 거지, 죄인, 예능인 등이었다. 이들은 자기들끼리 모여 살았다.

메이지 유신 직후인 1871년에 봉건적 신분제는 폐지되어 귀족과 관리인 지배 계급과 평민인 피지배 계급으로 나뉘었다. 정부는 '천민 해방령' 을 내리고 세금을 내지 않던 이들에게도 세금을 부과했지만, 차별은 계속 되었다.

부락민들은 차별 철폐를 요구하는 사회 운동을 벌였고, 1922년에 '수평사' 를 조직하였으나 차별은 계속되었다. 이 운동은 당시 조선에도 영향을 주어 백정 차별에 반대하는 '형평사' 가 설립되기도 했다.

1969년에 일본 국회는 부락민 거주 지역을 대상으로 주거 환경을 개선하는 '동화 대책 사업 추진법' 을 통과시켰다. 일본 경제가 급성장하여 주거 환경은 상당 부분 개선되었으나, 부락민이라는 이유로 결혼과 취직 등에서 아직도 불이익을 받고 있다.

비공식 통계 자료에 의하면 부락민 집단은 6천여 개고, 부락민은 1백만~3백만 명 정도 있다고 한다.

생각 열기 일본을 비롯한 세계 여러 나라에서 아직도 신분 차별이 없어지지 않는 까닭은 무엇일까요?

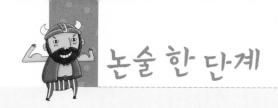

예문 1 과 예문 2 를 읽고, 발전한 나라가 가난하거나 어려움에 처한 나라를 왜 도와야 하는지를 6단 논법 개요표에 써넣으세요

예문 1

2005년, 미국 실리콘밸리에서 휴대폰 시장 컨설턴트로 일하는 일본인 가이후 미치는 자기 블로그에 '파라다이스 쇄국' 이라는 말을 사용했다. 현재 일본은 '파라다이스(낙원)' 에서 쇄국을 하고 있다고 지적한 것이다. 모험을 피하면서 안전하고 편안한 자기 나라에만 있으려고 하는 소극적이고 폐쇄적인 성격을 꼬집기 위해서 만든 말이다.

최근 파라다이스 쇄국을 우려하는 목소리가 나오고 있다. 경제대국 세계 2위인 일본이 '좋은 환경'에 묻혀서 국제 사회에 무관심하다는 이야기다. 부강한 나라답게 다른 나라를 위해 도움을 주어야 한다는 것이다.

예문 2

쿠바 헌법 43조에는 '모든 국민은 피부색, 성별, 종교, 국적에 관계없이 의료 혜택을 받을 똑같은 권리가 있다.' 라고 되어 있다.

쿠바는 카리브 해에 있는 섬나라다. 미국으로부터 경제 봉쇄를 당한 작고 가난한 공산주의 국가다. 1959년 혁명 당시 6천여 명이던 의사 가운데 3천여 명이 미국으로 망명했고, 전국에서 의과 대학은 한 곳밖에 없었다. 하지만 쿠바 정부는 전 국민 무상 의료를 위해 우수한 인재를 뽑아 의사로 키웠다.

1963년부터 해외지원팀 파견을 시작으로 지금까지 101개 나라에 1년에 10만 명 이상이나 의사를 보내서 환자를 치료해 주고 있다. 그리고 가난한 나라 젊은이들을 데려다가 전액 무료로 의학 공부를 시키고, 자기 나라로 돌아가 의료 활동을 하도록 하고 있다. 2005년에 첫 졸업생을 시작으로, 2007년 현재 28개 나라 3천 2백여 명이 의사가 되었다.

2004년부터 시작된 '기적의 작전' 은 베네수엘라에서 시각 장애인을 데려 와 시력 회복 수술을 해 주는 것이다. 교통비와 수술비는 물론 쿠바에서 지내는 모든 비용을 쿠바 정부가 지원해주고 있다.

2005년 10월 8일에 파키스탄 북동부 카슈미르에서 일어난 지진으로, 8만여 명이 죽고 4백만 명이 넘는 이재민이 발생했다. 이 지진으로 쿠바 의사들이 세계에 널리 알려지게 되었다. 어느 나라, 어느 구호 단체도 오지 않은 히말라야 오지에 바로 쿠바 의사들이 있었다. 지진이 일어나고 6개월 동안 쿠바 의사 2,378명이 산악지대를 누볐다. 눈을 본 적도 없는 그들은 눈과 추위를 뚫고 환자를 찾아다녔다. 외과 수술만 1만 4천 번을 넘게 했고, 1백 70만 명이 넘게 치료했다.

주제 : 공존과 발전

주제문 :

문제 제기(상황 제시) －내포(본질)와 외연(현상)	1. 2. 3.
원인 분석 －사회(외부/거시)적 원인 －개인(내부/미시)적 원인	1. 왜냐하면 2. 왜냐하면 3. 왜냐하면
대안 제시 －사회(외부/거시)적 대안 －개인(내부/미시)적 대안	1. 그러므로 2. 그러므로 3. 그러므로
반대 －대안에 대한 반발이나 부작용	1. 그렇지만 2. 그렇지만 3. 그렇지만
극복 －그 반발도 극복하면서 문제를 해소할 방법	1. 그렇다면 2. 그렇다면 3. 그렇다면
최종 결론 －전체 정리와 마무리	

18

독일 통일과 드레퓌스 사건

학습 목표

1. 비스마르크에 대해서 알 수 있다.
2. 독일 통일 과정에 대해 알 수 있다.
3. 드레퓌스 사건에 대해 알 수 있다.
4. 인권을 침해하는 수용소에 대해서 생각할 수 있다.
5. 국가와 개인에 대해 6단 논법으로 쓸 수 있다.

심화 학습

도서 읽기 • 마지막 수업
(알퐁스 도데 지음)

탐구 1 유럽 혁명과 부르주아

나폴레옹이 몰락한 뒤에, 유럽 여러 나라들에서는 다시 왕정시대로 돌아가려는 움직임이 일어났다. 하지만 나폴레옹시대를 겪으면서 성장한 민중의식은 또다시 혁명으로 불타올랐다. 1847년에 스위스를 시작으로, 1948년 1월에는 이탈리아에서 혁명이 일어났다. 2월에 일어난 프랑스혁명이 성공하자, 다른 나라로도 빠르게 퍼져 나갔다.

3월에는 오스트리아 왕궁이 민중들에게 습격당하였다. 메테르니히도 쫓겨나고 말았다. 그는 나폴레옹 전쟁 뒤에 혼란스러운 유럽을 안정시키기 위하여 여러 나라들이 힘을 모으기로 한 '빈 회의'를 이끌었던 사람이었다.

영국에서도 혁명이 일어났다. 영국에서는 선거법을 고치자는 차티스트 운동이 다시 일어나서 5백만 명이 넘는 사람들이 서명운동에 나섰다.

혁명은 독일로도 번져 와서 통일헌법을 만들기 위한 의회가 세워졌다. 그러나 혁명에 놀란 독일연방정부들은 체제를 지키기 위하여 혁명을 진압하였다. 통일헌법은 힘을 쓰지도 못했고, 의회도 해산되고 말았다.

프랑스에 세워진 혁명정부는 노동자들이 요구하는 대로 노동 시간을 1시간 30분 줄이고, 실업자들에게 일자리를 주기 위하여 국영 공장을 만들었다. 하지만 민주주의 선거로 권력을 잡은 사람들은 노동자가 아니라 귀족과 노동자 사이 계급인 부르주아들이었다. 이들은 어느 정도 교양과 재산이 있는 사람만 정치를 할 수 있어야 한다고 주장하였다.

분노한 노동자들은 다시 일어났다. 그러자 프랑스 정부를 차지한 부르주아들은 왕이나 귀족들과 손을 잡았다. 이들은 노동자들을 강력하게 탄압하였고, 체포한 노동자들을 알제리에 있는 강제 노동 수용소로 보냈다. 또다시 혁명 열기는 가라앉고 말았다.

하지만 사람들은 왕과 귀족이 통치하는 세상이 거의 끝나가고 있다는 것을 느끼게 되었다. 상공업이 발달하는 시대에서 부르주아는 귀족들만큼이나 많은 재산을 가지게 되었다. 그렇게 되자 귀족들도 땅을 팔아서 은행이나 공장에 투자하였다. 이렇게 유럽은 농업 사회에서 상공업 사회로 변화해 갔다.

탐구하기 프랑스혁명으로 권력을 잡은 부르주아들이 노동자들을 정치에 참여시키지 않은 까닭은 무엇일까요?

탐구 2 독일을 통일시킨 비스마르크

독일은 오랫동안 수십 개로 나누어진 연방 국가였다. 프랑스가 오랫동안 독일을 갈라놓는 정책을 써 왔기 때문이다. 그러다가 프로이센이 점점 커지면서 통일을 시도했지만, 나폴레옹이 '라인연방'으로 부르며 다시 갈라놓았다.

비스마르크

1862년 프로이센 총리가 된 비스마르크는 "지금 우리 앞에 놓인 문제는 언론이나 민주주의 다수결로는 해결할 수가 없다. 오직 철과 피로만 해결할 수 있다."고 하였다. 독일 통일은 민주주의나 노동자 권리를 내세우는 것보다 우수한 무기와 강력한 군대만으로 이룰 수 있다는 말이었다. 하지만 이 말은 혁명에 반대한다는 뜻이었기 때문에 지주나 군인들에게는 지지를 받았으나, 부르주아들이 차지하고 있던 의회에서는 강하게 반발하였다.

그러자 비스마르크는 의회 활동을 정지시켜 버리고는 세금을 많이 거두어서 무기를 생산하고 군사력을 키웠다. 준비를 마친 비스마르크는 프랑스 나폴레옹 3세와 평화협정을 맺고, 프랑스와 함께 오스트리아로 쳐들어갔다. 독일 통일을 가로막는 두 나라인 프랑스와 오스트리아 가운데 오스트리아부터 무너뜨리기 위해서였다. 전쟁을 일으킨 지 7주 만에 프로이센은 오스트리아에게 항복을 받고 북부 독일을 통일시켰다.

비스마르크는 프랑스로도 쳐들어가려고 하였으나, 평화협정이 걸림돌이 되었다. 그 때 에스파냐에서 왕위 계승 문제가 발생하였는데, 독일은 독일계 왕족이 즉위해야 한다고 주장하였다. 그러자 프랑스가 이에 반발하여 전쟁을 일으켰다. 이미 프랑스와 전쟁할 준비를 마치고 있던 비스마르크는 기다렸다는 듯이 나폴레옹 3세를 사로잡아버렸다. 전쟁에서 승리한 독일은 알자스와 로렌 지방까지 얻어서 독일 통일을 이루었다.

독일이 프랑스와 싸워서 이긴 것은 독일 국민들에게 자랑스러운 일이 되었고, 국민 의식과 애국심이 생겨났다. 전쟁을 반대하던 의회도 잇달아 전쟁에서 승리한 비스마르크를 지지하였다.

1871년, 독일 통일을 이룬 프로이센은 프랑스 베르사유 궁전에서 독일 제국 황제 즉위식을 열었고, 빌헬름 1세가 황제에 즉위하였다. 그리고 독일제국을 선포하였다. 그 뒤에도 독일은 꾸준히 군사력을 키워, 영국과 프랑스를 이어서 제국주의 국가가 되었다.

탐구하기 　**독일이 통일을 이룰 수 있었던 까닭은 무엇인가요?**

탐구 3 드레퓌스 사건

드레퓌스

독일과의 전쟁에서 진 프랑스는 복수심에 불타고 있었다. 전쟁 과정에서 생긴 애국심과 국가의식은 그 복수심을 더욱 강하게 만들었다. 학교에서도 조국이나 애국심을 종교처럼 가르쳤다. 20년이 지나도 그 복수심은 가라앉을 줄 몰랐다. 국민들은 군대가 복수를 해주기를 바랐다. 그래서 군대를 신성하게 여기고 군인은 인기가 좋았다.

1894년, 모두가 신성하게 여기던 군대에서 간첩 사건이 터졌다. 간첩이 쓴 편지가 쓰레기통에서 발견되었는데, 필체가 유태인인 드레퓌스 대위와 같았다. 드레퓌스는 반역죄로 체포되었다.

신문에는 '드레퓌스가 군사 기밀을 독일군에게 팔았고, 모든 것을 자백했으며, 곧 재판을 받게 될 것이다.' 라고 보도되었다. 그 기사를 쓴 사람은 유태인을 반대하는 '드루몽' 이었다. 사람들은 신문 기사에 적힌 그대로 믿고는 1870년에 독일에서 패한 것도 유태인들 때문이라고 생각했다. 순식간에 드레퓌스는 유태인을 대표해서 독일군에게 나라를 팔아먹은 매국노가 되고 말았다.

드레퓌스는 무죄라고 주장하였지만. 재판에서 받아들여지지 않았고, 군인 신분과 계급을 빼앗기고는 '악마의 섬' 이라는 범죄자 수용소에 갇히고 말았다. 하지만 얼마 지나지 않아서 이 편지를 쓴 사람은 에스테라주 소령이라는 것이 밝혀졌다. 그런데 그것을 밝혀낸 사람은 자리에서 쫓겨났다. 재판에 나온 필체 감정가들도 에스테라주 필체가 아니라고 하였다. 명령을 받고 거짓으로 증언한 것이었다. 결국 에스테라주는 만장일치로 무죄를 받았다.

명령을 내린 사람들은 드레퓌스가 무죄를 받는 것이 두려웠다. 국민들이 신성하게 여기는 군대가 권위를 잃으면 독일에 대한 복수심이 도리어 자기들에게로 몰릴 수 있기 때문이었다.

그러자 이번에는 에밀 졸라가 나섰다. '오로르' 신문에 '나는 고발한다' 라는 제목으로 기사를 썼다. 드레퓌스는 증거도 없이 갇혔고, 죄는 억지로 만들어진 것이라고 주장하였다. 프랑스 국민들은 드레퓌스 편과 반드레퓌스 편으로 나뉘어서 논쟁을 벌였다. 논쟁이 얼마나 격렬하였는지 부부와 가족, 친구 사이를 갈라놓기도 하였다. 프랑스가 반으로 쪼개질 것 같았다.

에밀 졸라를 재판하는 과정에서 서서히 드레퓌스가 무죄라는 것이 밝혀졌고, 드레퓌스는 섬에서 풀려나 군대로 돌아왔다. 그리고 나중에 훈장을 받기도 하였다.

탐구하기 **에스테라주가 범인인 줄 알게 되었는데도 드레퓌스를 풀어주지 않은 까닭은 무엇인가요?**

해석 독일이 통일전쟁을 성공한 까닭은?

다른 나라들에게 간섭을 받던 연방국가인 독일이 통일을 할 수 있었던 것은 철도와 소총, 그리고 대포 덕분이었다. 국가가 나서서 산업 발전을 계획하여 이끌었던 것도 중요한 원인이었다.

1835년에는 철도가 6킬로미터 밖에 없었지만, 1850년대에는 6천 킬로미터로 늘어났다. 전국으로 기차가 달릴 수 있게 된 것이었다. 그러나 철도 건설이 쉽게 된 것은 아니었다. 철도를 건설하는 데는 많은 돈이 들었지만, 부자들은 철도보다는 당장 돈을 벌 수 있는 공장에 돈을 쓰려고 하였다. 그래서 국가에서 철도를 건설하였다.

독일은 국가가 나서서 산업을 발전시킬 계획을 세우고, 공장을 짓게 하여, 공업을 발전시켰다. 만든 상품을 옮기는 철도와 도로, 항구는 국가가 만들었다.

철도에서 달릴 차량을 만드는 크루프 공장에서는 더욱 단단한 강철을 만들었다. 강철은 총과 대포를 만들었다. 비스마르크도 크루프 공장을 더욱 발전시켰다. 이 공장에서 만든 대포는 성능이 뛰어나서 오스트리아와 프랑스를 물리치는 무기가 되었다.

이렇게 독일은 국가가 나서서 나라를 발전시킬 필요한 산업을 정하고 발전 방향을 계획하여 공업을 발전시켰다. 그 덕분에 전쟁에 필요한 무기를 만드는 중화학 공업이 발전할 수 있었다. 또 철도를 통해서 군사와 무기를 어디로든 쉽고 빠르게 보낼 수 있게 되어서 오스트리아와 프랑스를 물리치고 독일을 하나로 통일할 수 있었다.

해석하기 국가가 계획을 세워서 산업을 발전시키면 좋은 점과 나쁜 점은 무엇일까요?

그 무렵 우리나라에서는 **갑오개혁이 이루어지다**

1894년, 동학농민운동이 일어났다. 외세를 물리치고 나라를 바로 잡자는 이 운동은 청나라와 일본군을 끌어들여서 가까스로 진압하였지만, 나라 안팎에서 개혁을 해야 한다는 목소리가 높아졌다.

이 개혁으로 신분제도가 폐지되고, 과부도 재혼을 할 수 있게 하는 등 나쁜 제도를 바로 잡고, 단발령이 내려지는 등 나라를 근대화 시키는 제도들이 만들어졌다.

하지만 개혁을 스스로 이루기보다는 일본에게 떠밀려서 한 것이라 우리에게 불리한 제도도 생겨났다. 또 국왕에게서 인사권·재정권·군사권 등을 빼앗거나 약하게 만들었다. 국왕을 약하게 하여 일본이 우리나라를 침략하는 데 유리하도록 만든 것이었다.

역사토론

독일 군국주의는 독일 발전에 도움이 되었는가?

토론 내용 비스마르크는 피와 철로 강력한 나라를 만들고, 중화학 공업을 발전시켜서 독일을 통일해야 한다고 주장하였다. 결과를 보아도 독일은 통일되었고, 프랑스와 영국에 이어서 제국주의 국가가 되었다. 하지만 이것이 과연 독일을 좋은 나라로 만든 것일까?

토론 **1** 좋은 나라로 만든 것이다.

비스마르크가 벌인 산업 발전 정책은 성공하였고, 둘레 나라들에게 간섭을 받으며 연방국가로 흩어져 있던 독일도 통일을 이루었다. 그러니 좋은 나라가 된 것이다.

토론 **2** 아니다. 살기 좋은 나라로 만들지 않았다.

비스마르크가 벌인 산업 정책은 전쟁을 하기 위한 준비 과정이었다. 그래서 생필품보다는 무기나 기계를 만드는 중화학 공업 쪽으로 많이 발전시켰다. 산업이 발달하였어도 전쟁을 하게 되었으니 좋은 나라가 아니다.

토론 **3** 그래도 좋은 나라로 만든 것이다.

비스마르크는 중화학 공업을 일으키기 위하여 공장만 세운 것이 아니라 도로와 항구를 건설하고 철도를 놓았다. 6천 킬로미터나 되는 철도로 전국 어디로든 갈 수 있었으니 좋은 나라가 된 것은 분명하다. 또 전쟁을 하면서 국가 의식이 생기고 애국심이 길러졌으니 국민들이 하나로 뭉칠 수 있었을 것이다.

토론 **4** 아무리 그래도 좋은 나라로 만든 것이 아니다.

독일은 발전한 산업과 강해진 군대를 앞세워 제국주의 국가가 되었다. 결국 다른 나라를 침략하기 위하여 나라를 발전시킨 것이다. 국민을 전쟁으로 내모는 나라는 결코 좋은 나라가 아니다.

토론하기 비스마르크가 산업을 발전시키고 군대를 키워서 독일이 좋은 나라가 된 것일까요? 자기 생각을 밝히고 그 까닭을 쓰세요.

🌀 **다음 글을 읽고, 물음에 대한 생각을 써 보세요.**

➡ 드레퓌스가 '악마의 섬'에 갇혔던 것처럼 쿠바에 있는 관타나모 미군 기지에는 아프카니스탄에서 붙잡힌 탈레반과 알카에다 조직원들이 갇혀있습니다. 전쟁 포로인 이들을 범죄자로 취급하여 가두는 것에 대해 생각해 봅시다.

관타나모 수용소

쿠바와 미국은 서로 적으로 대하는 나라다. 그런데 쿠바 안에 미군 기지가 있다. 바로 관타나모 해군 기지다. 이 관타나모 해군기지는 미군이 가지고 있는 해외기지 가운데 가장 오래된 것으로, 쿠바 남동 쪽 해안에 자리 잡고 있다. 면적은 1백 6십 평방킬로미터이고, 미군과 군속, 그리고 가족 수천여 명이 살 고 있다. 쿠바 속에 있는 미국인 셈이다.

1898년에 스페인과 전쟁을 할 때 미국이 이 땅을 차지했으며, 1903년부터 해마다 금화 2천 개를 주는 조건으로 쿠바에게 빌렸고, 지금까지 해마다 약 4천 달러를 쿠바에게 주고 있다.

쿠바는 미국에게 기지를 철수하라고 요구하지만, 처음에 빌려주는 조약을 맺을 때 두 나라가 모두 원 하지 않으면 철수하지 않아도 된다고 하였기 때문에 미국이 쿠바 요구를 들어주지 않고 있다. 그때는 쿠바와 미국 사이가 좋았기 때문인데, 1년에 겨우 4천 달러만 주고 주둔하고 있다.

소련이 붕괴되고 나서 관타나모 기지가 별로 중요해지지 않게 되자, 주둔하는 사람을 5백여 명으로 줄이고 사격훈련장으로 쓰기도 하였다. 그러나 2001년에 아프가니스탄에서 탈레반과 알카에다 포로들 을 수용하면서 경비에 필요한 군인들을 늘렸다.

기지에서 수용소로 목적이 변한 것이었다. 이 수용소에 갇혀 있는 탈레반과 알카에다 조직원들은 전 쟁포로가 받아야 하는 대우를 받지 못하고 있다. 미군이 볼 때는 범죄자이지만, 그들 입장에서는 나라 를 위해서 싸운 것이니 전쟁 포로이다.

국제 앰네스티를 비롯한 인권단체들과 유럽 여러 나라들은 이 수용소에 갇힌 사람들에게 인권침해가 일어난다면서 여러 차례 비판을 하고 있다. 그들은 전쟁포로이므로 죄 없이 갇혀 있다는 것이다.

 나라를 위해 다른 나라 군인과 싸우는 것은 범죄가 아니라 전쟁인데, 수용소에 가두 는 것이 옳은 일일까요? 자기 생각을 쓰세요.

논술 한 단계

예문 1 과 예문 2 는 '나라가 먼저인가, 개인이 자유롭고 행복한 것이 먼저인가?'를 보여주고 있습니다. 나라와 개인 가운데 어떤 것이 더 먼저여야 하는지 자기 생각을 6단 논법 개요표에 써넣으세요.

예문 1

1975년에 월남이 패망하자 사람들은 보트나 어선을 타고 월남을 탈출하였다. 월남을 탈출하였으나 다른 나라에서 받아주지 않았다. 육지에 올라 올 수 있게 했더라도 다시 월남으로 돌려보내 버리기도 하였다.

이들은 나라가 없어졌기 때문에 외국에서 자기들을 책임지고 보호해 줄 대사관 같은 것도 없었다.

바다 위에서 갈 곳 없는 신세가 되어버린 이 사람들을 '보트 피플(boat people)'이라고 부른다. 이들은 겨우 다른 나라에서 자리를 잡았더라도 편하게 살 수가 없다. 나라가 망하지 않았다면 다른 나라를 떠돌며 고생하지 않아도 되었을 것이다.

이 보트 피플들을 통해서 나라를 지켜내지 못한 국민이 받는 설움이 무엇인지 잘 배울 수 있다.

예문 2

자기가 믿는 종교 신념에 따라 총을 들지 않기 위하여 군대에 가지 않는 것을 '양심적 병역거부'라고 한다. 하지만 우리나라는 건강한 남자이면 누구나 군대에 가야 하므로, 이들은 병역법 위반으로 감옥에 가야 한다. 범죄자가 되고 마는 것이다.

국가를 위해서 군대가는 것을 당연하다고 여기는 우리나라에서는 양심적 병역거부를 좋게 생각하는 사람보다 힘든 군대생활을 피하려고 하는 핑계라고 여기는 사람들이 더 많다.

그래서 양심적 병역 거부자에게 군대가 아닌 다른 곳에서 국가와 사회를 위해서 봉사할 수 있는 제도를 만들자는 주장이 일어나고 있다. 바로 대체 복무제이다. 대체 복무제란 봉사를 필요로 하는 시설이나 단체에서 군복무보다 더 긴 기간을 봉사하게 한다면 병역의무를 다한 것으로 인정하는 제도이다.

그러나 어떤 방법도 군대보다 더 힘들지 않을 것이라는 생각 때문에 아무나 양심적 병역 거부를 해버린다면 군인이 없어져 버릴 것이므로 대체 복무제를 만들면 안 된다고 하는 사람들도 있다.

주제 : 나라와 개인

주제문 :

문제 제기(상황 제시) -내포(본질)와 외연(현상)	1. 2. 3.
원인 분석 -사회(외부/거시)적 원인 -개인(내부/미시)적 원인	1. 왜냐하면 2. 왜냐하면 3. 왜냐하면
대안 제시 -사회(외부/거시)적 대안 -개인(내부/미시)적 대안	1. 그러므로 2. 그러므로 3. 그러므로
반대 -대안에 대한 반발이나 부작용	1. 그렇지만 2. 그렇지만 3. 그렇지만
극복 -그 반발도 극복하면서 문제를 해소할 방법	1. 그렇다면 2. 그렇다면 3. 그렇다면
최종 결론 -전체 정리와 마무리	

살아있는 세계사 재미있는 논술

03 근대편(르네상스에서 독일 통일까지)

2009. 5. 10. 1판 1쇄 발행
2010. 12. 30. 1판 2쇄 발행
2015. 1. 5. 2판 1쇄 발행
2018. 10. 30. 2판 2쇄 발행
2022. 10. 26. 2판 3쇄 발행

지은이 | 모난돌역사논술모임
펴낸이 | 이종춘
펴낸곳 | BM ㈜도서출판 성안당
주소 | 04032 서울시 마포구 양화로 127 첨단빌딩 5층(출판기획 R&D 센터)
| 10881 경기도 파주시 문발로 112 파주 출판 문화도시(제작 및 물류)
전화 | 02) 3142-0036
| 031) 950-6300
팩스 | 031) 955-0510
등록 | 1973. 2. 1. 제406-2005-000046호
출판사 홈페이지 | www.cyber.co.kr
ISBN | 978-89-315-8706-7 (64900)
| 978-89-315-7342-8 (세트)
정가 | 19,000원

이 책을 만든 사람들

책임 | 최옥현
편집·진행 | 박재언, 홍희정
일러스트 | 민재회
표지·본문 디자인 | 디자인 비따
홍보 | 김계향, 유미나, 이준영, 정단비, 임태호
국제부 | 이선민, 조혜란
마케팅 | 구본철, 차정욱, 오영일, 나진호, 강호묵
마케팅 지원 | 장상범, 박지연
제작 | 김유석

■ 도서 A/S 안내

성안당에서 발행하는 모든 도서는 저자와 출판사, 그리고 독자가 함께 만들어 나갑니다.
좋은 책을 펴내기 위해 많은 노력을 기울이고 있습니다. 혹시라도 내용상의 오류나 오탈자 등이 발견되면 **"좋은 책은 나라의 보배"**로서 우리 모두가 함께 만들어 간다는 마음으로 연락주시기 바랍니다. 수정 보완하여 더 나은 책이 되도록 최선을 다하겠습니다.
성안당은 늘 독자 여러분들의 소중한 의견을 기다리고 있습니다. 좋은 의견을 보내주시는 분께는 성안당 쇼핑몰의 포인트(3,000포인트)를 적립해 드립니다.

잘못 만들어진 책이나 부록 등이 파손된 경우에는 교환해 드립니다.

세계사에 영향을 끼친 근현대 인물

아시아 - 아프리카

터키
케말 파샤
Mustafa Kemal Atatürk
(1881 ~ 1938)

터키공화국을 건국하고 초대대통령을 지냈다. 케말 아타튀르크라고도 한다. 1차 세계대전 가운데 영국·프랑스 연합군이 침입하는 것을 막음으로써 국민적 영웅이 되었다. 그러나 술탄 정부가 국토가 극도로 줄어드는 세브르조약을 연합국과 체결하려 하자 이에 반대하고 조국해방전쟁을 시작하였다. 그 뒤 아나톨리아에 침입한 그리스군을 격파한 뒤 연합군과 휴전하였다. 1922년 술탄제를 폐지하고, 1923년에는 연합국과 로잔조약을 체결하고 터키공화국 성립을 선언함으로써 초대 대통령이 되었다. 칼리프제 폐지, 민법 개정, 태양력·미터법 채용, 문자 개혁 등 각종 제도 개혁을 실시하였다. 또한 농업·공업 등 산업 진흥에도 힘써 터키공화국이 근대화 되는 데 기초를 마련했다.

베트남
호치민
胡志明
(1890 ~ 1969)

베트남 혁명가이자 정치가이며, 본명은 응우옌 신 꿍이다. 민족해방 최고 지도자이자 베트남민주공화국(북베트남) 초대 대통령을 지냈다.

프랑스 점령 하에서 고통 받는 국민들을 구하기 위해 프랑스, 미국, 영국, 아시아 등 여러 나라들을 돌며 공부했으며, 베트남 독립 뿐 아니라 아시아의 반식민지 운동을 위해 투쟁했다.

1920년대부터 베트남 민족해방 운동을 하면서 인도차이나 공산당을 창설하여 독립운동을 이끌었다. 1945년에는 베트남민주공화국을 세우고 대통령에 취임하여 민족 독립을 선언하고 사회주의 국가를 건설했다. 그러나 1년도 안 되어 프랑스에 의해 추방되었고, 1969년 사망할 때까지 베트남 독립운동을 위해 일생을 바쳤다.

이란
호메이니
Ayatollah Ruhollah Khomeini
(1900 ~ 1989)

이란에서 태어났다. 1950년대에 위대한 종교 지도자인 '아야톨라(종교심과 학식이 뛰어난 사람에게 주는 존칭)'로 찬양받았고, 시아파 최고지도자가 되었다. 독재자인 팔레비 국왕이 펼치는 지나친 서구화 정책에 반대하다 추방되어 망명생활을 하던 중, 이란 혁명으로 팔레비가 쫓겨나자 이란 국민들에게 환영을 받으며 귀국했다. 새로운 정부를 구성하고 이란 이슬람공화국을 선포하여 이란을 이슬람 국가로 만들었다. 이때부터 이란 사람들은 술을 마시지 못했고, 여자들은 얼굴을 가리는 등 엄격한 이슬람 율법을 지켜야만 했다. 이란 사람들은 이슬람 종교 성인에게 붙여지는 '이맘'이란 호칭을 호메이니에게 붙여 그를 '이맘 호메이니'라고 불렀고 1989년에 죽을 때까지 국가 최고지도자로 이란을 통치하였다.

팔레스타인
야세르 아라파트
Yasser Arafat
(1929 ~ 2004)

이집트 카이로에서 태어나 이집트에서 '팔레스타인학생연합'에 가입하였다. 쿠웨이트로 건너가 알파타(팔레스타인민족해방운동)를 결성하였으며, 뒤에 팔레스타인해방기구(PLO) 의장이 되었다. 1988년 팔레스타인 민족평의회를 통해 팔레스타인 독립국을 선포하고 서방외교를 강화해 독립을 승인받았다. 1993년 이스라엘 총리 라빈과 팔레스타인 자치원칙선언을 주요 내용으로 하는 평화협정을 체결하였다. 이러한 공로로 1994년 라빈과 이스라엘 외무장관 페레스와 함께 노벨평화상을 공동수상하였다. 1996년 팔레스타인 첫 총선에서 팔레스타인 자치정부 수반으로 선출되었다. 2004년 11월 11일 지병으로 사망하였다.

싱가포르
리콴유
李光耀
(1923 ~   )

싱가포르의 부유한 중국계 가문에서 태어났다. 반식민주의·반공산주의를 내세운 사회개혁을 외치며 영국연방 싱가포르 자치령 총리로 취임했다. 1963년 싱가포르가 영국으로부터 독립하자마자 말레이시아 연방을 결성하였으나 민족 폭동으로 연방에서 탈퇴했다. 당시 어려운 경제 여건 속에서도 외국투자를 유치하여 일자리를 창출하고 무역을 중심에 둔 사업과 과감한 공업화 정책을 벌였다. 세계 유명 금융기관을 유치하여 싱가포르를 동남아시아 금융 중심지로 만들었다. 서민생활 안정을 위해 영구임대주택 보급, 물가안정정책을 폈으며 부정부패를 척결하고 환경보호 사업에도 많은 노력을 기울였다. 식민지였던 조그만 도시국가 싱가포르를 세계가 놀랄만한 아시아 선진국으로 만들어 '싱가포르의 기적'을 실현했다.

미얀마
아웅 산 수지
Aung San Suu Kyi
(1945 ~   )

미얀마 독립운동 지도자인 아웅 산의 딸로 미얀마 양곤에서 태어났다. 열다섯 살 때 영국으로 유학 가서 옥스퍼드대학교에서 정치학 등을 공부하였다. 1988년 4월에 미얀마로 돌아와 독재정권에 맞서 싸우는 국민들 편에 서서 시위를 벌였다. 그리고 민족민주연합을 만들어 민주주의를 회복하기 위한 운동을 앞장서서 이끌어 나갔다.

그러나 군사반란이 일어나고 말았다. 반란세력들은 내란을 일으키려고 국민들을 부추겼다며 집 밖으로 나오지 못하는 가택연금을 했다. 그래도 민주화 투쟁을 계속하여 1990년 5월에 다당제로 선거를 실시하도록 만들었다.

그리고 총선거에서 민족민주연합이 친군부세력인 민족통일당을 물리치고 압도적인 승리를 거두었다. 1991년 노벨평화상을 받았고, 1995년에 자택연금에서 풀려난 뒤에 민족민주연합 사무총장이 되었다.

이라크
사담 후세인
Saddam Hussein al-Majid al-Awja
(1937 ~ 2006)

1979년부터 2003년 이라크 전쟁 때까지 이라크를 통치한 대통령이다. 수니파 출신으로 쿠데타를 일으켜 대통령이 된 뒤, 1980년에 미국 지원을 받아 시아파 국가인 이란과 전쟁을 일으켰다. 이후 시아파 거주지역인 두자일을 지나가던 중에 암살공격을 받았다. 그러자 이 사건이 수니파인 자신을 노린 시아파 범행이라고 보고 어린이와 여자를 포함한 두자일 주민 148명을 처형하였다. 1991년에는 쿠웨이트를 침공하여 7개월 동안 점령했다가 미국을 포함한 다국적군이 이끈 걸프전에서 패해 물러났다. 2003년에 이라크가 보유한 대량살상무기(WMD)를 제거한다는 명분으로 미국이 이라크를 침략해 전쟁이 일어났다. 미군에 체포되어 미국이 주도한 재판에서 두자일 마을 학살사건에 대한 죄가 인정되어 2006년에 사형이 집행되었다.

필리핀
라몬 막사이사이
Ramon Magsaysay
(1907 ~ 1957)

필리핀 정치지도자로 국방장관으로 있을 때 정부 전복을 노리는 공산 게릴라 후크 발라하프 반란을 진압하여 국민들 지지를 얻었다. 현대에서 가장 성공적인 반게릴라 작전으로 평가받는 이 진압과정에서 국민의 신뢰를 얻기 위해 귀순자들에게는 토지와 농기구를 마련해 주었다. 그리고 군대를 개혁하여 부패한 장교들을 해임했다. 1953년 선거로 대통령이 되어 서민과 빈곤자들을 위한 정책을 실시하고, 깨끗하고 청렴한 정치로 정부를 개혁하여 필리핀에 민주주의를 정착시켰다. 동남아시아 조약기구에도 가입했다. 1957년 임기를 다하지 못한 채 비행기 사고로 사망하자 업적을 기리기 위해 미국 록펠러재단은 '막사이사이상'을 제정하였다. 이 상은 매년 공공사업, 사회공익에 헌신한 사람에게 주는 국제적인 상이다.

인도
마하트마 간디
Mohandas Karamchand Gandhi
(1869 ~ 1948)

인도의 민족운동 지도자이자 인도 건국의 아버지이다. 남아프리카에서 인종차별에 대한 투쟁으로 유명해졌다. 제1차 세계대전 뒤 영국에 대해 반영·비협력 운동 등의 비폭력 저항을 전개하였다.
1947년 7월 인도가 분할 독립했을 때, 78세의 많은 나이에도 불구하고 종교 사이에 소동이 가장 심했던 벵갈에서 힌두교도와 이슬람교도의 화합을 위한 활동을 계속하였다. 이듬해, 이 활동의 행선지를 뉴델리로 연장하고, 종교 사이에 일어난 다툼을 진압하는 데는 성공하였으나, 힌두교도 청년이 쏜 총에 맞아 숨졌다. 1922년부터 인도가 자랑하는 작가 타고르의 방문을 받아 〈마하트마(Mahatma:위대한 영혼)〉라고 칭송한 시를 받았고, 그 뒤 마하트마 간디라고 불리게 되었다. 그가 인도인들에게 끼친 영향과 함께 비폭력, 불복종운동은 인류 역사에 길이 남을 것이다.

인도
자와할랄 네루
Pandit Jawaharlal Nehru
(1889 ~ 1964)

인도의 정치가로 북인도 카슈미르의 부유한 브라만 가문 출신이다. 간디를 만나고 난 뒤 영향을 받아 정치적인 눈이 열리게 되었다. 영국으로부터 독립한 뒤 총리 겸 외무장관을 지냈다.
감옥에서 쓴 책《인도의 발견》을 보면 조국에 대한 이해와 열정, 아시아·아프리카의 민족주의에 대한 올바른 평가, 평화공존, 인간애 등이 잘 나타나있다. 개방적이고 솔직한 성격으로 인도 국민의 열렬한 지지를 받았다. 외동딸 인디라 간디에게 편지 형식으로 세계사를 들려주는《세계사 편력》이 잘 알려져 있다.

중국
쑨원
孫文
(1866 ~ 1925)

중국 광둥성에서 빈농의 아들로 태어나 홍콩에서 의학 공부를 한 뒤에 의사가 되었다. 여러 나라를 돌아다니며 중국의 혁명운동을 지원할 세력을 얻어냈다. 일본으로 망명하여 중국혁명동맹회를 결성하여 반청무장봉기를 되풀이 하였다. 1911년 신해혁명이 일어나자 임시대총통에 추대되어 중화민국을 발족시켰다. 그러나 위안스카이에게 총통자리를 내주었다. 다시 일본으로 망명해 중화혁명단을 만들어 공산당과 손잡고 노동자와 농민을 이끄는 국민혁명을 꿈꾸었다. 국공 합작을 통해 노동자 · 농민이 힘을 합쳐야 한다면서 국민혁명을 추진하기 위해 북벌을 꾀하였지만 실패하였다. 서양의 자연 사상과 인권주의를 받아들이는 개혁을 추구했으며 각각 독립, 민주주의, 경제 발전을 의미하는 민족주의 · 민권주의 · 민생주의의 원칙에 의한 정치인 삼민주의를 이루려 하였다.

타이완
장제스
蔣介石
(1887 ~ 1975)

중국 저장성에서 태어났다. 1906년 바오딩 군관학교에 입학하고 다음해 일본에 유학하였다. 혁명동맹회에 가입하고 신해혁명에 참가하였다. 1924년에는 황푸군관학교 교장을 역임하고, 쑨원이 죽은 이듬해인 1926년 국민혁명군을 지휘하게 되었다. 만주사변 뒤 일본의 침공에 대해서는 내정을 안정시킨 뒤에 외적을 물리친다면서 군벌을 이용해 국내 통일을 추진하였다. 내전을 중지하고 일본을 막아내자는 여론이 높아지자 국공합작을 통해 전면적인 항일전을 개시하였다. 그러나 제2차 세계대전 뒤 다시 중국공산당과 결별하고 내전을 개시하였다. 그러나 1949년 공산당에게 완전히 패배하여 본토에서 타이완으로 정부를 옮겨 중화민국총통과 국민당 총재를 맡아 중국 대륙을 되찾고자 노력하며 20년 동안 독재를 했다.

일본
이토 히로부미
伊藤博文
(1841 ~ 1909)

일본 정치가로 메이지 헌법 초안을 작성하고, 양원제 의회를 확립하는 등 현대 일본 정치의 기초를 닦았다. 본명은 하야시 도시스케로 가난한 농민 집안에서 태어났으나, 이토 집안에 양자로 들어가 하급 무사가 되었다. 왕실을 높이고 서양 세력을 물리치자는 존왕양이운동에 참가하였고, 1864년에는 조슈번을 장악했다. 서구 여러 나라를 시찰하고 돌아와 메이지 정부 요직을 두루 거쳤고, 총리를 네 번이나 했다. 1905년에는 을사조약이 체결되자 조선에 초대 통감으로 부임하였다. 1909년 10월 26일, 러시아와 만주 철도 경영권에 대해 협의하기 위해 하얼빈에 왔다가 안중근에게 저격당해 사망했다.

일본
도조 히데키
東條英機
(1884 ~ 1948)

1884년, 일본 도쿄에서 태어났다. 육군대학을 졸업한 후 만주에 주둔했던 일본 육군부대인 관동군 헌병 사령관, 관동군 참모장, 육군 차관 등을 역임하였다. 제2차 세계대전 막바지였던 1941년 12월 8일, 미국 하와이 진주만에 있는 미국 함대 기지를 기습 공격함으로써 태평양전쟁을 일으켰다. 전쟁이 시작된 뒤, 한국에서 징병제와 학도병 지원제를 실시했다. 1944년에는 참모총장까지 겸임하였다. 그러나 전쟁이 일본에 점점 불리해지자, 1944년 7월 총사퇴하였다. 전쟁이 끝난 뒤 자살을 기도하였으나 미수에 그치고, 재판에서 A급 전쟁범죄자로 회부되어 교수형에 처해졌다.

중국
마오쩌둥
毛澤東
(1893 ~ 1976)

중국 후난성에서 태어났다. 농민운동을 지도하다 중국 공산당 창당 멤버 13명 가운데 한 명으로 참석했다. 1931년 만들어진 중화 소비에트 공화국 임시정부 주석이 되었고, 대장정을 통해 중국 공산당 내에서 확고한 자리를 차지했다. 1943년부터 1976년 죽음을 맞이할 때까지 중국 공산당 주석을 지냈다. 장제스가 이끄는 국민당과 벌어진 내전에서 승리해 1949년 중화인민공화국을 세우고 국가 주석에 올랐다. 소련에 이어 두 번째로 사회주의 국가를 세웠다. 하지만 대약진 운동이 실패한 책임을 지고 1959년 류사오치에게 국가 주석 자리를 넘겼다가 문화대혁명을 통해 권력을 되찾았다.

중국
저우언라이
周恩來
(1898 ~ 1976)

중국 장쑤성에서 태어났다. 일본에 유학하고 돌아온 뒤 1919년에 일어난 5.4운동에 참여했다가 감옥생활을 하고 풀려났다. 그 뒤 프랑스 유학생활 중 공산당에 입당했다. 대장정에서 마오쩌둥을 지지해 마오쩌둥이 공산당 내에서 주도권을 잡는데 큰 역할을 했으며, 죽을 때까지 2인자 자리를 놓치지 않았다. 1936년 일어난 시안 사건에서 장제스와 회담을 통해 2차 국공합작을 이루어냈다. 중화인민공화국 첫 총리를 맡았고, 아시아, 아프리카 국가들을 모아 제3세계를 구성하는 데 주도적 역할을 했다.

이집트
가말 압델 나세르
Gamal Abdel Nasser
(1918 ~ 1970)

현대 아랍 역사와 20세기 제3세계 역사에서 가장 중요한 정치인 중 한 명으로 꼽힌다. 정치가이자 군인이었다. 1952년, 혁명을 일으켜 무하마드 알리 왕조를 무너뜨리고 이집트를 공화국 체제로 만들었다. 1956년에는 이집트 제2대 대통령이 되어 강력한 중앙집권체제를 구축하는 한편 이집트 산업화를 위해 노력하였다. 같은 해, 영국에 빼앗겼던 수에즈운하 소유권을 인정받는 정치적 승리를 이끌어내었다. 그 뒤, '오랜 적이었던 유럽 세계를 이겼다' 는 것만으로도 모든 아랍세계로부터 환영을 받았으며 제3세계의 희망으로 여겨진 적도 있었다. 범아랍주의를 내세워 아랍세계를 하나로 묶으려는 나세르주의를 내세웠다.

리비아
카다피
Muammar al - Qaddafi
(1942 ~   )

리비아 육군 대위였다가 1969년 9월 국왕 이드리스 1세가 해외 순방 중일 때 쿠데타를 일으켰다. 혁명평의회 의장으로 취임하여 정권을 장악하고 군 사령관을 맡았다. '이슬람 사회주의' 건설을 목표로 미국과 영국 군사기지를 폐쇄시키고, 석유회사를 국유화하였으며 이탈리아 정착민들을 내쫓았다. 엄격한 이슬람 율법에 따라 음주를 금지시키고, 독자적인 직접민주제를 구상하였다. 중동지역에 단일 이슬람 국가를 건설하려는 시도를 했으나 무산되었다. 그는 비동맹 운동에 참가하고 아프리카 여러 나라에도 많은 지원을 했으며, 반미 · 반유대 노선을 취하며 전 세계 반체제 · 게릴라 단체들에 대한 지원에도 가장 적극적이었다.

중국
덩샤오핑
鄧小平
(1904 - 1997)

쓰촨성에서 태어나 프랑스로 유학을 간 뒤 파리에서 공산
주의운동에 참여하였다. 그 뒤에 모스크바를 거쳐 돌아와
1927년부터 광시에서 공산당운동에 참여하였다. 마오쩌둥
을 따라 대장정에 참가하였고, 팔로군에서 정치위원을 지
냈다. 1952년 정무원부총리, 1954년 당중앙위원회 비서장,
1955년 정치국 위원이 되었다.

경제발전을 위하여 보상 제도를 만들고 우수한 인재를 양
성하는 실용주의를 주장하였다. 그 바람에 마오쩌둥과 갈
등을 빚어, 문화대혁명 때 정치에서 물러나야 했다. 1973년
에 국무원 부총리가 되었으나, 1976년에 다시 물러났고,
1977년에 복직하였다. 1981년 권력을 장악하여 실용주의
노선을 내세우며 개혁개방을 단행했다. 중국 경제를 크게
성장시키고 다시 강대국이 되는 길을 열었다.

남아프리카공화국
넬슨 만델라
Nelson Rolihlahla Mandela
(1918 ~   )

1918년 남아프리카공화국 트란스케이에서 태어났다. 대학
에 다니는 가운데 시위를 주도해 퇴학당하였다. 그 뒤 아프
리카민족회의 청년연맹을 만들었고, 흑인으로서는 처음 법
률사무소를 열었다. 그리고는 백인과 흑인을 차별하는 아
파르트헤이트에 반대하는 흑인인권운동에 집중하였다. 체
포와 석방을 반복하다 1962년부터는 27여 년을 복역했다.
수감생활을 하면서 많은 상을 받았고, 세계 인권운동에 상
징적 존재가 되었다. 석방 뒤에 아프리카 민족회의 의장으
로 인종분쟁을 해결했다. 1994년 남아프리카공화국 최초로
흑인들도 참여하여 구성된 의회에서 대통령으로 뽑혔다.

세계사에
영향을 끼친
근현대 인물

아시아 – 아프리카

살아있는 세계사 재미있는 논술

근대편(르네상스에서 독일 통일까지) **3**

모난돌역사논술모임 지음

첨삭 지도

학습 가이드 & 예시 답안

BM (주)도서출판 **성안당**

01 근대를 향한 움직임

탐구하기 14쪽

이탈리아는 로마 제국이 일어난 곳으로, 고대 문화가 다른 어느 곳보다 풍부하고 잘 보존되고 그 유적과 유물도 많았다. 지중해 무역이 발달하여 부유한 상인과 정치가들이 문학과 예술을 보호하고 지원하였다.

탐구하기 15쪽

칼뱅 교도들은 사람이 구원받는 것은 신에 의해서 미리 정해져 있다는 구원예정설을 주장하며, 노력에 따라 구원받을 수 있으므로 근면하게 직업 노동에 종사할 것을 권유하고 그 결과로 축적된 재산을 긍정적으로 받아들였기 때문이다.

탐구하기 16쪽

포르투갈, 에스파냐에 이어 네덜란드 · 영국 · 프랑스 등도 항로를 개척하여 유럽인들이 식민 활동에 나서고, 무역 패권과 식민지 획득을 위한 국제 경쟁이 격화되었다. 유럽 경제가 비약적으로 발전되었다.

해석하기 17쪽

예시 답안

종이와 인쇄술이 발달되지 못했다면 종이 값이 비싸서 많은 사람들이 성서와 르네상스 시대 작품들을 나누어 볼 수도 없었을 것이기 때문이다.

토론하기 18쪽

예시 답안

1. 침략자이다. 왜냐하면 콜럼버스가 아메리카 대륙을 발견해서 아메리카 대륙에 있던 많은 유적이 파괴되고 말았다. 금으로 만들어진 유물을 모두 녹여 유럽으로 가져가 버렸고, 그 뒤 많은 원주민들을 학살했기 때문이다.
2. 콜럼버스는 영웅이다. 왜냐하면 콜럼버스가 아메리카 대륙을 발견하지 않았다면 오늘날 미국에는 원주민들만 살고 있었을 것이다. 지금처럼 미국이 강대국으로 성장한 것은 유럽 사람들이 개척하고, 개발했기 때문이다. 아무리 수준 높은 문화라 하더라도 폐쇄적이고, 교류가 없었기 때문에 더 이상 발전하기 힘들었을 것이다.

역사에 비추어 보는 세계 19쪽

생각 열기

예시 답안

자원은 한정되어 있다. 그래서 함부로 써서는 안 된다. 지금 우리가 사용하고 있는 화석연료도 이제 머지않아 고갈된다고 한다. 자원을 소중하게 여겨 아껴서 써야 한다. 또한 자원을 소비만 하지 말고, 새로운 에너지 자원을 개발하는 등 미래에 대한 투자를 해야 한다.

논술 한 단계 21쪽

주제: 목표를 이루는 방법

주제문: 방법이 좋아야 한다.

문제 제기(상황 제시) -내포(본질)와 외연 (현상)	1. 교황은 성당을 개축하려고 면벌부를 판매했다. 그래서 비판을 받았다.
	2. 결과만 좋으면 그만이라고 생각한다. 그래서 나쁜 방법을 쓴다.
	3. 사람들은 결과만 중요하게 생각한다. 그래서 과정을 중요하게 생각하지 않는다.
원인 분석 -사회(외부/거시)적 원인 -개인(내부/미시)적 원인	1. 왜냐하면 면벌부가 실제로 죄를 없앨 수 있는 기능이 있는 것이 아니기 때문이다.
	2. 왜냐하면 좋지 않은 방법을 써서라도 결과만 좋으면 된다고 생각하기 때문이다.
	3. 왜냐하면 결과를 보고 모든 것을 판단하기 때문이다.
대안 제시 -사회(외부/거시)적 대안 -개인(내부/미시)적 대안	1. 그러므로 교황은 자기 신분에 맞는 행동을 해야 한다.
	2. 그러므로 좋은 방법으로 일을 해야 한다.
	3. 그러므로 좋은 결과를 이루기 위해서 최선을 다해야 한다.
반대 -대안에 대한 반발이나 부작용	1. 그렇지만 올바른 방법만 따지다가는 아무 일도 못할 수도 있다
	2. 그렇지만 때론 열심히 노력했는데, 좋지 않은 결과가 나오기도 한다.
	3. 그렇지만 결과가 좋지 않게 나오면 과정을 무시한 채 비난을 받기도 한다.
극복 -그 반발도 극복하면서 문제를 해소할 방법	1. 그렇다면 교황답게 믿음을 줄 수 있는 다른 방법을 찾으면 된다.
	2. 그렇다면 내가 노력했던 방법을 점검해보고, 다시 그런 결과가 나오지 않도록 노력한다.
	3. 그렇다면 비난에 좌절하지 말고 과정을 통해서 얻었던 자기 경험을 통해 또 다른 목표를 세워서 도전한다.
최종 결론 -전체 정리와 마무리	아무리 결과가 좋아도 방법이 나쁘면 나중에 문제가 생겨서 좋았던 결과가 나쁘게 되므로 좋은 결과를 얻기 위해서는 좋은 방법으로 일을 해야 한다.

02 분열된 크리스트교 세계

탐구하기 24쪽

'통치자가 종교를 결정한다'며 영주와 도시가 자유롭게 종교를 가질 수 있도록 하였다. 이는 처음으로 신교를 인정한 것이었으며, 독일에서 잠시 종교 분쟁이 가라앉았다.

탐구하기 26쪽

30년 동안 유럽 전체가 전쟁으로 많은 인명 피해와 경제적인 손실이 있었는데, 전쟁을 마침으로서 이런 것들이 끝났다. 또한 에스파냐는 네덜란드를 독립시키고, 신성 로마 제국 연방국가들은 자유를 얻게 되었다.

해석하기 27쪽

예시 답안

형이나 동생의 부인을 아내로 맞이하는 것은 물론 옳은 것은 아니다. 그러나 상속할 아들을 낳지 못했다고 이혼을 요구하는 것도 옳지 않다고 생각한다.

토론하기 28쪽

예시 답안

성경에 나온 여성에 대한 편견 때문이었다고 생각한다. 왜냐하면 태초에 하나님이 남성인 아담에게서 갈비뼈 하나를 뽑아서 여성을 만들었다고 했다. 그래서 여성은 구부러진 갈비뼈와 같이 비뚤어지고 정직하지 못하다고 생각했다.

또한 이브가 유혹하여 선악과를 따먹는 바람에 에덴동산에서 쫓겨났기 때문에 성직자들은 여성에 대해 좋지 않은 감정이 있었을 것이다.

역사에 비추어 보는 세계 29쪽

생각 열기

예시 답안

종교는 사랑, 박애 등을 주장한다. 하나님이나 부처님께서 다른 자들을 서로 미워하라고 하지는 않았을 것이다. 그런데 종교개혁을 할 때에는 생각이 다른 사람을 죽이기도 했고, 지금까지 종교분쟁으로 많은 사람들이 다치기도 했다. 이런 행동은 종교가 가진 취지에서 벗어나는 것이므로 종교없이 다른 사람을 미워하지 않고 사는 것도 좋은 것이라고 생각하기 때문이다.

논술 한 단계 31쪽

주제: 개혁하는 방법

주제문: 피해를 줄이면서 개혁을 하자.

문제 제기(상황 제시) – 내포(본질)와 외연 (현상)	1. 사회를 발전시키기 위하여 제도를 바꾸지만 그로 인해 피해를 입는 사람이 생긴다.
	2. 개혁을 하다보면 반대하는 사람이 생긴다. 그래서 저항에 부딪힌다.
	3. 개혁을 원하지 않는 사람들이 있다. 그래서 개혁이 안 되기도 한다.
원인 분석 – 사회(외부/거시)적 원인 – 개인(내부/미시)적 원인	1. 왜냐하면 모든 사람이 만족하기 위한 개혁이나 발전은 있을 수 없다.
	2. 왜냐하면 모든 사람이 개혁을 원하는 것이 아니기 때문이다.
	3. 왜냐하면 반대하는 사람이 너무 많으면 개혁을 할 수 없기 때문이다.
대안 제시 – 사회(외부/거시)적 대안 – 개인(내부/미시)적 대안	1. 그러므로 반대하는 사람의 입장이나 의견을 잘 받아들여서 피해가 가지 않도록 해야 한다.
	2. 그러므로 반대하는 사람을 잘 설득해야 한다.
	3. 그러므로 많은 사람이 반대하는 개혁은 처음부터 다시 따져보아야 한다.
반대 – 대안에 대한 반발이 나 부작용	1. 그렇지만 받아들이기 힘든 요구를 할 수도 있다.
	2. 그렇지만 사람들이 무조건 반대만 할 수도 있다.
	3. 그렇지만 반대하는 사람 말만 듣고 따져보기만 하다가는 일을 진행할 수 없다.
극복 – 그 반발도 극복하면 서 문제를 해소할 방법	1. 그렇다면 그들이 내세우는 요구를 받아들였을 경우 생길 수 있는 문제점에 대해 토론하고, 협상을 하도록 한다.
	2. 그렇다면 법과 제도를 잘 지키면서 많은 사람에게 이익이 가는 방향으로 밀고 나간다.
	3. 그렇다면 일이 느리게 진행되더라도 반대하는 사람들이 내세우는 것을 꼼꼼하게 따져서 잘못되지 않도록 한다.
최종 결론 – 전체 정리와 마무리	개혁을 하다보면 손해 보는 사람이 생기는 경우가 많이 있다. 그러므로 무조건 밀어붙이는 개혁이 아니라, 대다수 사람들이 원하는 쪽으로 하고, 손해 보는 사람들에게는 충분한 보상을 해주어야 한다.

03 중국을 세계에 알리고 싶었던 명나라

탐구하기 34쪽

홍무제는 나라를 안정시키는 데 힘을 기울였다. 토지와 인구를 조사하여 이갑제를 실시하였고, 병농일치제의 군제인 위소제를 편성하였다. 한편 홍무제는 건국공신을 숙청하고, 재상이 있던 중서령을 폐지하고 6부를 황제 직속으로 만들어 독재체제를 만들었다.

탐구하기 35쪽

왕위에 올랐을 때, 나이가 어렸던 만력제가 정치에 관심을 보이지 않아 무능하게 대처했고, 환관들의 횡포가 극에 달했기 때문이다.

탐구하기 36쪽

건문제가 세력을 키워 반란을 일으킬지 모른다고 생각했기 때문에 찾아 나선 것이다. 정화는 건문제를 찾기 위해 영락제가 파견한 여러 신하 중의 한 명이었다. 또한 영락제는 자신이 왕위를 찬탈한 군주라는 나쁜 인상에서 벗어나기 위해 계속적으로 선단을 파견하여 명나라가 가진 막강한 기세를 만방에 과시하고 싶었다.

해석하기 37쪽

예시 답안

환관은 황제 최측근이라는 위치 때문에 인사권에 상당한 영향력을 발휘할 수 있다. 따라서 뇌물을 바쳐 아첨하려는 무리들이 생길 수도 있고, 황제가 신하, 백성들과 소통하는 것을 막아 백성들이 생활하기 힘들게 만들 수 있다. 그리고 환관들이 자신에게 반대하는 무리들을 가혹하게 응징하기도 했기 때문에 신하들은 실권자인 환관들에게 아첨하게 만들어 바른 말을 하는 사람들이 없어질 수도 있다.

토론하기 38쪽

예시 답안

환관을 미워하는 학자들 때문이었다고 생각한다. 왜냐하면 단순히 원정에 돈이 드는 것 때문에 반대했다면 기록은 보존했어야 하는데, 그들은 문서보관소에서 정화 함대가 만든 지도와 기록 등 방대한 분량의 문서를 압수한 뒤 불태웠다. 그러므로 환관이 하고 있는 일에 대한 질투심 때문이었다고 생각한다.

역사에 비추어 보는 세계 39쪽

생각 열기

예시 답안

외국에서 자기만 편하게 살아도 될텐데 중국을 돕는 것이 참 훌륭하다. 화교들이 중국을 돕고 있으니 중국도 더 발전할 것 같다.

우리나라도 외국에 나가서 사는 동포들이 우리나라를 도울 수 있도록 관계를 잘 맺어야 할 것 같다.

논술 한 단계 41쪽

주제: 글로벌 경제

주제문: 달러를 많이 벌어들이자.

문제 제기(상황 제시) -내포(본질)와 외연 (현상)	1. 우리나라에 있던 달러가 거의 빠져나가 버렸다. 그래서 우리나라는 IMF 경제위기를 겪었다.
	2. 우리나라는 원료를 수입해서 물건을 만든 다음 외국에 팔아야 하는 원자재 수입국이다. 그래서 달러를 많이 써야 한다.
	3. 우리나라 돈은 외국에서 거의 쓸 수가 없다. 그래서 달러로 바꾸어서 써야 한다.
원인 분석 -사회(외부/거시)적 원인 -개인(내부/미시)적 원인	1. 왜냐하면 우리나라가 쓸 수 있는 달러가 없었기 때문이다.
	2. 왜냐하면 우리나라는 자원이 부족하기 때문이다.
	3. 왜냐하면 대한민국은 작고 힘없는 나라이기 때문이다.
대안 제시 -사회(외부/거시)적 대안 -개인(내부/미시)적 대안	1.그러므로 수출을 통해 많은 달러를 벌어 들여야 한다.
	2. 그러므로 달러를 많이 가지고 있어야 한다.
	3. 그러므로 우리나라 위상을 높일 수 있도록 한다.
반대 -대안에 대한 반발이 나 부작용	1. 그렇지만 수입을 하거나 해외여행에 나가서 쓰게 되므로 나라 밖으로 나가는 달러도 많다.
	2. 그렇지만 달러를 가지고만 있으려고 하면 수입을 못하게 되어서 산업이 발전할 수 없다.
	3. 그렇지만 경제적으로나 규모면에서 작은 나라이기 때문에 쉽지 않다.
극복 -그 반발도 극복하면서 문제를 해소할 방법	1. 그렇다면 수출 경쟁력을 높이거나, 다른 대체 산업도 육성해야 한다.
	2. 그렇다면 일정한 금액만큼만 가지고 있고 나머지는 수입에 쓰면 된다.
	3. 그렇다면 문화, 스포츠를 통해 우리나라를 많이 알릴 수 있도록 한다.
최종 결론 -전체 정리와 마무리	우리나라는 작은 나라라서 수입, 수출을 할 때 달러를 써야 한다. 그러므로 달러를 많이 가지고 있도록 하고 그 달러로 원료를 수입하여 물건을 만든 다음 외국에 팔아서 부자 나라가 되어야 한다.

04 세상을 바꾼 과학, 천동설과 지동설

탐구하기 44쪽

지동설은 태양이 우주 한가운데 있고, 지구와 다른 별들이 태양을 중심으로 돌고 있다는 주장이다.

탐구하기 45쪽

종교 지도자들은 지구는 우주 중심이며 이렇게 만들어 놓은 것은 하나님 뜻이라고 생각했다. 그 사실을 부정하는 것은 하느님에 대한 불신이므로 사형을 당해도 마땅하다고 했다. 갈릴레이는 자신이 쓴 ≪프톨레마이오스-코페르니쿠스 두 개의 주요 우주 체계에 대한 대화≫라는 책이 지동설을 편드는 책이라고 여겨졌기 때문에 재판을 받아야 했다.

탐구하기 46쪽

뉴턴은 사과나무에서 사과가 떨어지는 것을 보고 만유인력 법칙을 발견했다. '사과는 떨어지는데, 하늘에 있는 달은 왜 떨어지지 않을까?'라는 의문을 갖고 연구를 시작하였다.

해석하기 47쪽

예시 답안

동전 옆면에 톱니 자국을 새겨 넣는 아이디어를 생각해 냈다. 그 후 톱니 자국이 없는 돈은 화폐로 인정하지 않았고 위조 화폐 또한 사라지게 되었다.

토론하기 48쪽

예시 답안

비겁하지 않다. 성서에 위배된다는 선고를 받고도 계속해서 사람들에게 자기 생각을 믿게 했다. 종교재판 후 갈릴레이는 죽을 때까지 9년간 가택연금 상태에서 시력을 잃어가면서도 근대 물리학에 관한 책을 썼고, 뉴턴과 같은 과학자들이 큰 업적을 남길 수 있게 길을 만들어 준 것이다.

역사에 비추어 보는 세계 49쪽

예시 답안

생각 열기

천만 명 지구촌 시민들이 갈릴레이가 보았던 하늘을 보게 하는 것.

논술 한 단계 51쪽

주제: 과학 발달이 주는 문제점

주제문: 미래 과학 발달로 인한 문제점을 해결하자.

문제 제기(상황 제시) -내포(본질)와 외연 (현상)	1. 과학기술이 발전하면 사람들이 게을러진다. 그래서 비만에 걸린다.
	2. 산업이 발달하면 환경이 파괴된다. 그래서 살기 어려워진다.
	3. 무분별한 생명체 복제가 범죄에 이용된다. 그래서 무서운 세상이 된다.
원인 분석 -사회(외부/거시)적 원인 -개인(내부/미시)적 원인	1. 왜냐하면 로봇이나 컴퓨터가 사람들이 할 일을 명령만 하면 알아서 다 해주기 때문이다
	2. 왜냐하면 사람들이 편해지는 물건을 만드는 공장에서 대기오염으로 생태계에 위험을 주기 때문이다.
	3. 왜냐하면 살아 있는 생명체, 특히 인간 복제는 나쁜 일에 이용될 수 있기 때문이다.
대안 제시 -사회(외부/거시)적 대안 -개인(내부/미시)적 대안	1. 그러므로 비만을 방지하기 위해 건강을 관리하는 로봇을 만들었다.
	2. 그러므로 환경오염이 되는 자동차, 공장 등에 정화기능을 설치하고 철저히 관리해야 한다.
	3. 그러므로 생명체 복제는 난치병을 완치하는 데 필요한 의학으로 이용되도록 권유한다.
반대 -대안에 대한 반발이 나 부작용	1. 그렇지만 로봇을 이용하는 사람과 그렇지 못한 사람들 사이에서 빈부 격차를 느끼게 할 수 있다.
	2. 그렇지만 편리한 물건이 대량으로 만들어지면서 환경에 소홀히 하는 공장이 생겨날 수 있다.
	3. 그렇지만 사람들 욕심 때문에 의학으로만 사용하기는 쉽지 않다.
극복 -그 반발도 극복하면 서 문제를 해소할 방법	1. 그렇다면 건강을 관리해 줄 수 있는 로봇은 대중화시켜서 누구나 쉽게 사용할 수 있도록 한다.
	2. 그렇다면 법을 정해 기준치를 넘는 오염을 발생시키면 환경이 깨끗해질 때까지 생산을 할 수 없게 한다.
	3. 그렇다면 복제가 필요할 경우 심사를 거치고 복제를 할 수 있는 사람도 엄격한 기준을 두고 정한다.
최종 결론 -전체 정리와 마무리	21세기 과학은 점점 발달하고 있다. 사람들이 해야 할 일을 기계들이 알아서 해주고, 과거와 비교할 수 없을 정도로 편리해졌다. 또, 의료 기술이 발달하여 평균 수명이 늘어났다. 하지만 이러한 기술이 사람들에게 좋은 것만은 아니다. 산업사회에서는 환경오염이 심각해지고 복제 기술로 인해 범죄도 생겨날 수 있다. 　과학기술 발달이 사람이 살아가는 데 위험이 될 수도 있다. 이러한 문제점을 인식하고 환경오염에 대한 법을 정하고 생명 복제는 의학에서만 사용되게 한다.

05 오스만 제국

탐구하기 54쪽

레판토 해전에서 패한 뒤 서서히 기울기 시작하다 지중해 상권을 잃고 힘을 쓰지 못했다. 게다가 식민지들이 하나 둘씩 독립하고, 제1차 세계대전에서 패해 세브르 조약에 따라 영토가 급속히 줄었다. 그러자 케말 파샤를 비롯한 국민들이 반란을 일으켜 멸망했다.

탐구하기 55쪽

예니체리

탐구하기 56쪽

영토를 아시아, 중앙유럽, 북아프리카까지 넓혔고, 제도와 법을 정비해 나라를 안정시켰다. 또한 문학과 예술을 장려해 문화수준을 높이고, 많은 모스크를 짓는 등 큰 업적을 남겼다.

해석하기 57쪽

예시 답안

자기 아들을 술탄에 올려놓고 정치에 관여하여 나라 정치를 마음대로 했다. 그 과정에서 선왕과 다른 아들들을 무참하게 죽이기도 했다. 또 술탄들은 하렘 여인들과 엄마가 휘두르는 권력에 길들여져 점점 나약해지고 무기력해져 나라를 돌보지 않았다.

토론하기 58쪽

예시 답안

급격한 개혁으로 인해 보수층의 반발을 샀기 때문이다.
　왜냐하면 보수층은 개혁으로 인해 자기들이 누리던 혜택이 빠르게 없어지는 것을 보고, 개혁을 강하게 반대했다. 보수 세력들은 반동을 일으켜서 개혁파 우두머리를 쫓아내고 의회기능을 정지시켜 버리며 이제까지 이루어진 모든 개혁적인 조치들을 무위로 돌려버렸다.

역사에 비추어 보는 세계 59쪽

예시 답안

생각 열기

유럽이 터키를 받아들이지 않는 이유는 정당하지 않다. 세계화 시대에 서로 도움을 주면서 살아가야 하는데, EU는 자기들 이익만 생각해서 말도 안 되는 트집을 잡고 억지를 부리고 있다.

논술 한 단계 61쪽

주제: 돈을 빌려주는 기준
주제문: 가난하더라도 다른 사람과 똑같은 기준으로 돈을 빌려줘야 한다.

문제 제기(상황 제시) - 내포(본질)와 외연 (현상)	1. 은행이 가난한 사람에게도 비싼 이자로 돈을 빌려 주고 있다. 그래서 서민들이 고통스럽다고 한다. 2. 사람마다 다르게 기준을 적용해 빌려 준다면 혼란이 올 수도 있다. 그래서 은행이 망할 수도 있다. 3. 가난한 사람만 특별 대우해 주면 다른 사람이 의욕이 없어진다. 그래서 일을 안 하게 된다.
원인 분석 - 사회(외부/거시)적 원인 - 개인(내부/미시)적 원인	1. 왜냐하면 돈이 없어 빌리는데, 그 대가로 비싼 이자를 다시 물어야 하기 때문이다. 2. 왜냐하면 서로 자기 형편에 맞게 요구를 하게 되기 때문이다. 3. 왜냐하면 돈을 벌지 않아도 된다고 생각을 하게 되기 때문이다.
대안 제시 - 사회(외부/거시)적 대안 - 개인(내부/미시)적 대안	1. 그러므로 은행이 사회적 책임감을 가지고 일정한 소득 이하인 사람에게는 이자를 낮게 받는 제도를 실행해야 한다. 2. 그러므로 누구나 똑같은 기준으로 돈을 빌려줘야 한다. 3. 그러므로 저축이자를 높여 줘 돈을 버는 기쁨을 느끼게 해야 한다.
반대 - 대안에 대한 반발이나 부작용	1. 그렇지만 은행은 이익을 내야하는 기관이므로 가난하다고 특별히 혜택을 줄 수는 없다. 2. 그렇지만 사회적으로 약자를 보호하는 장치가 있어야 한다. 3. 그렇지만 저축이자를 높여도 저축하기 싫어할 수도 있다.
극복 - 그 반발도 극복하면서 문제를 해소할 방법	1. 그렇다면 정부가 다른 곳에 쓸 세금을 우선 서민 보조금으로 써서 고통을 덜어주면 된다. 2. 그렇다면 일할 수 있는 기회를 많이 만들어 줘 빌린 돈을 갚을 수 있는 능력을 길러 주면 된다. 3. 그렇다면 저축을 많이 하는 사람에게 세금이나 주택 분양 등 여러 곳에서 우대를 해줘 돈을 벌고 싶은 의욕을 높여 줘야 한다.
최종 결론 - 전체 정리와 마무리	우리 사회는 자본주의 사회다. 누구나 자기 능력에 맞게 일할 수 있고, 노력한 만큼 대가를 받는 사회구조다. 그러므로 단지 가난하다는 이유만으로 차별하는 것은 옳은 일이 아니다. 또한 그러한 차별은 가난한 사람을 더 무능력하게 만들 수도 있다. 그러므로 누구나 똑같은 조건으로 돈을 빌려 줘야 한다.

06 러시아를 강대국으로 만든 표트르와 예카테리나

탐구하기 64쪽
러시아는 북쪽이 추운 삼림 지대이고, 남쪽은 초원이라서 사람이 살기 어려웠기 때문에 국가가 세워지기 힘들었다.

탐구하기 65쪽
발전된 유럽 나라들의 경제와 문화를 배우기 위해서

탐구하기 66쪽
입법권, 사법권, 행정권으로 이루어진 3권을 분리해야 근대 국가가 되는데 예카테리나가 그것을 반대하여 제대로 된 입법이 이루어지지 않았기 때문이다.

해석하기 67쪽
예시 답안

나라가 강해지고 부자 나라가 된다고 해도, 국민들이 가난하게 살면 소용없는 일이기 때문이다.

토론하기 68쪽
예시 답안

군대가 강하고, 경제가 발전하였다고 다 선진국이나 좋은 나라가 되는 것은 아니다. 국민들이 모두 잘 먹고 편히 사는 것이 좋은 나라인데 표트르는 러시아가 강한 군대를 갖게 하고 경제와 문화는 발전시켰어도, 대다수 국민인 농민들은 잘 살지 못하게 하였으니 러시아를 좋은 나라로 만든 것이 아니다.

역사에 비추어 보는 세계 69쪽
예시 답안
생각 열기

회사가 돈을 많이 벌게 되면 당연히 직원들에게 월급을 많이 주어야 한다. 똑같이 나라도 산업이 발전하여 부자 나라가 되면 가난한 국민들이 생기지 않도록 일자리를 많이 만들고 복지 제도도 많이 만들어서 국민들을 잘 살게 해 준다. 그러면 국민도 잘 살고 나라도 잘 살게 될 것이다.

논술 한 단계 71쪽
주제: 좋은 통치자

주제문: 국민을 위하는 통치자가 되어야 한다.

문제 제기(상황 제시) －내포(본질)와 외연 (현상)	1. 힘이 없는 사람이 통치자가 되면 국민들이 무시한다. 그래서 나라를 다스릴 수가 없다.
	2. 폭력으로 다스리는 사람이 통치자가 되면 국민들이 무서움에 떨게 된다. 그래서 나라가 평화로울 수가 없다.
	3. 능력이 없는 사람이 통치자가 되면 나라가 엉망이 된다. 그래서 국민들이 고통 받게 된다.
원인 분석 －사회(외부/거시)적 원인 －개인(내부/미시)적 원인	1. 왜냐하면 좋은 제도를 만들어도 국민들이 무시하면서 지키지 않으면 아무 소용없기 때문이다.
	2. 왜냐하면 조금만 잘못해도 잡혀가서 감옥에 갇히거나 매를 맞게 된다면 마음 편히 살 수가 없기 때문이다.
	3. 왜냐하면 통치자가 국민과 나라를 위한 제도를 만들지 않으면 국민들이 늘 불편하기 때문이다.
대안 제시 －사회(외부/거시)적 대안 －개인(내부/미시)적 대안	1. 그러므로 국민들에게 무시당하지 않을 정도 만큼은 힘이 있는 사람이 통치자가 되어야 한다.
	2. 그러므로 국민들을 잘 보살펴주는 마음을 가진 사람이 통치자가 되어야 한다.
	3. 그러므로 국민과 나라가 모두 잘 살 수 있는 방법을 잘 아는 사람이 통치자가 되어야 한다.
반대 －대안에 대한 반발이나 부작용	1. 그렇지만 국민들이 무시한다고 힘으로만 다스리면 국민들이 무서워하기는 해도 마음으로 따르지는 않을 것이다.
	2. 그렇지만 잘 보살피기만 해서는 나라가 잘 다스려지지 않을 수도 있다.
	3. 그렇지만 국민을 위하면 나라가 손해고, 나라를 위하면 국민이 손해를 보는 경우도 있다.
극복 －그 반발도 극복하면서 문제를 해소할 방법	1. 그렇다면 제도를 잘 만들고 정확하게 적용하면서 다스리면 국민들이 통치자를 존경하고 따르게 하면 된다.
	2. 그렇다면 잘못한 사람은 잘못한 만큼 벌을 정확하게 주는 법을 만들고 그 법대로만 다스리면 된다.
	3. 그렇다면 나라를 먼저 생각하되 나라를 위해서 희생하는 사람은 철저하게 보상을 해주면 된다.
최종 결론 －전체 정리와 마무리	통치자가 힘이 너무 세면 국민들이 무서워하고 너무 약하면 무시하게 되어서 나라를 다스리기 어렵다. 하지만 법과 제도를 잘 만들고, 나라를 위해서 희생하는 사람을 위한 보상을 철저히 해주고, 가난하고 힘없는 사람들을 잘 보살피는 통치자가 된다면 나라도 발전하고 국민들도 잘 살 수 있게 될 것이다.

07 인도에 세워진 이슬람 왕국, 무굴 제국

탐구하기 74쪽

다른 종교도 인정하여 강제로 이슬람교를 믿게 하지 않았다. 이슬람교를 믿지 않았던 사람들에게 내게 했던 세금도 없애 주었다. 또 농업과 상업을 발전시켜 백성들 삶을 돌보고 여러 사회 제도를 개혁하여 정권을 안정시켰다. 남편이 죽으면 아내가 뒤따라 죽는 관습을 금지하고 과부 재혼을 허락하는 등 사회 제도도 개혁하였다.

탐구하기 75쪽

악바르 왕 다음 왕들이 종교 관용 정책을 버리면서 혼란이 시작되었다. 이에 반란이 일어났고 서남아시아 나라들도 침략해 왔다. 인도 전체가 종교끼리, 민족끼리 싸웠고 유럽 나라들도 인도를 두고 다투기 시작했다.

탐구하기 76쪽

세금 내는 것을 거부하고 외국상품을 사지 않고 국산품을 애용하자는 스와데시 운동과 영국인을 몰아내고 스스로 인도를 다스리자는 스와라지 운동 등이 있다.

해석하기 77쪽

예시 답안

모스크나 돔 같은 이슬람 페르시아 건축물에 섬세하고 무늬가 많은 힌두 장식을 결합하였다. 타지마할은 이슬람 모스크 양식에 연꽃무늬 같은 인도 전통 문화가 결합되었다.

토론하기 78쪽

예시 답안

왕들이 취한 종교 차별 정책 때문이다.

왜냐하면 종교를 차별하지 않고 인정해주었던 악바르 왕 때는 나라가 안정되었다. 그러나 샤자한 왕부터 아우랑제브 왕까지의 통치 기간에는 백성들이 믿고 따르던 힌두교를 차별하고 탄압하였다. 그러자 반란이 일어났고 그것이 나라 힘을 약하게 만들었다.

역사에 비추어 보는 세계 79쪽

생각 열기

예시 답안

타지마할은 아름다운 문화재이지만 건설할 때는 많은 백성들에게 고통을 주었을 것이다. 오늘날 인도 국민들은 타지마할 문화재가 세계에서 유명한 문화재가 되고 많은 관광객들이 찾아오는 것을 자랑스러워한다. 그러나 백성들을 괴롭히고 결국 나라를 멸망하게 한 왕을 용서할 수는 없어서 그런 왕들을 부끄러워하는 것이다. 그래서 할 수 없이 무굴 제국 왕 후손들은 숨어 살 수밖에 없다. 무굴 제국 왕들이 그들이 누렸던 권력을 백성들을 위해서 잘 썼으면 아마도 큰 존경을 받았을 테지만, 그러지 못했다.

논술 한 단계 81쪽

주제: 당당하게 내세우기

주제문: 남들과 달라도 당당할 수 있다.

문제 제기(상황 제시) －내포(본질)와 외연 (현상)	1. 왼손으로 숟가락을 들고 밥 먹었다. 그래서 어른들께 혼났다.
	2. 친구들은 내가 자기들과 다르다고 놀린다. 그래서 소외감을 느낀다.
	3. 나는 아토피가 있는데 아이들은 내 피부를 보며 이상하게 쳐다본다. 그래서 창피하다.
원인 분석 －사회(외부/거시)적 원인 －개인(내부/미시)적 원인	1. 왜냐하면 왼손으로 숟가락을 드는 건 예의가 아니라고 생각하시기 때문이다.
	2. 왜냐하면 나만 사투리를 쓰기 때문이다.
	3. 왜냐하면 내 피부가 친구들과 다르기 때문이다.
대안 제시 －사회(외부/거시)적 대안 －개인(내부/미시)적 대안	1. 그러므로 예의를 지키기 위해서는 내 습관을 바꾸어야 한다.
	2. 그러므로 내가 서울말을 배워야겠다.
	3. 그러므로 아토피에 대해서 얘기하고 피하는 아이들에게도 이상하게 보지 말라고 솔직히 말하고 도움을 구한다.
반대 －대안에 대한 반발이나 부작용	1. 그렇지만 나는 습관을 바꾸는 것이 어렵고 불편하다.
	2. 그렇지만 어릴 때부터 쓰던 사투리를 고치기는 어렵다.
	3. 그렇지만 내 스스로가 아토피 때문에 괴로워지고 친구들도 나를 피하려고 한다.
극복 －그 반발도 극복하면서 문제를 해소할 방법	1. 그렇다면 어른들 앞에서만이라도 예의를 지키도록 노력한다.
	2. 그렇다면 나도 서울말을 배우려고 노력하고 아이들에게도 재미있는 사투리를 알려주어 서로 말이 통하도록 해본다.
	3. 그렇다면 아토피를 낫게 하려고 여러 노력을 해보고, 친구들에게도 밝게 다가가도록 애쓴다.
최종 결론 －전체 정리와 마무리	사람은 누구나 자기에게 편한대로 생각하고 행동한다. 나의 모습이나 행동이 다른 사람들이 보기엔 이상할 수도 있지만 내 모습에 자신감을 갖고 당당하게 행동하며 남들에게 밝게 다가갈 수 있도록 노력해 본다.

08 유럽, 절대왕정이 등장하다

탐구하기 84쪽

무적함대가 영국군에게 패하고 해상권을 잃으면서 서서히 기울어져 갔다. 이때, 국내 정치는 혼란스러워졌고, 신대륙에서 차지했던 금과 은을 사치스런 궁정생활로 낭비해버렸다. 또, 가톨릭을 강제로 믿게 하는 정책 때문에 신교도들 반항이 거세어졌다.

탐구하기 85쪽

해적 '드레이크'에게 도움을 요청하여 에스파냐 무적함대를 물리쳤다. 가볍고 속도 빠른 배를 만들고 성능 좋은 대포로 에스파냐 무적함대를 쉽게 물리칠 수 있었다. 그리고 바다 해상권을 손에 넣었다.

탐구하기 86쪽

신교도들에게 종교를 가톨릭으로 바꾸도록 강요하자 신교도 수십 만 명이 다른 나라로 망명해 버렸다. 그들은 대부분 상공업자들이었기 때문에 상공업이 쇠퇴하여 국력이 약해졌다. 또, 베르사유 궁전에서 국왕과 귀족이 사치스러운 생활을 하는 동안 농민은 나라에 많은 세금을 냈다. 농민들과 상공업자들은 불만이 쌓였고, 반란도 끊임없이 일어났다.

해석하기 87쪽

[예시 답안]

절대 권력을 유지하기 위해 왕은 언제나 동원할 수 있는 군대를 만들었다. 왕은 관리와 군대를 유지하는 비용은 상공업자에게서 세금으로 거두어 들였다. 상공업자 또한 왕에게 보호를 받아서 자유롭게 상공업 활동을 하고 싶어 했다.

토론하기 88쪽

[예시 답안]

나라는 국왕 개인의 영광과 욕심을 채우기 위해서 있는 것이 아니다. 국왕이 모든 권력을 가지고 있으면 국민은 자유가 없어지고 만다. 국왕은 나라를 다스리되, 입법, 사법, 행정 등 3권을 독립시켜야 한다.

역사에 비추어 보는 세계 89쪽

[예시·답안]

생각 열기

16세기 후반에서 18세기에 걸쳐 유럽 각국은 강력한 왕권 중심 정치 체제였다. 왕들은 왕권을 강화하기 위해 왕권신수설, 즉 '왕권은 신이 부여한 권리이므로 국민들은 이에 절대 복종해야 한다.'고 말하며, 절대 권력을 유지하기 위해 언제나 동원할 수 있는 군대를 만들었다.

현재 아프리카 스와질란드는 전체 인구 3분의 2가 하루 1달러로 생활을 해 나가는 가난한 나라이다. 하지만 국왕은 젊은 여성들을 해마다 아내로 맞아들이고, 사치스러운 생활로 국민들한테 비난을 받고 있다.

국민을 위해서 정치를 하지 않는 왕은 훌륭한 왕이 아니다. 자기 혼자 편하려고만 하지 않고 국민을 늘 생각하는 왕이 되어야 한다.

논술 한 단계 91쪽

주제: 국민을 위한 올바른 정치

주제문: 국민들이 정치에 관심을 가져야 한다.

문제 제기(상황 제시) -내포(본질)와 외연 (현상)	1. 권력을 이용해 부정한 행동을 한다. 그래서 국민들이 고통받는다.
	2. 교육정책이 자주 바뀐다. 그래서 혼란스럽다.
	3. 국민들이 정치 참여에 소극적이다. 그래서 선거를 잘 하지 않는다.
원인 분석 -사회(외부/거시)적 원인 -개인(내부/미시)적 원인	1. 왜냐하면 정당한 방법으로는 할 수 없는 일들을 권력을 이용하여 이루는 사람들이 있기 때문이다.
	2. 왜냐하면 정권이 바뀌면 새로운 교육 정책이 생기고, 그때마다 새롭게 준비해야 하기 때문이다.
	3. 왜냐하면 선거에 참여하지 않는 사람들은, 정치인들이 내세우는 공략이 모두 거짓말이라고 생각하기 때문이다.
대안 제시 -사회(외부/거시)적 대안 -개인(내부/미시)적 대안	1. 그러므로 부정한 방법으로 권력을 행사하는 사람은 국민들에게 공개하고 직위를 빼앗아야 한다. 그리고 정치 참여도 할 수 없게 한다.
	2. 그러므로 기본 교육정책에서 잘못된 점이 있다면 충분한 의견을 모아서 학생들을 위한 정책을 연구해야 한다.
	3. 그러므로 약속한 일들을 지키고 있는지 확인한 후 투표를 통해 정치인을 뽑는 방법도 있다. 그리고 인터넷이나 언론 매체를 통해 자신의 생각을 전달한다.

반대 －대안에 대한 반발이나 부작용	1. 그렇지만 부정한 권력행사에 잘못을 뉘우치고 올바른 방법으로 정치에 참여하고 싶어 하는 사람이 있을 수 있다.	
	2. 그렇지만 잘못된 교육정책인지 알기 위해서는 실행에 옮겨봐야 알 수 있고, 그땐 이미 잘못된 정책에 희생되는 학생들이 있을 수 있다.	
	3. 그렇지만 평가를 받는 기간 동안은 약속을 잘 지키지만 정작 정치인이 되어서 올바른 정치를 하지 않을 수 있고, 인터넷이나 언론 매체가 자신의 생각을 받아주지 않을 수 있다.	
극복 －그 반발도 극복하면서 문제를 해소할 방법	1. 그렇다면 얼마동안 기간을 두고 잘못에 대한 대가를 치르게 하고 기회를 준다. 그리고 국민을 위한 올바른 정치를 하고 있는지, 관심을 갖고 꾸준히 지켜본다.	
	2. 그렇다면 좀 더 나은 정책을 위해서 희생을 감수해야 한다. 그리고 무엇보다 잘못을 되풀이 하지 않는, 학생들을 우선으로 하는 일관성 있는 교육정책이 필요하다.	
	3. 그렇다면 정기적으로 올바른 정치를 하고 있는지 평가하는 기간을 두고 국민들은 누구나 적극 참여하여 평가한다.	
최종 결론 －전체 정리와 마무리	나라에 정권이 바뀌게 되면 정치인들은 선거 때 내세운 약속을 지키지 않고 권력을 이용해, 부정과 부패를 저지르는 경우가 있다. 그리고 교육정책이 바뀌게 되어 혼란을 주기도 한다. 국민들은 정치에 적극 참여하여 올바른 정치를 하고 있는지 관심을 갖고 평가해야 한다.	

09 영국을 뒤흔든 청교도혁명과 명예혁명

탐구하기 94쪽
청교도혁명이 일어난 까닭은 왕이 의회를 통해 반영되기 시작한 국민 뜻을 무시하고, 왕권신수설을 바탕으로 마음대로 나라를 다스리고 청교도들을 탄압했기 때문이다.

탐구하기 95쪽
올리버 크롬웰이 의회를 해산하고 종신호국경이 되어 독재 정치를 펼치고, 엄격한 청교도식 생활을 강요해 사람들이 불만을 가졌기 때문이다.

탐구하기 96쪽
혁명은 일반적으로 무력이 동원되어 피를 흘리기 마련인데, 전제정치를 펼치는 제임스 2세를 폐위하고 메리 2세와 윌리엄 3세를 왕위에 올리는 과정이 순조롭게 진행되었기 때문이다.

해석하기 97쪽
예시 답안

명예혁명으로 왕위에 오른 메리 2세와 윌리엄 3세가 의회에서 요구한 권리선언을 받아들여 의회가 많은 권한을 가지고, 왕권 역시 법에 의해 제약을 받았기 때문이다. 그리고 뒤를 이은 왕들도 이를 인정하고, 또한 왕위 계승법에 따라 영어를 하지 못하는 조지 1세가 취임하게 되면서 더욱 확실하게 자리 잡게 되었다.

토론하기 98쪽
예시 답안

의회파가 왕당파를 이길 수 있었던 것은 명분에서 앞섰기 때문이다. 의회파가 내세운 것은 왕이 의회 동의 없이 세금을 거두지 못하도록 하고, 국민들을 법에 따르지 않고 마음대로 체포하거나 가둘 수 없다는 등 왕권을 제한하여 국민들이 이익을 얻도록 하는 것들이었다. 왕이 마음대로 권력을 휘두르고 세금을 거두는 것은 국민들에게 이로울 것이 없었기 때문이다.

역사에 비추어 보는 세계 99쪽
예시 답안

생각 열기

의회민주주의를 지키고 발전시켜 온 것은 영국 국민들이 가진 자부심이자 전통이다. 그런데 자신들이 가진 종교를 탄압한다고 해서 의사당을 폭파시키려 한 것은 의회민주주의 자체를 부정하는 것이기 때문이다. 극단적인 방법이 아니라 타협을 통해서 점진적으로 문제를 해결해 나가는 것이 영국 국민들이 역사 속에서 배운 방법이다. 그래서 앞으로도 이러한 일이 일어나지 않도록 그 날을 기념해 오고 있는 것이다.

논술 한 단계 101쪽
주제: 내각책임제와 대통령제
주제문: 정부 형태가 아니라 국민들을 위하는 마음가짐에 달려있다.

문제 제기(상황 제시) -내포(본질)와 외연 (현상)	1. 대통령제는 대통령에게 권한이 많다. 그래서 대통령이 독재를 할 수도 있다. 2. 내각책임제는 의석이 많은 정당에게 힘이 많다. 그래서 다수당이 횡포를 부릴 수 있다.
원인 분석 -사회(외부/거시)적 원인 -개인(내부/미시)적 원인	1. 왜냐하면 행정부 수반으로서 많은 권한을 가지고 내각임면권을 가지고 있기 때문이다. 2. 왜냐하면 선거에서 이긴 다수당이 내각까지 책임지기 때문이다.
대안 제시 -사회(외부/거시)적 대안 -개인(내부/미시)적 대안	1. 그러므로 대통령은 자기보다는 국민을 위해 일해야 한다. 2. 그러므로 소속 정당보다는 국민을 위해 일할 사람으로 내각을 구성해야 한다.
반대 -대안에 대한 반발이나 부작용	1. 그렇지만 자기가 원하는 것이 국민들이 원하는 것이라 착각할 수도 있다. 2. 그렇지만 소속정당을 무시하면 다음 선거에 나오기 어렵다.
극복 -그 반발도 극복하면서 문제를 해소할 방법	1. 그렇다면 국회가 견제를 통해 잘못된 정책을 하지 못하도록 막으면 된다. 2. 그렇다면 국민을 위해 열심히 일하는 것이 소속 정당에도 도움이 된다는 것을 보여주면 된다.
최종 결론 -전체 정리와 마무리	세계에 존재하는 국가 대부분이 내각 책임제와 대통령제 중 하나를 선택해서 정부를 운영하고 있다. 각 나라마다 조금씩 차이가 있기는 하지만, 내각책임제와 대통령제 모두 장·단점을 가지고 있다. 하지만 보다 중요한 것은 정부 형태가 아니라 입법부와 행정부를 구성하는 사람들이 얼마나 더 국민들을 위하는 정치를 하려고 하는 것인가이다.

10 자유가 아니면 죽음을! 미국 독립혁명

탐구하기 104쪽
18세기 중엽, 영국은 프렌치인디언 전쟁을 치루면서 많은 돈을 쏟아 부었다, 또 전쟁이 끝난 뒤에는 서부를 보호하고, 인디언들을 누르는 등 질서유지를 위해 많은 돈을 써서 국가재정이 바닥났기 때문이었다.

탐구하기 105쪽
식민지 대표들이 모여 대륙회의를 열었다. 그리고 영국이 그들 의견을 받아들이지 않자 조지 워싱턴을 총사령관으로 뽑아 영국과 전쟁을 벌이려 하였다.

탐구하기 106쪽
프랑스, 에스파냐, 네덜란드는 영국과 사이가 좋지 않았고,

또 영국이 너무 커다란 힘을 갖는 것을 원하지 않았기 때문이었다.

해석하기 107쪽
예시 답안

계몽 사상은 18세기 무렵 프랑스를 중심으로 발달한 사회 개혁 사상이다. 계몽이란 사람이 미처 깨닫지 못하고 있는 무지한 것을 깨우쳐주는 것을 말한다.

토론하기 108쪽
예시 답안

인디언들을 위한 것이 아니다.

왜냐하면 백인들이 수많은 인디언들을 학살하고 그들을 보호한다는 허울 좋은 핑계를 대면서 땅을 빼앗았기 때문이다.

그리고 오늘날 인디언 보호 구역 안에 살고 있는 인디언들은 직업을 구하지 못해 대부분이 어려운 생활을 하며 살아가고 있다는 것으로 미루어 보아 인디언들을 위한 것이 아님을 알 수 있다.

역사에 비추어 보는 세계 109쪽
생각 열기
예시 답안

티베트는 한때 토번이라는 나라로 중국 여느 왕조에 못지 않은 힘을 자랑하던 나라였다. 그런데 중국이 티베트를 강제로 점령하고 자기 나라 소수 민족 지역으로 만들어 버렸다. 스스로 통치할 힘이 있는 나라를 단지 힘이 강하다는 이유만으로 강제로 빼앗는 것은 옳지 않은 일이다. 그러므로 티베트가 독립운동을 벌이는 것은 당연한 것이라고 생각한다.

논술 한 단계 111쪽
주제: 바람직한 법

주제문: 법은 모든 사람에게 똑같이 적용되어야 한다.

문제 제기(상황 제시) -내포(본질)와 외연 (현상)	1. 법을 지키지 않으면 사회질서가 무너진다. 그래서 사회가 혼란스러워진다. 2. 법으로 정해진 것이라고 해서 모두에게 올바르게 적용되는 것은 아니다. 그래서 일부러 법을 어기기도 한다. 3. 미국에서는 법으로 총기 소지를 허용하고 있다. 그래서 문제가 자주 일어나고 있다.

원인 분석 －사회(외부/거시)적 원인 －개인(내부/미시)적 원인	1. 왜냐하면 사람들이 저마다 자기 권리를 내세우면 다투거나 범죄가 일어나기 쉽기 때문이다.
	2. 왜냐하면 개인에 따라서 악법으로 적용될 수도 있기 때문이다. 예를 들면 자기가 믿는 종교 신념에 따라 군대에 가는 것을 거부하는 사람들이 있다. 이들은 범죄자가 되고 만다.
	3. 왜냐하면 슈퍼마켓이나 상점, 심지어 학교에서까지 총을 든 강도가 침입해 돈을 빼앗거나 사람을 죽이기도 하기 때문이다.
대안 제시 －사회(외부/거시)적 대안 －개인(내부/미시)적 대안	1. 그러므로 일단 법으로 지정된 것은 모두 따르도록 노력해야 한다.
	2. 그러므로 개개인에게 피해를 줄 수 있는 법에 대해서는 다시 검토해야 한다.
	3. 그러므로 총기 소지 법을 없애야 한다.
반대 －대안에 대한 반발이 나 부작용	1. 그렇지만 법에 대해 잘 모르는 경우 불이익을 당할 수도 있다. 반면에 법을 잘 아는 사람들 가운데에는 오히려 법을 이용해서 이득을 챙기는 사람도 있다.
	2. 그렇지만 개인적인 사정으로 법을 지키지 않는 사람들이 생기거나 또 그런 것을 나쁘게 이용하는 사람들이 나타날 수도 있다.
	3. 그렇지만 미국 초기부터 있었던 법을 없애는 것은 쉽지 않은 일이다.
극복 －그 반발도 극복하면 서 문제를 해소할 방법	1. 그렇다면 정부에서는 일반인들이 알기 어려운 법 조항을 쉽게 풀어서 알려 준다거나 자주 접할 수 있는 기회를 만들어 주면 된다.
	2. 그렇다면 다른 나라의 판례를 살펴보아 참고로 삼는다. 또 해당 법에 준하는 다른 규정을 정해 적용하면 된다.
	3. 그렇다면 총기로 인해 일어난 범죄는 더욱 더 강한 처벌을 받게 해 범죄율을 줄이도록 한다.
최종 결론 －전체 정리와 마무리	법은 사회질서를 바로 잡기 위하여 만들어진 것이다. 만약 법이 없다면 사회질서가 무너지고 곳곳에서 범죄가 일어날 것이다. 그러므로 법을 지키지 않을 경우에는 일정한 권리를 제한시키거나 벌금을 내게 하는 등 강제적인 힘이 필요하다. 하지만 국민 모두를 위한 것이니만큼 모든 사람에게 균등하게 적용될 수 있도록 정해지는 것이 바람직할 것이다.

11 상업혁명과 산업혁명, 그리고 차티스트 운동

탐구하기 114쪽
세계 무역 구조가 지중해에서 대서양으로 옮겨지고, 상권이 세계로 확대되며, 금융업이 발달하여 귀족보다 일반 시민이 더 강해진 것을 통틀어 '상업혁명' 이라고 한다.

탐구하기 115쪽
기계발명과 기술발전, 그로 인한 사회와 경제 전체에 일어난 큰 변화를 통틀어 '산업혁명' 이라고 한다.

탐구하기 116쪽
노동자들이 참정권을 얻기 위해 벌인 노동운동이었다.

해석하기 117쪽
예시 답안

영국 힘만으로 정당하게 이룬 것이 아니라 비유럽 지역 사람들 땀과 고통, 죽음을 통해서 얻어진 것이기 때문이다.

토론하기 118쪽
예시 답안

자본가와 지배층이 정부와 연합하여 이들 단체를 없애려고 노력하였다.

지배층들은 차티스트 운동을 지켜보면서 매우 위협을 느꼈다. 더욱이 프랑스혁명을 지켜봤던 경험이 생생하게 남아 있었기 때문에, 차티스트 운동을 무너뜨리기 위해 노력하는 정부에 적극 협조하였다. 지배층은 자기들이 가지고 있던 권리를 빼앗길까 두려워 노동자들이 주장하는 기본적인 요구도 들어주려 하지 않았다.

역사에 비추어 보는 세계 119쪽
생각 열기
예시 답안

세계 여러 강대국은 공평한 무역을 앞세워 가난한 나라에 진출해, 수단과 방법을 가리지 않고 이득을 추구한다. WTO 등과 같은 기구를 방패로 삼아, 그 나라 경제나 국민은 아랑곳하지 않고 원하는 것을 해나간다. 대부분 거짓말과 과장으로 자기들 상품을 광고하고 그것을 팔아 막대한 폭리를 취한다. 현지인들은 자신들 산업이 무너지는 줄도 모르고 아무 의심 없이 상품을 살 수밖에 없다.

물론 공평한 무역은 중요하다. 그래도 다른 나라에 가서 장사를 할 때는 그 나라가 가지고 있는 특수한 사정을 고려해서 해야 한다. 그것이 어느 한쪽이 피해를 보지 않고, 모두 같이 사는 길임을 알아야 할 것이다.

논술 한 단계 121쪽

주제: 올바른 산업 발전 방향

주제문: 노동자와 식민지 모두 이익이 되도록 산업을 발전시켜야 한다.

문제 제기(상황 제시) －내포(본질)와 외연 　(현상)	1. 산업혁명은 생산능력을 크게 높였다. 그래서 삶을 풍요롭게 만들어 주었다.
	2. 산업혁명은 식민지 약탈로 이루어 졌다. 그래서 식민지 사람들이 고통받았다.
	3. 산업은 발전하였으나 노동자들은 여전히 가난하였다. 그래서 사람들을 행복하게 해 준 것은 아니었다.
원인 분석 －사회(외부/거시)적 　원인 －개인(내부/미시)적 　원인	1. 왜냐하면 생산량이 많아져서 사람들이 가난에서 벗어났기 때문이다.
	2. 왜냐하면 식민지에서 원료를 싸게 들여오고 상품을 비싸게 팔았기 때문이다.
	3. 왜냐하면 노동자는 적은 월급을 받고 힘들게 일했기 때문이다.
대안 제시 －사회(외부/거시)적 　대안 －개인(내부/미시)적 　대안	1. 그러므로 산업을 더욱 발전시켜야 한다.
	2. 그러므로 식민지 사람들에게도 정당한 대가를 주어야 한다.
	3. 그러므로 노동자에게 월급을 많이 주어야 한다.
반대 －대안에 대한 반발이 　나 부작용	1. 그렇지만 산업만 발전시키려고 하다 보면 환경이 오염될 수 있다.
	2. 그렇지만 원료값을 너무 많이 주면 물건 값이 비싸져서 팔기가 힘들어진다.
	3. 그렇지만 노동자에게 월급을 너무 많이 주면 원료를 사거나 공장을 지을 돈이 모자라게 된다.
극복 －그 반발도 극복하면 　서 문제를 해소할 　방법	1. 그렇다면 환경오염을 방지하는 시설도 같이 발전시키면 된다.
	2. 그렇다면 원료가 나는 나라 사람들이 직접 물건을 만들 수 있도록 그 나라에 공장을 세우면 된다.
	3. 그렇다면 공장을 빨리 발전시키려고만 하지 말고, 노동자들 삶과 함께 발전시키려는 노력을 하면 된다.
최종결론 －전체 정리와 마무리	산업이 발전하기 위해서 환경이나 노동자, 또는 원료를 가져오는 나라들이 고통을 받게 되는 문제는 물건을 만드는 쪽에서 지나치게 많은 이익을 남기려고 하기 때문이다. 그러니까 너무 빨리 발전하려는 생각을 버리고 모두에게 이익이 되는 방향으로 발전시켜야 한다.

12 청나라 강희제, 옹정제, 건륭제

탐구하기 124쪽

과거제도를 통해 한족을 관리로 선발하고, 땅을 가지지 못한 농민들에게 세금을 줄여 주었다.

탐구하기 125쪽

강희제부터 건륭제 시대까지 정치·경제·문화가 안정되고, 청나라 최고 전성 시대였기 때문이다.

탐구하기 126쪽

명분을 중요하게 여기는 성리학 같은 학문들은 한족이 뛰어나다는 것을 드러내는 것이므로, 사실과 증거를 중요하게 여기는 고증학이 발전하게 되었다.

해석하기 127쪽

예시 답안

몽골은 한족을 억압하고 차별하는 정책으로 한족을 백년도 다스리지 못하는 결과를 낳았다. 청나라는 한족이 가진 문화·정치를 수용하였으나, 한계를 분명히 하였다. 강한 힘만으로는 한족을 다스리기가 어려운 것을 알고 수용하는 정책도 함께 쓴 것이다.

토론하기 128쪽

예시 답안

서로 잘 화합했기 때문이다.

한족을 힘으로만 누르지 않았고 능력 있는 한족을 등용시켰다. 그런 수용 정책을 할 수 있었던 것은 강희제, 옹정제, 건륭제처럼 능력이 뛰어난 황제들이 한족이 가진 문화와 질서를 존중하면서 나라를 잘 다스렸기 때문이다.

역사에 비추어 보는 세계 129쪽

생각 열기

예시 답안

신분증에 민족 표시를 하는 것은 차별이다. 소수 민족을 달리 대우하는 것은 한족 우월주의이기도 하다. 겉으로 보이는 여러 가지 소수 민족 수용 정책은 눈에 보이는 사탕발림인 것이다. 한족에 동화될 수밖에 없는 구조 속에서 소수 민족들이 한족으로 개명하는 일도 많다고 한다. 중국정부

는 중국 땅에서 사는 소수 민족들이 자신이 가진 민족성의
뿌리를 이어나갈 수 있는 정책을 마련해야 한다.

논술 한 단계 131쪽

주제: 명분과 실리

주제문: 균형잡힌 생활을 위해 명분보다는 실리에 맞는
생활을 해야 한다.

문제 제기(상황 제시) –내포(본질)와 외연 (현상)	1. 경제형편을 고려하지 않은 소비를 하면 파산할 수도 있다.
	2. 부담이 되더라도 체면만 생각하면 물질적인 손해를 볼 수 있다.
	3. 개인이 가진 적성보다는 학벌을 더 중시한다. 그래서 유명한 대학에만 가려고 한다.
원인 분석 –사회(외부/거시)적 원인 –개인(내부/미시)적 원인	1. 왜냐하면 수입보다 더 많은 지출을 하기 때문이다.
	2. 왜냐하면 웃어른이 부탁하면 체면때문에 거절하지 못하는 경우가 있다.
	3. 왜냐하면 남들이 하는 말에 좌우지 될 수도 있기 때문이다.
대안 제시 –사회(외부/거시)적 대안 –개인(내부/미시)적 대안	1. 그러므로 가계부를 쓰거나 지출 내역을 적어서 지출을 점검한다.
	2. 그러므로 부담이 되는 부탁은 거절한다.
	3. 그러므로 적성을 개발해서 성공한 사례를 찾아본다.
반대 –대안에 대한 반발이 나 부작용	1. 그렇지만 남들 눈에 자기가 소심해 보일 수 있다.
	2. 그렇지만 체면이 안 설 수도 있다.
	3. 그렇지만 성공 가능성이 낮을 수 있다.
극복 –그 반발도 극복하면 서 문제를 해소할 방법	1. 그렇다면 지출에 대한 계획을 세워서 불필요한 지출을 줄인다.
	2. 그렇다면 도와줄 수 있는 사람에게 도움을 청한다.
	3. 그렇다면 창의력을 개발할 수 있도록 한다.
최종 결론 –전체 정리와 마무리	균형 잡힌 생활을 위해서는 자기 형편에 맞지 않는 허례허식에 빠질 수 있는 명분보다는, 실리에 맞는 생활을 해야 한다. 그러는 것이 개인적으로 더 행복해질 수 있다.

13 프랑스 혁명과 나폴레옹 시대

탐구하기 134쪽

루이 16세가 악화된 재정을 메우기 위해 세금을 더 거두려고 했기 때문이다.

탐구하기 135쪽

국민의회 ⇨ 입법의회 ⇨ 국민공회 ⇨ 총재정부

탐구하기 136쪽

영국에게 경제적 타격을 입히기 위해 영국과 다른 국가들이 무역하는 것을 막으려고 대륙봉쇄령을 발표하였다.

해석하기 137쪽

예시 답안

기요탱이 처음 생각한 취지는 인간적인 방법이었겠지만 진행 상황은 그리 인간적이지 않았다. 구경꾼들은 단두대에서 공개적으로 처형하는 모습을 보고 즐기는 눈요깃거리로 여겼기 때문이었다.

토론하기 138쪽

예시 답안

러시아 원정에 실패했기 때문이다.

나폴레옹은 대륙봉쇄령을 어긴 러시아를 응징하기 위해 60만 대군을 이끌고 쳐들어갔다. 그러나 추위와 식량 부족으로 퇴각하여 프랑스로 살아 돌아온 군사는 1만 명도 채 못 될 정도로 참패하였다. 그러자 유럽 여러 나라는 나폴레옹에 맞서기 시작하였고 대프랑스 동맹을 맺어 나폴레옹을 엘바 섬으로 유배시킬 수 있었다.

역사에 비추어 보는 세계 139쪽

생각 열기

예시 답안

북 크로싱 운동을 한다고 해서 책 판매가 줄어드는 것은 아니다. 북 크로싱 운동이 활성화 되어 책을 돌려 읽는 문화가 확산되면, 그동안 책에 대해 관심이 없었던 사람들도 더 많이 책을 접할수 있을 것이다. 그로 인해 더 많은 사람들이 책을 통하여 문화적 수준을 높일 수 있을 것이다.

이처럼 북 크로싱 운동이 책과 독자들을 자유롭게 만나게 하는 사랑방 구실을 하다보면 좋은 책을 구입하고 싶은 욕구도 많아져 책 판매도 더불어 많아질 것이다.

논술 한 단계 141쪽

주제: 언론이 가져야 할 태도

주제문: 언론은 권력에 휘둘리지 않고 공정하고 객관적인 사실을 보도해야 한다.

문제 제기(상황 제시) －내포(본질)와 외연 (현상)	1. 언론이 자기 색깔을 너무 드러내서 보도한다. 그래서 국민이 제대로 판단할 수 없다.
	2. 언론이 권력에 아부하는 기회주의 모습을 많이 보여주고 있다. 그래서 정확한 보도를 하지 못한다.
	3. 언론이 국민의 알 권리를 무시하고 바르게 보도하지 않는다. 그래서 국민이 제대로 알지 못한다.
원인 분석 －사회(외부／거시)적 원인 －개인(내부／미시)적 원인	1. 왜냐하면 자신들에게 유리한 부분만 기사화하여 내보내기 때문이다.
	2. 왜냐하면 언론이 권력과 밀착되어 있어 권력으로부터 자유롭지 못하기 때문이다.
	3. 왜냐하면 정치적인 목적이나 개인적인 이익을 위해 사실을 왜곡하기 때문이다.
대안 제시 －사회(외부／거시)적 대안 －개인(내부／미시)적 대안	1. 그러므로 언론은 무슨 일이 왜 일어났는지 대해서는 자기 색깔을 드러내지 말고, 객관적인 태도를 보여야 한다.
	2. 그러므로 언론은 정치권력으로부터 독립하여 권력에 대한 공정한 시각을 갖추고 있어야 한다.
	3. 그러므로 국민은 언론들이 특정집단 이익을 대변하는 경우가 많으니까 반드시 비판적으로 생각할 수 있어야 한다.
반대 －대안에 대한 반발이 나 부작용	1. 그렇지만 모든 언론이 색깔을 드러내지 않는다면 모두 같은 소리를 내게 되어 자신만의 독특한 색깔이 없어지게 된다.
	2. 그렇지만 언론은 그 사회 지배적인 세력 이익과 사상을 반영하고 있는 경우가 많아서 공정하게 쓰기 어렵다.
	3. 그렇지만 같은 언론을 계속 접할 경우에는 사실을 왜곡하고 있다는 것을 알기 어렵다.
극복 －그 반발도 극복하면 서 문제를 해소할 방법	1. 그렇다면 자신의 색깔을 드러내되 공정하고 정확하게 사실을 보도해야 한다.
	2. 그렇다면 언론인들 스스로 공정한 시각을 갖기 위하여 바르고 정확한 판단을 해야 한다.
	3. 그렇다면 국민이 서로 다른 색깔을 지닌 언론을 두루 접해서 비판적인 시각을 갖추고 있으면 된다.
최종 결론 －전체 정리와 마무리	언론은 무슨 일이 왜 일어났는지에 대해서 객관적인 태도를 보여야 그 기사를 읽는 사람들이 정상적인 가치판단을 내릴 수 있다. 언론이 자신의 색깔을 분명히 드러내는 것도 중요하지만 공정하고 객관적인 사실들을 보도해야 한다. 국민에게 진실을 전달하고, 객관적 사실과 시각으로 기사를 써서 판단은 국민 몫으로 돌리는 언론이 바람직한 언론일 것이다.

14 19세기 과학 발전

탐구하기 144쪽

다윈이 진화론을 주장했을 당시에 많은 사람들은 창조론을 믿고 있었다. 신이 생물을 만들었고, 모든 것은 신이 처음 만든 그대로 있다는 창조론을 오랫동안 믿어온 사람들은 진화론을 비난했다. 또 진화론을 증명할 수 있는 증거가 많이 부족했기 때문에 진화론을 믿으려 하지 않았다.

탐구하기 145쪽

다윈 이론을 인간 사회에도 적용하면서 사회에서 필요한 사람들을 선택한다는 이론으로 나아갔기 때문이다. 이런 이론들은 사회에서 살아남는 우수한 사람들이 열등한 사람들을 다스려야 하고, 경쟁에서 진 열등한 사람들은 지배받는 것이 당연하다는 주장까지 하였다. 이런 이론들이 민족을 차별하거나 인종을 차별하는 행동을 뒷받침해주었다.

탐구하기 146쪽

'저온살균법' 때문에 포도주 산업과 음식물을 보관하고 저장하는 기술이 발전했다.

해석하기 147쪽

예시 답안

창조론은 성경에 하느님이 사람과 동물, 식물을 직접 만들었다고 되어 있기 때문에 사람들은 생물이 신이 만든 모습 그대로 변하지 않는다고 믿어왔다. 그러나 진화론은 생물이 생겨난 그대로 있는 것이 아니라 차츰 환경에 맞게 변화하고 진화했다고 주장하여 창조론을 완전히 뒤집었다.

토론하기 148쪽

예시 답안

1. 종교만 내세우고 과학 증거가 없는 가설을 배울 필요는 없다. 창조론을 주장하는 종교를 믿지 않는 사람들도 많다. 특정한 종교에서만 주장하고 있는 가설을 학생들이 배우는 교과목에 넣을 수는 없는 것이다. 창조론은 그것을 믿는 종교에서 교리로 가르치면 되는 것이다.

2. 아직도 논쟁을 하고 있는 두 이론을 다 교과목에서 배워서는 안 된다. 두 이론은 아직도 논쟁 중이다. 창조론을 교

과에서 배울 수 없다면 아직 논쟁중인 진화론도 교과에서 빼야 한다.

역사에 비추어 보는 세계 149쪽

생각 열기

예시 답안

자기가 발견한 기술을 지켜내는 특허도 중요하지만 그것은 종류에 따라 다를 수 있다. 사람을 살리고 사람을 구할 수 있는 기술이라면 특허를 내는 것보다 더 많은 사람들을 위하여 쓰이도록 하는 자세가 더 중요한 것 같다.

논술 한 단계 151쪽

주제: 내 의견 펼치기

주제문: 증거를 찾아내고 노력하여 내 생각을 자신 있게 밝하자.

문제 제기(상황 제시) -내포(본질)와 외연 (현상)	1. 내가 문방구에 학용품을 파는 자동판매기를 만들면 좋겠다고 했더니 친구들이 비웃었다. 그래서 창피했다.
	2. 수학 시간에 칠판에 문제를 푸는데 교과서 대로 풀지 않는다고 선생님한테 혼났다. 그래서 답답했다.
	3. 달걀을 가지고 요리를 다양하게 해보려고 했는데 엄마한테 음식 가지고 장난한다며 야단을 맞았다. 그래서 기분이 나빴다.
원인 분석 -사회(외부/거시)적 원인 -개인(내부/미시)적 원인	1. 왜냐하면 친구들은 학용품 종류가 너무 많아서 자동판매기에 모두 다 넣을 수 없다고 생각하기 때문이다.
	2. 왜냐하면 선생님께서 교과서에서 배운 대로 풀어야만 정확한 답이 나오고, 또 그래야만 정확하게 수학 원리를 안다고 생각하기 때문이다.
	3. 왜냐하면 엄마에게는 내가 달걀을 가지고 여러 요리를 해 보는 것이 장난으로 보였기 때문이다.
대안 제시 -사회(외부/거시)적 대안 -개인(내부/미시)적 대안	1. 그러므로 아이들이 가장 많이 사는 학용품을 문방구마다 조사해서 통계를 내어 자동판매기 목록을 정하면 된다.
	2. 그러므로 내가 푸는 방법도 항상 정확한 답이 나오는 것이라고 선생님을 설득한다.
	3. 그러므로 한꺼번에 많은 달걀을 쓰지 않고 달걀 요리 할 때마다 다른 방법으로 해 본다.
반대 -대안에 대한 반발이 나 부작용	1. 그렇지만 내 제안을 받아줄 곳을 찾기 어렵다.
	2. 그렇지만 선생님은 교과서대로만 하라고 할 수도 있다.
	3. 그렇지만 요리를 실패하여 먹을 수 없게 된 경우도 많고 새로운 방법이 생각나지 않을 때도 많다.
극복 -그 반발도 극복하면서 문제를 해소할 방법	1. 그렇다면 문방구가 아이들이 몰리는 시간에 얼마나 바쁜지, 아이들이 얼마나 기다리는지 증거 자료를 사진으로 찍는 등 자동판매기가 필요하다는 증거를 모은다.
	2. 그렇다면 교과서 방법도 잘 알고 있지만 내 식대로 푸는 것도 맞는 방법이라는 것을 자세히 설명 드린다.
	3. 그렇다면 달걀 말고도 다양한 재료를 넣은 특별 요리를 만들어서 엄마에게 자꾸 맛보여 드린다.
최종 결론 -전체 정리와 마무리	내 의견이나 주장을 다른 사람들이 이해해 주지 않더라도 근거나 증거를 잘 제시하고 자기 방식이 옳다는 것을 직접 보여주면서 열심히 노력하면 된다. 성실함을 보인다면 다른 사람과 차이가 많이 나는 주장이나 방법들도 이해시킬 수 있을 것이다.

15 아편전쟁과 중국 근대화 운동

탐구하기 154쪽

청나라 군사 제도인 팔기군이 제 역할을 못하고, 관리들의 부정부패가 심했기 때문이다.

탐구하기 155쪽

부패한 나라와 경제 침략을 해오는 외국에 맞서 일어난 반봉건·반제국주의 민족·민중 운동이다.

탐구하기 156쪽

태평천국운동 ⇨ 양무운동 ⇨ 변법자강운동 ⇨ 의화단운동 ⇨ 신해혁명

해석하기 157쪽

예시 답안

1. 자기 나라에서도 금지시키는 마약을 돈을 위해서 수출했기 때문이다.
2. 청나라가 아편 밀수를 금지시키자 전쟁까지 일으켰기 때문이다.
3. 광저우 등 5개 항구를 개항시켰고, 홍콩을 빼앗고, 공행을 폐지시키고, 청나라에게 물에 빠진 아편 값마저 요구했다.

토론하기 158쪽

예시 답안

중화사상에 빠져 있었기 때문이다.

　중화사상에 빠져 서양인들을 오랑캐로 생각하고, 산업혁명을 통해 발전한 서양에 대한 정보가 전혀 없었다. 세계가 변하고 있는데, 자기들이 세상에서 중심이라는 중화사상에 빠져 있었기 때문이다.

역사에 비추어 보는 세계 159쪽

예시 답안

생각 열기

❍ 불법복제 물건이 개인적, 사회적, 국가적 문제로 확대될 수 있다고 지도해 주세요.

노력하지 않고 손쉽게 돈을 벌려는 욕심 때문이다. 상품을 개발하여 시장에 나가 인지도를 얻는 데까지 걸리는 시간을 기다리지 못하기 때문이다. 또 상품 개발을 위해 들어가는 투자비도 아깝게 생각하기 때문이다. 복제품을 근절시키기 위해서는 복제품을 사는 사람이 사라져야 한다.

논술 한 단계 161쪽

주제: 중독

주제문: 취미생활에도 시간 배분을 잘하자.

문제 제기(상황 제시) －내포(본질)와 외연 　　(현상)	1. 게임이나 운동을 하면 이기고 싶어진다. 그래서 시간을 뺏긴다.
	2. 게임이나 운동을 하면 푹 빠진다. 그래서 다른 사람들과 어울리지 못한다.
	3. 게임이나 운동을 하면 다른 일을 못 한다. 그래서 일상생활이 어렵다.
원인 분석 －사회(외부/거시)적 　원인 －개인(내부/미시)적 　원인	1. 왜냐하면 승부욕이 생겨서 시간을 많이 투자하기 때문이다.
	2. 왜냐하면 본인이 좋아서 하는 것이고, 다른 사람에게 피해가 가지 않는다고 생각하기 때문이다.
	3. 왜냐하면 취미에 몰두하면 성취감과 만족감을 얻기 때문이다.
대안 제시 －사회(외부/거시)적 　대안 －개인(내부/미시)적 　대안	1. 그러므로 스스로 시간을 정해서 해야 한다.
	2. 그러므로 혼자 방에 들어가 있는 시간을 줄인다.
	3. 그러므로 주 업무에 방해가 되지 않아야 한다.
반대 －대안에 대한 반발이 　나 부작용	1. 그렇지만 조금씩 하는 것보다 많은 시간을 투자하면 실력이 훨씬 좋아진다.
	2. 그렇지만 숙제나 다른 일을 해야 한다.
	3. 그렇지만 겉으로 드러나지 않기 때문에 문제를 느끼기 어렵다.

극복 －그 반발도 극복하면 서 문제를 해소할 방법	1. 그렇다면 혼자가 아니라 가족과 함께 할 수 있는 취미를 찾는다.
	2. 그렇다면 가족에게 가끔 방을 들여다 봐 달라고 부탁한다.
	3. 그렇다면 자가 진단을 통해 본인 상태를 체크하게 한다.
최종 결론 －전체 정리와 마무리	게임이나 운동에 과하게 전념하다 보면 시간, 금전, 건강에 영향을 끼쳐서 도리어 스트레스가 쌓일 수 있다. 취미활동을 통해 몸과 마음도 건강해질 수 있도록 무리하지 말고 취미생활에도 시간 배분을 잘 해야 한다.

16 미국 남북전쟁

탐구하기 164쪽

남부와 북부가 서로 다른 경제 구조를 가지고 있어서 노예 제도와 무역 정책에 다른 입장을 보였기 때문이었다.

탐구하기 165쪽

산업 위주였던 북부가 승리함으로써 산업화를 빠르게 추진할 수 있었다.

탐구하기 166쪽

링컨은 백인과 흑인이 원래부터 다른 인종이며, 서로 피부색이 다른 것처럼 신체적인 차이가 있다고 생각했다. 백인이 흑인보다 우월한 지위를 차지하고 있고 정치적, 사회적으로 흑인과 평등하다고 생각하지 않았기 때문이다.

해석하기 167쪽

예시 답안

북부로 도망친 노예를 남부 농장주들에게 돌려주기 위해 도망친 노예를 찾아내는 잔인한 노예사냥이 벌어질 것이 분명하기 때문이다. 또한 되돌려진 노예는 주인에게 심한 매질을 당하거나 죽임을 당할 수도 있었기 때문이다.

토론하기 168쪽

예시 답안

군인을 많이 확보할 수 있었다.

　남북전쟁에 참가한 북부 백인 군인들은 노예를 위해서 자기 목숨을 버릴 수 없다고 생각하여 많은 군인들이 탈영했다. 이처럼 군인 수가 점점 줄어들자, 노예를 해방시켜 흑인들도 군인이 되는 것을 허용하였다. 그래서 노예 해방 선언 후 남부에서 탈출한 노예들이 북부 군대에 들어갔고 북군 수는 엄청나게 늘어나 전세를 역전시키는 데 도움이 되었다.

역사에 비추어 보는 세계 169쪽

생각 열기

예시 답안

오바마를 흑인 대통령으로 부르는 것은 옳은 표현이 아니다. 그냥 대통령이라고 부르는 것이 옳은 표현이다.

논술 한 단계 171쪽

주제: 외모 콤플렉스를 극복하는 방법

주제문: 자기 모습에 자신감을 가지고 개성을 살리자.

문제 제기(상황 제시) -내포(본질)와 외연 (현상)	1. 성형수술을 해도 만족스럽지 않다. 그래서 자꾸 하게 된다.
	2. 얼굴이 예쁘지 않으면 남들에게 주목받지 못해 불만이 많아진다. 그래서 성형수술을 하게 된다.
	3. 외모 지상주의는 사람을 외모로 차별한다. 그래서 많은 사람을 불행하게 만들 수 있다.
원인 분석 -사회(외부/거시)적 원인 -개인(내부/미시)적 원인	1. 왜냐하면 고치면 고칠수록 얼굴에 불만이 많아져서 바꾸고 싶은 곳이 점점 더 많아지기 때문이다.
	2. 왜냐하면 얼굴이 예쁘면 남들에게도 인정받고 이성에게도 인기가 많아지기 때문이다.
	3. 왜냐하면 얼굴은 내 의지와 상관없이 타고난 것이라 얼굴 때문에 차별을 받는 것은 억울하기 때문이다.
대안 제시 -사회(외부/거시)적 대안 -개인(내부/미시)적 대안	1. 그러므로 아예 예쁜 외모를 가진 배우와 똑같이 성형수술을 하였다.
	2. 그러므로 쌍꺼풀 수술도 하고 코도 높게 세우고 턱도 깎았다.
	3. 그러므로 얼굴이 예쁜 사람이나 예쁘지 않은 사람이나 차별받아서는 안 되고 똑같이 기회가 주어지는 사회가 되어야 한다.
반대 -대안에 대한 반발이나 부작용	1. 그렇지만 내게 어울리는 모습으로 수술한 것이 아니라 유행하는 대로 수술했더니 진짜 내 모습을 잃어버렸고, 성형미인이라고 수군거리는 소리를 듣고 자신감이 없어졌다.
	2. 그렇지만 턱을 수술한 이후에 턱이 아파서 제대로 웃지도 못했고 발음도 정확하지 않아서 자꾸 친구들이 내 발음을 흉내내며 놀렸다.
	3. 그렇지만 외모로 차별받지 않는 사회를 만드는 것은 쉽지 않다.
극복 -그 반발도 극복하면서 문제를 해소할 방법	1. 그렇다면 성형을 통해 얼굴을 바꾸기 보다는 내 모습이 가장 아름답다고 자신감을 가지도록 마음을 바꿔야 한다.
	2. 그렇다면 남들에게 주목받기 위해 사회가 정한 미의 기준에 나를 맞추려고 성형하는 것보다는 개성을 살려서 다른 사람보다 나를 돋보이게 만들면 된다.
	3. 그렇다면 나부터 다른 사람을 외모로 판단하고 있지는 않은지 돌아보고 외모보다는 실력으로 평가받는 사회가 되어 외모 지상주의가 사라질 수 있도록 노력해야 한다.
최종 결론 -전체 정리와 마무리	우리 사회는 외모 지상주의 사회에 살고 있다. 이 속에서 외모 콤플렉스를 성형수술을 통해서 극복할 수도 있지만 건강을 해칠 수도 있고, 외모만이 경쟁력이 있다고 생각해서 다른 능력을 갖추기 위한 노력을 소홀히 할 수 있다. 이렇게 외모를 인위적으로 바꾸는 것보다 더욱 중요한 것은 있는 그대로 모습이 가장 아름답다고 생각하는 긍정적인 마음가짐이다. 또한 자신만의 개성을 살려서 나를 돋보이게 하는 것도 중요하다. 자기 모습에 자신감을 가진다면 어떤 어려운 상황이 와도 극복할 수 있다. 이런 생각을 많은 사람들이 하게 된다면 외모 지상주의는 사라질 것이고, 외모보다는 실력으로 평가받는 사회가 될 것이다.

17 일본 메이지 유신

탐구하기 174쪽

막부는 미덥지 못한 다이묘에게 에도에서 먼 번을 영지로 주었다. 그러므로 이들은 막부에 대한 충성심도 적었고, 불만도 컸을 것이다. 에도에서 멀리 떨어졌기 때문에 막부 눈치를 보지 않고 유능한 무사들을 등용해 개혁을 이루어 힘을 기를 수 있었다.

탐구하기 175쪽

서구 열강을 둘러보니 일본이 힘없는 작은 나라라고 느꼈고, 또 잘못하다가는 일본이 서구 열강들로부터 침략을 당할까봐 겁도 났을 것이다. 그래서 우선 서구를 본받아 산업을 발전시키고, 강한 군대를 갖추는 것이 급하다고 생각해 근대화에 힘썼다.

해석하기 176쪽

예시 답안

물질과 기술이 발달한 것뿐만 아니라, 더불어 생활수준과 의식수준도 높은 나라를 말한다. 인간으로서 당연히 가지는 기본적인 권리가 보장되는 나라로, 자기네 나라 사람들은 물론 다른 나라 사람들에게도 그 권리를 보장해 주는 나라라면 진정한 문명국이라고 할 수 있다.

해석하기 177쪽

예시 답안

종교란 국가를 비롯한 어떤 권력 기관이 강제로 믿게 하는 것이 아니라, 본인 스스로 마음에서 우러나 선택하는 것이라고 생각한다. 종교를 가짐으로써 소박한 삶에 감사하고, 어려움에 처했을 때는 위로받을 수 있다. 올바른 종교란 정신적인 풍요로움과 편안함을 주는 것이라고 생각한다.

토론하기 178쪽

예시 답안

무사 중심 사회였기 때문에 개혁을 이끌어 갈 하급 무사들이 있었다. 그들이 막부를 무너뜨린 뒤, 왕을 다시 세웠다. 그래서 반대자 없이 온 국민이 힘을 모아 신속하게 개혁을 추진할 수 있었다.

역사에 비추어 보는 세계 179쪽

예시 답안

법적·제도적으로 신분제가 없어졌다고는 하지만, 힘들고 더러운 일을 떠넘기는 등 특정 집단을 차별하면 스스로가 우월하다는 느낌을 받게 되기 때문이다. 당하는 입장에서는 억울하지만, 힘이 없어서 계속 차별받는 생활을 이어가고 있다.

논술 한 단계 181쪽

주제: 공존과 발전

주제문: 어려움에 처한 나라를 도와야 한다.

문제 제기(상황 제시) – 내포(본질)와 외연 (현상)	1. 가난한 나라 사람들은 의·식·주 등 생존권을 위협받고 있다.
	2. 발전한 나라는 더욱 더 부유해진다.
	3. 인접 국가가 못 살면 안 된다.
원인 분석 – 사회(외부/거시)적 원인 – 개인(내부/미시)적 원인	1. 왜냐하면 너무 가난하기 때문이다.
	2. 왜냐하면 발전한 나라는 다른 나라를 착취했기 때문에 발전할 수 있었기 때문이다.
	3. 왜냐하면 가난한 나라의 사회 불안은 인접 국가에게도 영향을 미치기 때문이다.
대안 제시 – 사회(외부/거시)적 대안 – 개인(내부/미시)적 대안	1. 그러므로 최소한 생존권을 지킬 수 있도록 발전한 나라가 도와야 한다.
	2. 그러므로 발전한 나라는 자기들 이익만을 챙길 것이 아니라, 가난한 나라가 처한 어려움을 헤아려 양보하고 도와야 한다.
	3. 그러므로 인접 국가는 가난한 나라의 사회 불안을 줄일 수 있는 방법을 찾아야 한다.
반대 – 대안에 대한 반발이나 부작용	1. 그렇지만 가난한 나라가 도움을 받는 데 익숙해지면, 더욱 나태해지고 기대려고만 할 것이다.
	2. 그렇지만 국가 간 경쟁 시대에 자기 나라 이익을 챙기는 것은 당연하다.
	3. 그렇지만 발전한 나라라고 다른 나라 내부 문제까지 간섭할 수는 없다.
극복 – 그 반발도 극복하면서 문제를 해소할 방법	1. 그렇다면 그들에게 물고기를 줄 것이 아니라, 장기적으로 물고기 잡는 법을 가르쳐야 한다.
	2. 그렇다면 가난한 나라가 잘 살게 되면 구매력이 생기게 되므로 발전한 나라는 시장을 얻게 된다는 점을 잊어서는 안 된다.
	3. 그렇다면 나라 대 나라가 돕는 것이 어렵다면, 국제기구를 통해 여러 나라와 협력해서 도울 수 있는 방법을 찾아야 한다.
최종 결론 – 전체 정리와 마무리	세계화 시대에 배고픔과 질병 때문에 인간적인 삶을 살지 못한다면 큰 비극이다. 발전한 나라는 가난한 나라를 도와 그들이 자립할 수 있도록 도와야 한다. 그들을 도와 불안을 없앤다면, 결국은 스스로를 돕게 되는 것이기 때문이다. 여러 국제기구를 통해 모든 나라가 협력해서 어려운 나라를 돕는다면, 함께 발전하여 세계에 평화가 찾아올 것이다.

18 독일 통일과 드레퓌스 사건

탐구하기 184쪽

노동자들이 자기들보다 낮은 계급이었기 때문에 지배를 받기 싫어했다.

탐구하기 185쪽

산업을 발전시키고 강력한 군대를 키웠기 때문이다.

탐구하기 186쪽

거짓말한 것이 밝혀지면 국민들이 군대를 신성하게 여기지 않게 될 것이기 때문이다.

해석하기 187쪽

좋은 점 – 나라와 국민들에게 꼭 필요한 산업을 균형있게 발전시킬 수 있다.

나쁜 점 – 국민들 생각보다는 정치가들이 원하는 산업만 발전할 수 있다.

토론하기 188쪽

예시 답안

독일이 통일되고 강한 나라가 되었지만, 국민들은 전쟁에 내몰리고, 결국 독일도 제국주의가 되었으므로 좋은 나라가 아니다.

역사에 비추어 보는 세계 189쪽

생각 열기

예시 답안

자기 나라를 지키기 위해서 다른 나라와 싸운 것이므로 범죄가 아니다. 그러므로 수용소에 가두고 인권을 침해해서는 안 된다.

논술 한 단계 191쪽

주제: 나라와 개인

주제문: 나라와 개인이 서로 도와야 한다.

문제 제기(상황 제시) – 내포(본질)와 외연 (현상)	1. 나라가 없으면 개인이 행복하게 살 수가 없다.
	2. 나라에서 국민에게 세금을 많이 내라고 하면 살기 힘들어진다.
	3. 개인들이 마음대로 행동해버리면 나라가 엉망이 돼서 사람들이 살기 불안해 진다.
원인 분석 – 사회(외부/거시)적 원인 – 개인(내부/미시)적 원인	1. 왜냐하면 국민을 지켜주는 법이나 군대가 없어지기 때문이다.
	2. 왜냐하면 세금을 내느라고 국민들이 먹고 살기 힘들어질 수 있기 때문이다.
	3. 왜냐하면 자기가 싫어하는 사람이라고 마음대로 죽이거나 때리거나 괴롭히면 사람들이 자기도 당할까봐 겁이 날 것이기 때문이다.
대안 제시 – 사회(외부/거시)적 대안 – 개인(내부/미시)적 대안	1. 그러므로 국민은 나라를 위해서 봉사하고 의무를 다해야 한다.
	2. 그러므로 세금은 안 걷는 것이 좋다.
	3. 그러므로 나라에서 법을 잘 만들어 국민들이 편히 살게 하고 국민들은 법을 잘 지켜야 한다.
반대 – 대안에 대한 반발이나 부작용	1. 그렇지만 나라만 위해서 살다가는 자기 행복을 얻지 못하게 될 수도 있다.
	2. 그렇지만 세금이 없으면 나라에서 도로나 다리를 놓을 수 없고 가난한 사람들을 돕는 일을 할 수 없다.

극복 –그 반발도 극복하면서 문제를 해소할 방법	1. 그렇다면 나라에서 국민들이 자유와 행복을 마음껏 누릴 수 있도록 법과 제도를 만들면 된다.
	2. 그렇다면 세금을 조금만 걷고, 꼭 걷어야 한다면 국민들이 이해할 수 있도록 잘 설명하여야 한다.
	3. 그렇다면 법을 너무 강하게 만들지 말고 지킬 수 있을 정도로만 만든다.
최종 결론 – 전체 정리와 마무리	나라는 국민을 지켜주는 것이 당연하지만 국민 스스로 질서를 잘 지키고 나라에 대한 의무를 잘 지키면 나라도 편안해지고, 국민들도 마음 놓고 살 수 있게 될 것이다.

논리로 배우는 역사 논술 시리즈 한국사

살아있는 역사
재미있는 논술 전 5권

"역사를 논술로, 논술을 역사로!"

"논리와 토론으로 배우는 역사 논술, 역사와 논술이 만나다!"

살아있는 역사 재미있는 논술 시리즈는 역사 속 중요 사건과 인물 이야기를 공부하며
생각하는 힘과 논리를 키울 수 있도록 구성하였습니다.

❶ 인류 등장에서 후삼국 통일까지　　　❷ 고려 건국에서 병자호란까지

❸ 붕당 정치에서 관동 대지진까지　　　❹ 한인 애국단에서 대한민국까지

워크북: 논술 한 단계 + 논술 본 단계

논리로 배우는 역사 논술 시리즈 세계사

살아있는 세계사 재미있는 논술 ★ 전 4권 ★

• 세계의 역사 사건을 탐구하고 해석합니다.

• 세계사의 흐름을 시기별로 나누어 논리적으로 연결지어 봅니다.

• 세계 여러 나라, 같은 시기에 일어나는 사건과 인물들을 한눈에 보여 줍니다.

책의 구성	논술 공부하기	학습 브로마이드
01 고대편	논술 개념 익히기	유네스코 세계문화유산 목록
02 중세편	비교·분석형 논술문 쓰기	세계 주요 유적과 유물
03 근대편	비교·분석형 논술문 쓰기	세계 주요 인물(동양편)
04 현대편	문제 제시형 논술문 쓰기	세계 주요 인물(서양편)